Journey Diary

Phiem

Order this book online at www.trafford.com
or email orders@trafford.com

Most Trafford titles are also available at major online book retailers.

Print information available on the last page.

ISBN: 978-1-4120-5168-2 (sc)

Trafford rev. 10/19/2019

Trafford PUBLISHING® www.trafford.com
North America & international
toll-free: 1 888 232 4444 (USA & Canada)
fax: 812 355 4082

PREFACE

DIARY It is simple I started to keep my diary from I was thirteen year old.
It was not necessary to write diary but sometime the diary become the important document.
The date, the events, and the environment are the valuable facts.
Today I present my JOURNEY DIARY to you share my route as my friends were accompanying travel with me on my trip back Viet Nam.

JOURNEY DIARY

September 20, 2003

Vung Tau Ba Ria, Viet Nam

I came to Viet Nam on August 31, 2003. I spent my energy, my time, and my money to search for the truth. I travel almost South Viet Nam.
I wish for Vietnamese know and learn to corporate their capital to do business. If Vietnamese doesn't do that, we will lose, we will not compete. In the future we will be under spectacular control or black market sources.
This is urgent and important. What we build today the result in the future will lead our country in steady economy and political base too.
I should say I am very happy to see Viet Nam has grown rapidly in development. I can see clearly from city to small towns. I realized the good masters have good hearts and help Viet Nam success in this one decade.
Vietnamese loves to learn and we are proud of our civilization. We are together and we try to reach to this civilization and intelligent world today.

October 5, 2003

During my observation trip, I have searched for merchandise for my website. I found things as in gift shop and the restriction may apply for it.
I found the land located in the beautiful smoky mountain area and moderate weather. I decided to buy this land and I moved to my farmhouse on October 5, 2003.
I named it Bright Stars ranch. One night I went oust side and looked to the sky. I saw beautiful sky with bright stars. I got Bright Stars for my ranch name from that chance.

November 17, 2003

Hi L, K C, and T,

How are you?

Do you know? I almost finished my coffee harvest. I picked some those are selected ripe coffee beans and put it out for sun dried, and it have bean through the mill to clean their skins. I will send it to you and my relatives here. I want to roast it with butter and vanilla and then it will be ground, I will send it to you. I am afraid you are lazy to do it but the best test coffee, don't grind them until you prepare for coffee.
I will sale my product on the market. I sold more than 2 tons of coffee beans to the merchants here.
I will take pictures my land and I'll develop it and send it to you when I make the trip to Saigon next week.
Do you know?
I bought the land with the whole front hill is my property where American Air base took place in Viet Nam war. It is beautiful view with smoky mountain and Bright Star at night. The stream borders my land and hill. They will build street in front of my land and on the corner of one another boarder side of my land.
I will learn to do business at Saigon or Baria too.

I forgot my nylon table and chairs in Vung Tau so I don't have chair to sit down and table to write.
I will write to you in my next letter.

Take care,

Mom

November 18, 2003

Hi L, K C, and T,

I am continuing my yesterday letter to you today.
It was amazing or not! I've lived as Amish life. I have not seen my face since I came back here from Dat Do (I went to visit your grandmother and I spent one week there.) It was 2 weeks from now. Today I took out my cosmetic glass to see my face.This morning I went out and I clamp up to the hill and took pictures. I wanted to view the site and I reversed then I fell down. It was not serious but it will prove that I was right.
After coffee harvested season, I have to have some one prepare for the coffee trees and fertilized the whole coffee farm.
I will go to Saigon next week.

Take care,

Love

Mom

XXXX

November 25, 2003

I sold my coffee beans to the merchants at my Bright Stars ranch then I went back Saigon with a heavy bag of dried selected coffee beans. The next day it will be rushed to the line where it will be roasted and it will be ground then it will be ready to drink. I will share it with my children in USA and my relatives and friends in Viet Nam.
For my studying, I will open my Bright Stars store in Long Hai, Ba Ria. It took me just three days to search for merchandise, place, fixtures and so on.
It will be Grand opening day on November 29, 2003. I have planned that.

December 25, 2003

I took my vacation day and closed my store today. I went to Long Thanh to obtain the information about the land for lease there. I bought a papaya there for seeding.

I visited that farm I went home, my mother told me when I stepped inside the house.
She said "I told her in 1988 that I am a child from noble family and they were afraid of the revolution or some kind like that to kill me so they exchanged me at birth."
I was shock to hear that and I said.
"I did not tell you that mother." I have thought some body said it or my mother and father knew it.
I recalled her when she lived in my grand parents house. I came to my grand parents house from Vung Tau. I intended to divorce my husband at this time.
I asked my mother as I repeated the sentence my sister told me in her Bien Hoa place when I was teenager."You are not father's daughter. Our aunts said that."
Mother, you were smiling and said.
"It was not true, you are grown up, beautiful, intelligent, and rich. They said that to have you as their daughter."
I kept silent at that time.

About one years later, Saigon was surrendered. I fled out of Viet Nam and took refugee in USA.
Later I went to M. hospital for thyroid surgery and I was through blood testing. They found out that I am white European. I am not an Asian.
Then the second time surgery was the same as the first time. When I check out of hospital, my ex-husband told me.
"You are not your father's daughter."
I kept silent and I was waiting for one day to see my mother again to ask her again.

Then I came back Viet Nam in 1988 and I had a chance to repeat the sentence I asked my mother as the first time. I watched her reaction to understand. That was not that case. Then I went back USA and I could not understand how it would be.

One day I went to store. In that store I met one lady who went with her several family members (they are may be her children and her grand children).
First I saw her. She looks alike my grandfather (my mother's father). I told myself why Chinese is usually similar to my grandfather. I started to shop then she came up front to the counter to pay. She stood in bias position. I looked at her and I saw something familiar to me. I knew it her nose is exactly my mother and my sister's nose. Her high and weight are the same my sister. I was surprised and I kept looking at her until she walked out of store and her car ran away.
My reaction was still so I did not ask her anything.

From day to day I have learned from tiny sand to another tiny sand until today I have not found the answer yet. How could I tell my mother in 1988?

The novel that I wrote is fiction story I supposed that it was. My mother was unable to read my books.

My mother has a good memory. It was a lucky for us. However, my mother, now, she got older and I am afraid her memory was confused. She always wants to drive the story to her view or to her thought.
I got nothing information from her.
My point of view, I am sure my parents knew it well. I have observed it all my life.
On this day is today, at this chance, I told my mother what my neighbor predicted my life.
She said.
"Phiem, you have lived with your foster parents."
I did not understand what the meaning of foster parent at the age of 13, 14. My neighbor explained that meaning to me. Then I told my neighbor.
"My mother told me that she was pregnant me and I was born at Long Dien."
My neighbor said.
"Phiem, how could you know that?"
Today, at this chance, at this moment, my mother said to me.
"Right, how could you know that?"

I did not understand the meaning of the sentence that my sister said when I was teenager.
"You are not father's daughter." I thought my father is my foster father. I still respect my father and I love my father from the day my sister said that to me until today. It was not something in my mind and it has changed nothing.

At my teenager I thought I was adopted child.
I told my mother the first time I asked her about that rumor when came back my grandparents house from Vung Tau. This time I wanted to divorce my husband and I understood that meaning of the sentence my sister said to me when I was teenager.

Now, I thought I was not curious enough to ask my neighbor. Who is my biological parents, where are they, are they alive or dead, why I have to live with my foster parents?

My readers can you understand the reason why I try to do whatever I could to find my root, my family, and may be I will discover the science project.

XXXX

January 1, 2004

I went to Dinh Co Pagoda with my friend. The Dinh Co Pagoda was built on the top of one Dinh mountain range at Long Hai Baria.
I came to Dinh Co Pagoda when I was teenager. It was the first time. Today is this western calendar New Year day and it is the second time. I came back and I saw the Pagoda was changed with rebuilt building because bombs in the Viet Nam war.
People is here in my home province believes what our ancestor predicts.
So I prayed and I asked a question. I was shocking the xam holder until one element dropped down. Then I have to pray for the Keo (like Sun and Earth) and the Keo dropped down like Sun and Earth. It should be in the right processing. Then I will get the xam predicted message. If it dropped down like Sun and Sun or Earth and Earth I have to pray again until I get the right process but I could not do it to the fourth time I have to give up. We left pagoda with my verse xam messages.

I was not satisfied what I got so I tried to look for a prediction teller or fortuneteller.
Then we went to a prediction teller.
He said:

I have six senses.
I have God and Angles and they are always helping me.
I could not do anything because whenever I plan to do, they (my enemies I guess) went first and stole that on me.
I am a diehard person.
I was dead and God brought me back to life.
This 2003 is the year my family, my children were in upset family situation.
I spent and lost money this year.
One more upset thing will come.

The reason why I did these thing?
I tried to look for my root, my family or may be I'll disclose the science project.
Now, I am looking for a gifted one who has power to predict future and know the past.
Intelligent sources may consider the logic way to prove. How can I get into intelligent sources?

January 6, 2004

I load my things from my mother's house to my Bright Stars store in Long Hai and I decided to close my store earlier than I planned. I brought gift from my store to my mother's house give to my family members and relatives there.
After I brought gift to my mother's house. I went to Vung Tau and at this chance I read T email at the Internet café. That made me upset and I was not under control.

The next day I went to my Bright Star ranch. I brought gifs from my store to my neighbors for them to enjoy Tet (Vietnamese New Year). The rest I sold to another merchant at Long Hai.

XXXX

January 8, 2004

I let one my family neighbor who live closed to my ranch to manage my land for me. I spent that January 7, 2004 night in my farmhouse.

I went back Saigon and I intended to buy an air ticket to return west. On the way travel to agency, I saw the side which house for rent, I past it then I asked Honda driver to drive me back to check it. I asked and I saw the house. Finally, I decided to rent that house.

January 10, 2004

I moved from Bright Stars store in Long Hai, Ba Ria to this place on January 10, 2004.
I bought things I needed whenever I moved. Homeowner here and the one in Long Hai were helping me to do this job.
My health is seriously concerned. I went to Dr. office 3 times because I got sick three times almost every week. I could not sit down and I had to lay down on bed. That was the reason I wanted to rent house to wait for a while to get better and after holiday. I was not sure they have seat for me now.

XXXX

January 11, 2004

My six sense

Who are they the people behind my back?
Why they did that to me, reason?

I thought they are Chinese.
I thought they are Jews, Jew Americans.

Chinese practices their invasion on the other lands. They tried to influence, to do business, to control economy and etc.

Jews, Jew Americans want to conquer, to build up survival goal, to protect their religion, to do business, to control economy and politic as well.

Chinese knew that I am a patriotic girl. I wrote down what I thought about terrible invaders. I have learned Viet Nam history. I swear to my soul I will stop this greedy people.
Does the world see their land today?
They want to swallow Viet Nam and the rest of Asia if they can. They could not do that at one time, they bit a small piece of the land. I will prove it to you and the world. Truong Sa Hoang Sa and Ban Doc Fall.

Jews, before 1975, American came into Viet Nam and the Chinese have had a piston from US intelligent (Jews world war II became US intelligent) provided information and material to harm, to humuliate me in Viet Nam and abroad.

XXXX

January 14, 2004

This is a reality

I went to Internet café to read and sent email.
L. wants me to come back USA and he let me know that he quit his job and returned UNO to try to finish another ME. This choice I suggested him don't do that.
Thong emailed me he will not plan to marry this year and ask me to come home.
K C emailed me and I will send to her an explanation.

January 15, 2004

I emailed K. C.

K C,

Please take my advice. This is the real thing in this real world. The reality is the reality.
Now, you have to think and care for you first then the others. When you have nothing left, they will turn their backs on you.
I am a stupid person. I am not a good and generous person.
L is a stupid person.
K C will be a stupid person.
T will be a stupid person.
Now, please save money to open Pharmacy instead of baking cookies. Your father can manage and advise you this business.
Mom thanks to God and Angels bless you and guide you all of your life.

This is a different subject.

This is not a controversy or feed back. This is an explanation for K C email.

T,

Do you think it was your upset news to drive people crazy?
I was not under control.
That was the reason you tried to hide. Is this the secret? Why you hid from beginning?
I don't know it is a mechanism and it is hypnotism?

What they think deepest in their hearts?
What are their goals?
They want to humuliate me.
They want to deprive my human dignity and my family.
They prevented my success.
They tore down what I am proud of.
They intended to impoverish my financial situation.
They want to isolate me and to crack me down.
They are the liars and the cold blood.
They are expert in this field. If they could not do anything then they used chemical, hypnotism, magnetic and so on to control that person.
They murder me and I am died hard person. Then they tried to read my mind to know what I will plan to do, to go, to buy, to eat, to drink, and to say. They prevent it and turn it to their route.
T and K C how could I do not know about your girl friend and your boy friend before your marriage?
Why you hid? And reason?
Now I did not know who is who carries that name.
I did not know anything about him. How could self-esteem for me to let my daughter to move in with the guy I don't know about him before marriage.
I told you K C When you came home and told me that you met a friend. I was happy and I invited him to come to our house to get to know our family. Why he did not come? What is right? What is wrong?

About my family members, I want to know who is the master to conduct to control everything to crack me down.
They are network and they are in mass.
My family members and I are isolated single each one of us.
Racist?
They stated first, they eliminated me first. They are cold blood. They are racist.

Phiem

P.S. T. case is the Ban Doc Fall boxing punched to my face.
K. C. case is the Germany trip boxing punched to my face.
Phiem case is Ngo Dinh Diem, Ap Chien Luoc boxing punched to my face. Who played the principal role?

January 15, 2004

These days I was sick again and I went to doctor office then to the clinic to have my prescription and they injected one litter of serum into my vain.
Now I have to be careful about food I eat.
I don't want to travel far. I don't want to get sick. I must save my energy to travel back home on my long journey with my fed up soul.

XXXX

January 18, 2004

I emailed to my children' s father

Dear Q,

I am upset.
My children whole life is the important matter. It is not a game and cheated scheme. I went to Dinh Co Pagoda on New Year day (western calendar New Year). This was the second time from I was teenager. People here is in my home province believes what our ancestor predicts.
I prayed and I asked about my family, my children situation. What it is and how it will be? Then I shook the xam holder until one element dropped down. I got the xam Vietnamese verse messages and I translated it to English.

These evils have to be destroyed.
Scary the thing cover by dark cloud, it could not be seen.
They want to know entire people house.
Severe sickness and worry about.
Evil is in the house.
Everything cannot be peace.
Tried to upset make more riot
Make riot more argue.

Who got this xam message need to be wise, smart, intelligent to handle. To meet the dangerous situation need to find the master to solve for peace in mind. If it is not, it will become a dangerous thing or dangerous situation.

Q, I will put off everything because my whole life has devoted to my children. Today my enemies I thought they won over me easily. That is only sex. Q, you had that experience. You knew that. They focus on sex because this is a sensitive case.
Thu han cua chinh ca nhan toi cung du lam cho trai dat nay nat tan ra.

I swear I will take back Hai Nam, Quang Dong, Quang Tay included Van Nam from China.

Do you see?

I have lived in USA. They said she is a Viet Cong. I, now, have visited Viet Nam. They said she is a Viet Nam Cong Hoa lady who betrayed her country and she is a tinh bao (agent).
Do you see?
Han and So war processing method.

Take care,

Phiem

January 20, 2004

I spent today for returning my old refrigerator I just bought yesterday. I went to supermarket then I went home and I cooked meat.
This morning, I called the lady at my Bright Star store. She was not home. I want to talk about my camera. I could not find it but now it is there. It is mysterious.
After Tet, I'll go to Vung Tau and I'll go to T B hotel to see the girl works there.
On January 10, 2004 I moved to this area at Saigon city and few days later, I went to Hanh Thong Tay market to do shopping then the girl ran up front of me to great me. I was smiling and I great her too. I knew in my mind I met her but I could not remember who she was, then she left. When I came home, I remembered she was working at TB hotel.
The first time was my relative in Ha Tien.
This time was the second time. The girl was in Saigon.
After Tet I will find out the truth.

January 21, 2004

Today is the day 30 of the last month of Luna calendar. Tomorrow is the New Year day in Viet Nam.
This morning I went to market to buy vegetables and fruits. I went home and I decorated the fruit dish as I usually did.
I cooked all vegetables because I could not eat fresh vegetable in Viet Nam these days.
After I finished cooking then I sat down at the table. I missed my children because L, he never buy anything for Tet. K C may go to store to buy some. T, this year, he's had his father with him and his father may go to store and buy some thing for Tet. I knew that his father came to Texas to visit him and spend one month there.

Last year I moved to Houston on the first day of Luna calendar (Tet) and I did not know Tet is on that day.
Yes, I swam in the cold ices.

January 22, 2004

Today is New Year day I spent this Tet in Saigon, Viet Nam.

This evening, I found out the xam message paper I got from Dinh Co. That xam I asked for my family, my children. What it is, what happened? I emailed this message to my children father. Now I did not see the original message paper. They left the photocopy in the small size paper for me.

I don't know who took it and for what reason. I wonder they are my friends or my enemies.

January 23, 2004

I don't know why everything inside my house, they always want to steal. They are secret society or they are my enemies or they are

my friends. I can see they scanned the xam message paper on computer then printed it out from computer. It was not from reprinted
Photocopy machine.
They usually took my things out, exchanged it, changed it, and put it back, and they never steal my money.

January 24, 2004

Today is Saturday and the last day celebrated day of Tet in Viet Nam. I spent this chance in Viet Nam to observe Tet here.
The feeling I got from the Tet before 1975 and now.
I let my soul calm to think about us, about me as Viet Kieu.
I thought about our nation that something have to look, to analyze, to understand, to change, and to help our nation flow into harmony and moral.
It is wise and secure condition our nation should take.

This evening I went out to open the gate to throw trash outside. I could not open the door gate because the coconut palm dropped down on the door gate. I thought I should ask the apartment lady owner. What happened to these trees? I was watering them but now why they turned to that condition. She came out and told me that the attempted burglar. I told her last night I heard the noises from the roof. I woke up and took my flashlight to see what was going on. I turned on the light inside and out side house. I went down stairs and I saw nothing then I turned off light. I went back my room. The noises on roof kept going on for little while then it was stopped I thought they were birds.
She told me they were not birds, they were burglars and they clamp into this house through that coconut tree. It was broken down like this. I told her, it was on New Year day. I found out that my original xam verse message paper was stolen and they left the reproduction paper for me.
They are the expert group it was not clumsy like this one. My things kept loosing, changing, exchanging, and putting back. They never steal my money.

January 25, 200

Today I cooked all of the fruits from my New Year wishing dish. I had to cook all the fruit so it became a fruit pudding. I have to be careful to eat raw vegetable and fruit.

January 26, 2004

Today is Monday but it is not a good day for people to open their shop. In Viet Nam people usually open their shop tomorrow.
Tomorrow is the sixth day of the first month Luna calendar.
I have something to do like going to Internet café for example.
This morning I ate breakfast. I sat down before my merchandise. I saw honey, artichoke tea, and Phu Quoc fish sauce from Bright Star store. I thought about my jewelry from French Quarter New Orleans booth and security product from phiem.com and aphiem. com website.
I was three times doing business, I lost that money three times.

January 27, 2004

I spent my time in Viet Nam until today but I could not find anything here except for the xam verse messages at Dinh Co Pagoda and helping whenever I needed.
The xam messages advise me to wait until the right time.
I am still looking for a gifted clairvoyant who has ability to predict the future and knew the past.
The intelligent source is the logic to search and to trust. How can I get into the intelligent source?
At this my age I still don't have a permit to know my root. I have to wait even at my grave.

They look to themselves. What they did to me the innocent child. They insult, humuliate me, abused me, deprived my human dignity, now, my children.
How moral are they?
Now, I want to know it at any price. History time is enough to reveal it now.

In Europe I found nothing too. When I came to Europe, I was a tourist so I visited from place to places. One day on my journey, I sat down at table outside the restaurant after I ordered soup. Then the old couple came and great me then sat next to me. The couple is happy and she looks beautiful and gentle. She kept smiling. The gentleman looked at me sometime in his curious eyes.
Then the lady went inside the restaurant and she lined up to order meal. I heard the voice said in English (in woman voice). You are better to tell her.
I turned my head to the waiting line in the restaurant and I saw the old lady turned her body and looked at me in the manner that she was afraid I heard that sentence.
After she ordered meal, she came back and sat down. I saw two gentlemen sat inside the restaurant opposite us, and watched us and kept smiling.
We were not exchanged a word while we sat at that table. The lady she was three times, she raised her voice to speak loudly "Brawn".

I did not notice at the first time but the third time I must pay attention to this word. Then the couple said goodbye to me in German.
I went back to my hotel that evening and I looked up in my dictionary to find out the meaning of the word "Brawn". It is the same meaning in English Brown.
I thought about Eva Brawn and Weiner Brawn.
The lady she is not looks alike Eva Brawn. She looks like the beautiful girl who they measured her face in the Hitler time.
That is all I found in Europe.

XXXX

I went to South America.
One day the taxi driver dropped the others and our tour guide off. Taxi driver drove me back to my hotel. On the way to my hotel he showed and explained the landscape we passed. When I saw the building, I said it looks like in Munich. We both kept silent until I reached to my hotel. I gave him tip and said thank you. He said thank you Mam.
That is all I got from South America on my excursion trip.

Here is the xam message for asking my root, my family at Dinh Co Pagoda.

Announcing that everything is not from God
Announcing that everything is not from Nature
Announces that something may be human created
Announces that something may be man made.

Take my advice, do nothing for safe and happy
If you know that for doing your business (your job)
You will make profit twice of counting
Ship full of merchandise and profit twice of counting.

January 28, 2004

Yesterday, I read my children father email. He said he read my email then he was shock. He does not know how to say. He suggested T.
After I emailed, I went to the travel agency to buy ticket to go home.

I went to bank to withdraw my little money in my acc. That money is enough for the fair however I needed little more extra money. I got it from ATM machine next door.
I emailed my flight schedule home.

I went to my mailbox to pick up my book for proof reading. After that I went to supermarket in that area to do grocery then back to central post office to make several phone calls. I called the lady at TB in Vung Tau and I asked her about the girl. Does the girl still work at your business. Did she make a trip to Saigon on her day off?
The TB owner told me that the girl still works there. The owner did not think the story I told her. She said I may be wrong her to some one else.
The last I phoned to M. S who works in development survey land office. I told him, please wait for the law or discuss my case how to fit that paper work.

January 31, 2004

On January 30, 2004 I went to buy another ticket at T. Travel agency because the thing was happened to prevent my trip back home then I went inside the Cathedral closed to Saigon Central Post office.
I remembered the first time I came back Viet Nam and on January 1989 I sat down on the bench inside this church with my memories with my sadness. I felt my soul so immense sad, so deserted soul as my country at that time. I looked to my own life, my family, and my country. I prayed to God.
Today, I felt my soul was broken down into small pieces. I reflected my life, my children lives, my family, and my country. I prayed to God.

February 1, 2004

Let think about Germany and America.
America tried to poison their people by showing holocaust films.
History time, now, it is long enough to reveal the truth.

In Viet Nam before 1975 it was the time Chinese domain all of our country economy.

In present time I have observed Chinese has begun their lines.

Today Jew is In United States, Jew domain all America economy and the whole world.
The big Wall Street is in Israel.
Unfortunately, the politic influence as well as economy.

Let go back to Germany in Hitler time.
Hitler was the number one leader and Jew was the number two.
Jews were following in high positions.
Look to America now.
B is the number one leader and Jew is the number two. Jews are following in high positions.

People in the part of this planet know America is good.
People in the part of this planet knew Germany was good.
That was true.

This is my opinion. Jews have to thank and to be graceful to German. If Jew did not and do not want to conquer and betrayed the country to help them were successful in Germany as today they are in America.
Jews think about themselves.

Back to Viet Nam
Chinese think about themselves.

Back to America

Now, what Jew and Chinese want to have from America?

History will repeat itself. We will not avoid that.

Above are in the field of politic and economy.
Here this is in science field.

Dr. Mangle

The witness was twin in Dr. Mangle care for at that time. That gentleman spoke out.
Dr Mangle cared for me every day. I have my life as you can see.
Dr. Mangle did not do anything to harm me.

From that story
Then my story

Who has tried to poison my whole life? It is not only physical but it is on every field and on every element of a human has existed on this planet.
That is a mirror to reflect my story and Dr. Mangle.
Science, now, has applied Dr. Mangle invention but science societies fear to speak, to award, to remember, to recognize Dr. Mangle invention. Dr. Mangle is the father of gene foundation.

Mr. Weiner Brawn is the father of NASA foundation.

XXXX

February 4, 2004

I read my email, my family situation made me upset from one thing to another. It seems and it kept going on. I will go home then I cancelled. I will go home then I cancelled.
That drove me crazy.
I went to Long Hai then I went back Saigon in one day.
I want my children father call FBI to talk about that in my email.

After I emailed I searched on Internet and I found FBI address. I will send a letter to FBI to help or to have an investigation.

I had some clues but I did not believe and I could not understand what it was.
Only my family members can come to my house, after I had an accident.

February 5, 2004

I went to post office this morning and mailed my letter to FBI in USA.

On the day I went to Dinh Co Pagoda and I asked. Who they are the people behind my back? Why they did that for what reason? What I have to do?
This is the xam message to my question in Vietnamese and I translated to English.

People have not thing to do, they are real bad people.
From this corner of ocean to far away sunset, they have no goal, free time playing and enjoying.
Think and let prepare for the trip back where you legally are.
If not the wave of nature harms you now.
This xam message suggested for looking back So Han Vuong history. People can see. I will loose my country if I could not locate and punish the bad people.

February 6, 2004

I don't know how to begin, how to say, how it is frustrated in my mind and entire my body.
I want my children tell the world what I did to control their minds. Tell the world.
Now, I really want to have power to break evil hypnotism. I will have that power to control my children minds as they said In order to

protect, to help, to guide them to the right path, to the happy life, to normal life. Unfortunately, it was late.
As people around me can see even people are following me to harm me or people to protect me can see clearly.
I let my children step on my head, my body in order I have them in my hands, my view, my eyes to protect, to help, to guide them, to lead them to the right path, to fulfill their dreams, to a happy life.
I want to harmony with my children. Did they see that? Did they realize that?
Am I wrong? Am I stupid? Am I crazy?

February 7, 2004

T. emailed me that he is hurry to get marry this February. I will come back USA or not.
I go home for what, I could not fight, I could not arguer. I go home and do what?

February 8, 2004

Today, I went to Binh Trieu church to visit Virgin Maria there. I was used to visit that church when I lived in Viet Nam. Two times I came back Viet Nam I came there to pray. This time before I leave Viet Nam I want to come to visit Mother Maria.
What piled up in my mind, and my entire body. I could not have a word to talk to her. I felt inside me as a site of bombs. I could not have a sentence to pray. I don't know what to begin, how to talk. I sat there for a while then I asked Mother Maria taught me to talk, to pray, and to begin.
After I left that church I went to card reader on the way home from An Dong market.
I want to know about my family, my children, my future, and my root.
The card reader, he said that I don't have money. That is only the outfit.
If I made money, my children could not. If I did, I made a lot of money and don't know how much I would have had.

Now, I stop loving my children because they sat on my head.
I have six senses.
I always have saints or people with me to protect me.
My children get benefit from me.
I am lonely.
Some one made mistakes but it falls on my head (ham oan).
You are woman but you are doing man job. You are leader of the house.
I can have what I want and success in future. I can achieve my goal several months to come.
I passed all the dangerous matters, things, and situation for last year. This New Year will come and I will jump over it on this month. Today is 18 of the first month Luna calendar. The one at Dinh Co said 16 of this month everything disappointed that should be ended for my whole life had been deprived.

February 9, 2004

I thought about disorder body and brain.

February 10, 2004

I pray to God for Human dignity.
I went to store to buy food and water then I went to jewelry store. I asked people there to look and tell me about my fake jewelry T. gave me on Christmas day gift. I also brought my Cubic Zirconia I bought it more than 20 years ago. After I sold and I gave my diamonds to help my relatives, I never sale my jewelries for me or my husband or my children needed. I like to wear diamond so I bought it.
The man in jewelry store mirrored it and he said my cubic Zirconia is the chip stone, it is not diamond and the fake jewelry, it is like woman barrettes.
I saw it through that loop too. This loop viewed any stone looks the same. It looks like we have to read the code of diamond in the back.
I love to keep those fake jewelries because that was my souvenir on the day I received them. I was happy to have them, to wear

them. I love to wear jewelry and I saw a lot of jewelry stores in Viet Nam now.

February 14, 2004

I traveled to Bangkok from Saigon on V N airline and I checked in hotel in Bangkok, Thailand on February 12, 2004.
I emailed L. my son and then I read L. email, he said he tried to call me many times but it was not get through.
I went to big C store.
In Thailand religion emerges as the national culture.
The tour guide asked me. What is impressed me in Thailand? I told them religion.

February 15, 2004

Yesterday, I went to grand palace and King Rama family temple.
I took pictures but my camera was unable to capture it for me. I bought and changed battery but it does not work. I opened it and fixed the film but it was not that cause.
Today, I took digital camera with me. I lost the chance at Dat Do and Saigon in Viet Nam.
Let see the result. I have to stop here and I went downstairs to join my tour to temple city.
When I reached to the pagoda and I asked my tour guide took picture for me. My digital camera was not work at this time. Power is still lighted but press button refused to do it job.
So I lost this chance here too.

February 17, 2004

I went to Pataya beach. I went with the tour and with other tourists from India. They are two families. The tour guide and the driver are Chinese. She stopped us at Jewelry store. It was exciting to see. I bought two faux diamond rings for me. America diamond, sales man and sales ladies told us that when they invited us to buy jewelry. It is not valuable germ but I love to wear it with joy. I bought two China jade westerner style bangles for my family members.

February 18, 2004

I went to Bank to cash money or borrow cash advance from credit card but I could not do that. I have enough money to spend but I bought two fake rings and bangles yesterday and I paid cash. I have to manage my money.

February 19, 2004

I bought an air ticket yesterday from travel agency. They will deliver my ticket to my hotel. My schedule I will leave Bangkok on February 24, 2004.

February 20, 2004

I could not cancel my ticket again and again. So I continue my trip to Los Angeles.

February 21, 2004

In America I have learned Individualism but I went there from Viet Nam, our culture, our teaching were different from America.

February 22, 2004

I just found out my cubic Zirconia ring lost one star. I found out that lost star at the sink. I picked it up, I washed it, and I stored it in the nylon bag as I bought it. I am so lucky!

I will leave BangKok.
Many times I was wishing the information about my root would be issued from intelligent sources. I had no hope so I turned to Psychic. I was looking for the real one the gifted one who can predict the future and the past. I could not find a solution.

When I did flea market business in New Orleans, I saw a lot of fortunetellers and prediction tellers in several studies.
I only had a hard time and trouble time but what I asked for. I told myself what ever happened to whichever condition I had to raise my children until they graduated. What I had to know, what I had to ask. Now I needed prediction tellers to answer my question but they are far away. I remembered one of fortune-tellers, he said he can predict what will happen 25 years ahead when I passed his place.

February 23, 2004

Today, I checked my flight schedule then I went to Internet café to read and send email home to cancelled my bankcard for me because I don't want to use that bankcard again. One time in Viet Nam I saw the word Check Card or Bank Check Card. Another time in Thailand I saw the word Credit Check Card then now I saw the word Gold Check Card.
I am sure it was replaced.

February 24, 2004

Today, I flew from Bangkok to Los Angeles. I told Thai Airline receptionist that I wanted to go to Los Angeles. My ticket I bought from Bangkok to Dallas FWT. I let her continue to do as my ticket schedule.

About money I had not successful withdrew money from bank but I still have money to spend with my management to have enough food, pay taxi, tip, airport tax, and then from Los Angeles to go to downtown Los Angeles to look for hotel and I paid $55.00 for taxi.
I checked in the Inn at CA 9004,USA. After long journey I needed to sleep. I slept and I woke up to buy water and food. Now, it is 9:55 P.M. Pacific time.

February 25, 2004

I have no time lag this time but I was woken up two times the cause of noise from machine. The desk clerk woke me up at 11:00 AM.
I took taxi to go to resident hotel to rent $159.00/week.
I needed cash from my Credit Card to pay for this hotel.

February 26, 2004

Today I moved from Inn to resident hotel at zip code 90057. After I put my suitcases into my room. Taxi driver drove me to the address that I searched last night from the telephone book at my room to submit my application. I went to several places as I did it from beginning. I went back hotel and I had lunch then I went to small retailer to do grocery and then to do laundry.

February 27, 2004

Today I went to Post office to send 3 packages to my children. I sent gifts, my album, my computer, and my electronic equipment home. Humidity in Viet Nam damaged my pictures easily. My computer was in failure condition. I could not use it.
Then I went to travel agency to buy ticket to go to Saigon. I went to ATM to cash money but I was not success. I will go to Viet Nam without cash. I went to Internet to email my children.

February 28, 2004

Last night I slept normal. I woke up late this morning. It was chilly in my room so I found out my room window was opened. I did not check it when I moved into this room. I was not sure it was opened last night or before I check in. I found nothing was disturbed in my room. I went down to ask front desk to shut that window for me.
This building I guessed was built the same time Cameron Ave. building but this is hotel so it was deluxe than the one at Cameron Ave. I could see the doorknob and the window frame are the same model.
I called L. this morning but I only left message, he was not home.

I went to store to look for battery but I could not find battery I needed. I went into the store where I bought cake. I asked for the price it is 99cents. Yesterday, I bought another cake. It was 99 cents too. My meal was 99 cents.
I went home I looked for my battery by luck then I found two.
I thank God.
I tell the truth. Every time I really needed something. It always appears right at that time.
It was like on the day I took Taxi from LAX Airport to look for hotel or motel. When I saw the time meter reached to $50 dollars (we stopped to see room in the hotel then we continue to search for hotel or motel.). I was scared that I don't have enough money to pay for taxi, if I could not find hotel now. Then I saw Inn right at that time.
I manage my money from Thailand and I still have $119.00 dollars for the trip to USA.
The day I could not success to withdraw or to cash my cash advance from credit card. I was really scared I have to stay in that expensive suit for $100.00/night. At that time I remembered I have another card I can cash it. It is lucky for me. I had that money to check in this economic hotel and I had money to spend these following adventure days.
Oh I said Lucky Lady!
This evening, I remembered one fortuneteller in Viet Nam. He told me. "You have to ask God what you need. If you don't ask, God does not know what you want."
I used to pray to God. God give me what I want and God knows what I want, I need.
Now I changed my habit. I asked God I want to have billion dollars and I want to become a world riches woman and I want to live a normal life.
I want my Association, Organization corporate with me to manage my wealth and our goals.
I don't want only myself or my children decide what to do but the whole Association and Organization with me together decide and give their opinions.

So now it is not only God. The whole world may know what I pray for and what I want.
I phoned and talked to L. It was happy to talk to him. I told him I come back Viet Nam next Tuesday.

March 1, 2004

When K. C. made me upset, I was extinguished the flame of traveling. Now T. did the thing upset me, I wanted to travel.

March 2, 2004

I will fly back Viet Nam this evening and I went out to buy shoes and medicine for me.
This morning I woke up and I remembered what I dreamed last night.
On the way to the stores I passed the store where I saw a white Statue Virgin Maria looks alike I dreamed last night.
I thought I would see her on the way back to my hotel. Unfortunately for me I could not find that store again. It may be closed at that time.
This circumstance occurred made me remembered that I have learned from several religions.
We pray until we dream God at that time we know that our souls and God meet at the spirit point. That is the answer.

This evening I went to LAX and I could not check in because I did not have visa to go to Viet Nam. I bought air ticket to go to Saigon when I knew that it did not have visa requirement to visit Viet Nam. I still have my ticket from Los Angeles to Saigon with me. I want to send it to travel agency but the lady at C office suggested me do not send it via mail. It will be lost. That is my air C ticket.
I could not check in Air C so I bought Air A to go to Bangkok I hope Bangkok is closed to Viet Nam and I may go to Viet Nam easier than anyplace.
I arrived Bangkok after long hours waiting transfer point at Seoul

March 5, 2004

Today, I bought ticket to go to Saigon without visa after I seek help from VN Airline.
I arrived Tan Son Nhat, Saigon with 3 days exhausted journey and I did not have enough money to pay for hotel, taxi, and even food if I live in Los Angeles or Bangkok for obtaining VN visa.
I went to the desk to apply for visa and I met two authorities took care my paper work and a report was made. I saw a lot of people there want to help me.
I came back Bangkok and I checked in hotel under 600 B/night included tax. I checked out next morning and I took Taxi to go to the Airport. I bought ticket to go to San Francisco at the Airport ticket office.
I met a lady from Viet Nam. We talked and we understood. I said good luck to her on her trip to Europe then I went to the gate to wait for my flight to go to San Francisco.

March 7, 2004

I arrived at San Francisco International Airport then I bought ticket to go to Vancouver, Canada. I was waiting at the Airport that night and I will fly to Canada next morning. The World has changed at this moment I has been known. I have never read newspaper and watch television since August 30, 2003.
I came back Los Angeles and I was continuing my journey back New Orleans. I will apply visa to enter Viet Nam.

March 8, 2004

I arrive New Orleans. I had $ 40.00 to pay taxi and some coins that I did not count. I still owe $5.00 to taxi driver. The traffic jam stopped us on the way to New Orleans East.
I told taxi driver I did not expect that. I did not have enough money to pay for this congestion traffic.
I went to the door to open and my son opened the door and he was surprised because I could not contact him on the phone. I asked him $5.00 to pay for taxi.

I told the driver. It is so lucky!
It is lucky for me not to owe him $5.00.
It is lucky for him to have $5.00.

March 9, 2004

I slept from noon yesterday until this morning. I woke up and knew it is morning. I applied for visa to go to Viet Nam.

March 10, 2004

T. was sending herbs from his father to New Orleans address.

March 11, 2004

I finished my role that I paid for my whole life entire my energy. Now it is time for me to reflect and I was surprised that I reached to that age.
How I have prepared for that age?
Nothing!
Now, my children grew up and they have their own lives. I felt satisfied with this.
Devoted time had past then I thought about myself the situation and I thought about life. I thought about insulted cases.
We are common. We are refugees. We fled out of our country with nothing in our hands then we started our new lives at new land without any expected preparing. Our culture brought us together in societies then in our small community like our each family, we are sharing and helping to ease the struggling to get into the main stream in USA or another new land. I have learned individualism and I thought it may not a problem and it may be happy to our next generation. Think about that, we don't need to do any-thing, it will be in natural melt. Do you see Jew 2000 year later is still Jew.

March 12, 2004

I went to Dr. office to check up and I had prescription for my thyroid surgery needed.
I went home then I cooked salmon fish. My son and his friend love my cooking. I ate seafood and I am O K now with seafood here in USA.

March 13, 2004

I bought ticket to go to Saigon.
I went to French Quarter to look for fortunetellers. I have question. I could not find this answer. I had a chance to see French Quarter renovation. It is lovely to see and to keep. I lost several times to locate Jackson square and French Market. I could not visit the place I did flea market on 1989. I took bus to come home. The bus line at Canal was changed but our region buses are same schedule and route as I used to catch when I did business at French Quarter.

March 15, 2004

On March 13, 2004 I went to French Quarter. I reached to the Cathedral and I saw the line of fortunetellers in front of the Church. I walked then I stopped at the small table of one of fortunetellers I thought he has Middle -East and Ancient Europe practicing. I asked him. If he has ability to predict future several years ahead and way back in the past to know as well.
He said he could not do that. He can predict only one year.
I had no hope for my root. So I wanted to know for myself at this time.
I sat down at the chair to start to mix the picture cards. I picked out the card then he formed several cards into square shape.
I saw those cards with the meaning appeared.
I heard the card reader interpreted those events to my future year.
I donated him money then I asked another fortuneteller if he could help my subject that I wish to know. I could not find the solution on that chance.
I thought this is the last stop for Psychic solution. I decided to choose the answer from Dinh Co Pagoda at Ba Ria.

My dear reader I know you will think that I am a superstitious person as my children told me.
Please let me have a chance to explain it to you.
I thought it is not superstitious subject.
I t is a science.
We could not find the one has studied and practiced this science properly.
Turn to my life. I met the famous one and the anonymous one. They predicted entire my whole life and my events were happened as they have predicted. I try to avoid it. Unfortunately, I could not. My readers can see and understand it.

Astrology and hypnotism are in the science field. It might be misused or abused by people in our ancient time so it was forbidden then it was forgotten.
We can trace this science from our ancient ash. First the form and structure of our languages then to explore the literature civilization and following it was the theory of discovery our universe. This era our ancestors described the whole and the tiny element and were curiously question from the beginning of our universe and then it was supposedly determined. Following this theory to the analysis our ancestors found out the relation in the whole, to define the circle and the recycle. At this civilization era Astrology and Hypnotism were born.
Today, technology era we called and we named it. We have used this technology civilization to discover our universe again as we have experienced and learned.

March 18, 2004

R. my book publishing representative was sending me an email and said congratulation me as Published author. Two of my books now ready to present to public.
I emailed to T. my son let him do things for me and receive books for me. I would like to say thank you so much to R. How long we were working together and we were using internet explore to create

my project and solve my project problems to reach to the final goal today.

March 20, 2004

My son and I trim and cleaned the front yard. I wish I had money to renovate this house for our family souvenir. I want my family members come home whenever they want and live in whenever they want. This house is our home.

March 21, 2004

I searched and I found some company addresses and I will send letters to knock their doors to introduce Viet Nam products and I will invite them to buy Viet Nam products.

March 22, 2004

I have to learn about Individualism and now I have to practice it although I have lived in USA since 1975.

I went to visit my relative and by this chance I have learned several stories.
I remembered that was the joking and that meaning I have heard for long time until now I may understand what people was saying.
I thought it was only a joking. It was not affect our lives. It was not affect our societies. I don't know if it should be corrected to make history.

XXXX

March 23, 2004

I typed my document to Long computer. I was busy all day and night too.

March 24, 2004

My son bought birth day cake to surprise me. My relatives celebrated my birthday. I had a chance to wish and blew off candle on my birthday cake.
I hope that my whishing will come true at least at this time.

XXXX

VIET NAM TRIP 2004

March 29, 2004

My son drove me to New Orleans Airport. I flew to Los Angeles and from Los Angeles to Saigon.
I met a lady at LAX. and we were talking about arrival visa. She had that experience.

March 31, 2004

I arrived to Tan Son Nhat Airport then I took taxi to go to downtown Saigon and searched for hotel. I checked in hotel. I was so tired. I had dinner in hotel room then I went to sleep.

April 1, 2004

I emailed L. then I walked to Huyen Si church. It was totally strange place to me. I saw Viet Nam is rapidly development.

April 2, 2004

I went to Long Xuyen and back Saigon in one day by bus.

April 3, 2004

I went to several houses for rent to look for the place to live in Saigon and I lost money for those saving places.

April 5, 2004

I went to Bright Stars ranch. I reached there about 3 PM. I brought gifts to my neighbors and my ranch management family too.
I came here then It rains. It is cold at night.

April 6, 2004

Honda taxi driver brought a bottle of water to my Bright Star ranch for me.
I came to visit my neighbors and they came to see me. I told my neighbors that I want to sale my land and I will let real estate in Saigon sale it for me. However, I will sale my land in reducing price for people in this area who want to do farming.

April 7, 2004

Today I cooked rice and I ate with dried pork meat I bought from Saigon. I bought one steam bun from bicycle steam bun merchant rode to my farm. I some time bought ice cream for my workers and my neighbors children too.

April 8, 2004

I went out and did the yard work. It is too hot here.

April 9, 2004

Today It rains. I thank God for watering my farm. My pond was dig for the summer and it can use to raise fishes too.
This morning there was one man came to see my ranch and he intended to buy.

April 10, 2004

I went out to pick black peppers. Oh! The green peppers smell so good. I miss green fresh pepper roasted duck.
Tomorrow is Easter. I forgot about this holiday. God is inside me and in this universe. I am satisfying with this motto and I felt clear and light inside my soul.
My neighbor came and she asked me if I want to attend mass. This mass was for only this holiday. It located 15 km from my farm. People made tent roof for service mass. Her family has only one Honda but they are more than four family members in their family. She told me that every Sunday villagers went to Madagui or Bao Loc to attend mass. It is 50 km from my ranch.
I knew that situation from this day.

April 11, 2004

Today several catholic members came to see me because my Honda taxi was the one in the group.
My neighbors came to visit me and I told them about I want to sale my land. One of my neighbors invited me to join their daughter one month old birth day party. Then the other came and she gave me a bunch of forest vegetable.

April 12, 2004

Today I went to Saigon. I bought two baskets of mangoes on the way traveling to Saigon by bus.

I check in hotel. I went to see the apt. for rent on newspaper classified and the mini hotel has kitchen. Then I went to real estate to let them sale my land for me. Here, I talked about the house I want to rent. They introduced me to rent the apt. I will move to that place on May 1, 2004.
On the way back to my hotel I bought herbs for my neighbors.

April 13, 2004

I went to Ben Thanh market and I bought one dress gift for birthday party. I stocked my dried food.
I went back hotel then I emailed L. to let him know that I'll return to my Bright Star ranch. I check out hotel then I went to bus station to buy ticket to go to Bao Loc.
When I reached to Bao Loc, I took Honda taxi to go to my Bright Star ranch. My major transportation in Viet Nam was Honda taxi, cyclo, and I some time took regular taxi.

April 14, 2004

I saw my fake jade bracelet was broken. I did not know the cause. It may happen from exercise clashing. It was not real but it was in beautiful coloring radiation treatment.

April 15, 2004

Yesterday, it was raining so hard and strong wind so my whole farmhouse got wet because the walls are not completed cover.
In this season I am happy it rains. It is too hot here.

Today I have time to read my newspaper that I bought from Saigon.

April 16, 2004

Today I pick pineapple and Vietnamese plum (man) in my farm then I prepare for my dish. It is Amish life.
I planned to build house at the intersection where the beginning of my land. I thought it over then I stopped it.
Today the man came to my ranch to bargain the land price. I did not want to sale at the price I bought it. I lost money.

April 17, 2004

I used to cook pineapple to replace for vegetable here. Some time I boiled it and sometime I cooked with dried food. I can tell it is real Amish life. I do not have Honda motorcycle to go to market everyday. Almost villagers here could do that so it was not a problem for them.
In this season my well here in my land was shortage of water. I do exercise this job well everyday.
Every time it rains I feel so happy for my farm and I can see coffee flowers are blooming. It color is white and it smells very and very good I ever know in my life. It was blooming one time after coffee harvest season when I left here to open my Bright Star ranch at Long Hai.

April 19, 2004

I went to town today when Honda taxi brought water to my ranch. I went to market to buy vegetable, refill gas and do grocery. The retail owner there asked me. "Do you have some one to take care your land?" I told her that I want to sale my land. She wanted to come to see my land.

April 20, 2004

Something had happened I knew that so I want to come to Saigon to know what was going on.
Today my villagers come to my place and they brought their mosquito nets to be treated with soaking it wet in measuring chemical to prevent mosquitoes from heath post here. This program helps to protect people from yellow fever. This was the second times since I have bought this land.

April 21, 2004

Last night I fought to termite army by traditional method. One thing was strange to me. The termite came out from the roof and they were not from the underground.
I thought today it rains. Let see the result.

April 22, 2004

Today is Thursday I count it each morning.
Yesterday and today it is beautiful day. It does not rain.
The land buyer he came back and bargain one more time.

April 23, 2004

Finally, it rains to day. It is raining now. It is too hot here. Saigon is too hot too.
I came back Viet Nam. I could not eat fresh vegetable and fruit. This situation is frustrated to my health. I live far away from hospital, pharmacy, and transportation.

April 24, 2004

I went to visit several neighbors here before I will leave my ranch. I left my things to my neighbors. They told me that they want to have something from me to souvenir them. They want to look at that and they remember me. I left my things at Long Hai and Saigon too.

April 25, 2004

Today is Sunday and today is the election here. People will go to select and vote for candidates who seek for office seats from village to province.
Yesterday, one of my neighbors came to visit me and she told me that dollar exchange rate was dropped. Another came and told me that SARS came back China and farm virus contamination beef.

April 26, 2004

I ate shrimps, fishes, and fish sauce but I have to be careful. I am afraid to get sick here in my Bright Star ranch. It was too far from town and transportation is a problem here for me.
Today I ran out can food so I bought fresh fish from merchant lady who ride Honda to my farm everyday. I prepared fishes with pineapple, red peppers and black peppers. All of these vegetables are grown in my farm. I cooked then I had lunch then I am waiting for the result.

April 27, 2004

I was OK with fishes I cooked yesterday. Today I buy another small fish was named Phen fish. I cooked it with lemon grasses and red peppers. These spicy were grown in my farm too.

April 28, 2004

Today I go out to the retailer stand on the route located about 4 or 5 km from my farm to buy bottle of water. I walked and I share a ride with my villager. I could not find water so I bought Pepsi.

April 29, 2004

I wrote Bright Star poem to describe Bright Stars history, journey, environment, and my wishing.
I wrote this poem at 2 A. M. April 29, 2004

BRIGHT STAR

Smoky mountain range forms milky cloud,
Attracts me to stop, to settle down.
Here, at night I watch the sky,
Bright Star was named from that chance.
Paradise seems short distant,
When I stood on the high land.
Imagine the church bell is ringing,
Easily, people will be blessing in this holy environment.

Phiem
April 29, 2004

April 30, 2004

What was happened today 29 years ago?
At this day I was in Orote, Philippine. I was terrible sad.

Today the man who wants to buy my land comes and he hesitated to buy my land at the asking price.

May 1, 2004

Today I go to Saigon from Bright Stars ranch.
I went to real estate first the office was closed I came to the beauty salon next door to use pay phone call the lady owner. She said to

me on the phone that apt. is not ready for me. The tenant is a Taiwanese couple is still living there. She told me to come to share her entire second floor we discuss on the day I came to see her house. I want a separate wall and private entrant. I needed a kitchen too. Privacy is the first thing. The lady owner told me I move to the apt. whenever that tenants move out. I rented that second floor.
After I put my suitcases in the second floor, I went out to buy bottle water, to check email and send email to my oldest son at Internet café.

May 2, 2004

I went to market to buy fish, vegetable, and durian.

May 3, 2004

I listen to the news from radio that US dollar exchange rate still 15720dong VN. I am not worry about US economy. I will not loose my money.
I went to Bank to withdraw money to pay for rent that I was not expected.

May 4, 2004

It was hard to prepare food without kitchen. I have to finish all of my food I bought then I will buy can food to eliminate the trouble I had few days ago. I want to look for another place to live or hotel.

Today is almost 9 to 10 months from the day I finished my books. This time I have a chance to open my German language book where I left to review and to continue.

May 5, 2004

I went to Bank then market closed to Post Office then I went to the Artichoke shop.

May 6, 2004

My land for sale was classified on the newspaper.

May 8, 2004

The man called me and asked my land information. He wanted to see my land. I told him that I would arrange the trip to go to my Bright Stars ranch next Saturday.

May 9, 2004

I cooked herbs and I drank a little then I was waiting to morrow to see the result for continuing.
I specially bought durian and I ate it here. I was afraid to get sick when I was at Bright Stars ranch.

May 10, 2004

I went to Internet café to check email. I saw two messages from my oldest son. I chose the new one to reply.
I was happy to know that my oldest son got job as E.research. I emailed to him to congratulation and say good luck to him with my joy. I thought he got work-study job. I did not know he quit his work so long like that.
I opened the old message then I found out that my daughter was pregnant. I was happy to know that.
I left Internet café to go to the other newspaper office to place my advertisement to sale my land.

May 11, 2004

I went to Binh Trieu church. I pray for my family members and for me. Then I bought Virgin Maria statue looks alike the statue in the church. I want to send that Virgin Maria statue to my daughter. She is replacing me as her mother to guide, to help, and to protect my daughter. Virgin Maria will bless and keep my daughter family safe and happy.

May 12, 2004

Today I go to Post Office to send my package to my daughter address. I am praying for her and her child. Now I want her to pray for her, her child and her family too.

May 13, 2004

I went out to see some apt. I just want to see. I didn't do anything.

May 14, 2004

I went to Internet café to email my children.

May 15, 2004

I am staying home today. I did not bring some one to my Bright Star ranch this Saturday.

May 16, 2004

I want to change the way and routine my schedule today so curious people could not expect what will take place. They were rushing to catch my feet. They made me notice that they were here.
I bought durians at Go Vap market. The merchant told me these were the Gia Kiem durians.

May 17, 2004

I am staying home today. I reviewed my language lesson.
I ate durian and save the seeds to grow in my land.

May 18, 2004

The newspaper classified my land for sale today. One lady called long distant to ask about my land and she want to see my land. Several phone call to interest to buy my land.

May 19, 2004

During the time I am waiting for the lady come and go with me to my ranch, another lady called and she told me that she want to buy my land at the price I got 1/3 profit. I told her that you have to go to see the land first. She said she want to discuss the price first.
I went down to meet the lady who will come to see my land today. When I saw her. She is old and my land is too big for her and she will face the problem I was. I suggested her to tell her family and her son or her young family members come and see my land. Then they will join her decide it. It will be a rough excursion trip. I was hesitated to bring her to my land and push her to buy my land.
I invited her to join me breakfast then I escorted her to the Honda taxi and drove back her son home.

May 20, 2004

One man who wants to come and see my land by himself. He shared a ride with his friend. I directed him how to go to my land on the phone.
Another man called and he interested to buy my land to cultivate.

May 21, 2004

I tried to call my oldest son yesterday and today but I could not get through it. After I obtain information from E. office, I was happy to talk to my son. I knew that he got a regular job and my daughter was miscarriage. We stopped at the timing card.

I thought that my son got a job so it will be not pitiful for me to donate my ranch to church.
I went to Internet café to Email my children first then I will go some places.
I thank God accepted my praying from my Bright Stars ranch.
I left Internet café then I went to bank then to bus station. I took bus to go to Binh Duong province.
I was trying to find father who I knew him. I thought I beg him to help me to help villagers in that area. I could not find father. I came back Saigon. I went to crucified church. I met the staff member in the church office and I talked to him what I intend to do and what I wish for.
He told me the office will transfer my plan to the father who is chairman of this church. Father will have a meeting then he will call and invite me to come to talk to him. Father will decide what to do and he will let me know.
I went home and I bought sticky rice cake for lunch.

May 22, 2004

I went to market and I bought dried food as I stocked for my Bright Star ranch.

May 23, 2004

I went to Supermarket at East Bus station.
At my second floor I have to share the stairways and the entrant with the family owner. It was not convenient for me. I went up and down, out and in many times. I knew that the first time they introduced me to the place like this one but it was not convenient and privacy to be concerned. I didn't want to rent.
This is the third time I bought rice cooker. I left it at my stopping place whenever I continue my traveling route.

May 24, 2004

I went out search for self-service laundry. I left my cloth at the laundry service as I did it when I was traveling to Mexico and staying there for one month.
This afternoon the man called long distant from My Tho. He wanted to see and buy my land to do agriculture.
I told him I donate my land to the church. However, I can introduce my neighbor lands to him.

May 25, 2004

Today some one called me asked about my land. I told him that I donate my ranch to the church but in my area it has a lot of lands for sale. I want to introduce my neighbor lands to him. I asked him to go to my Bright Stars ranch to see it. He will go and the man from My Tho will go with me on this Saturday.

May 26, 2004

I am staying home today. Church has not call me yet.

May 27, 2004

People here were asking me about traveling to Hue and Ha Noi. Last year I planned to go but I was afraid too far for taking buses so I hesitated to make that trip.

Today, one thing happened after I was reading I felt tired and sleepy. On the first of few minutes when I was in the state beginning out of conscious mind, I saw a stranger person. Then I was in awoken condition. I look at Virgin Maria for a while I try to remember her then I closed my eyes I saw the blank. I try one more time and it was blank too. I kept looking for five times like that I suppose to see Virgin Maria but it was not. This time I saw the rip of

man. I did not know the rip of man was in my subconscious mind or he was from the out com subconscious mind input. Because at that time I never recall his picture in my mind I never think of that man in my mind at that time.
This is the answer. I was not wrong saying some one who was following me they may see that rip of man. Conjunction, merge or input.

This evening, I went out the porch to do dishes. I heard the voices of my neighbors down the street. They spoke just broken words but it was real. I thought my neighbors but I knew they imitate it. First time when I was in another place I heard they called my name they were laughing then I went down to see. I saw nobody there. I thought if my neighbors were traveling to Saigon they called me and they had to wait there until I came out to open gate.

Those things above remind me a proverb or moral story.
There was one a high rank officer or governor at one province. People brought to him a prisoner who was a robber. The governor did not want to punish him. He wanted to change him from bad person to good person. He ordered his family to prepare good food and liquor to feast his best friend. After that dinner governor was sleeping because he drank. The prisoner exchanged his cloth to the governor and he shaved governor hairs to look like him. The prisoner wore governor cloth then escaped. When the governor woke up, he was wondering then he mirrored himself then he asked himself "Who he is now?"
The story was ended right here.

May 28, 2004

I want to buy food for my neighbors as I used to do it but now I am afraid of food poisoning. I became a spontaneous doing thing. Let see what I will buy.

I went to church I meet staff church member in his office. He told me that the church accepted my donation and church devote mission there. He will set up appointment and he will call me come to meet father director.

May 29, 2004

Today I went to my Bright Stars ranch with the man who called me few days ago to ask information about my land. I invited him and the others to make the trip to my Bright Star ranch to see land there. When I reached to Dam Ri, I bought food there for my neighbor gifts.

I met my neighbors there, I told them that I decided donate my land to church and I was waiting to hear from church. Yesterday, I knew that church accepted my donation. I was so happy to hear that. I can see the difficult for them to carry out their mission here. I ask my neighbors help and support father and his mission to help Catholic followers here.

May 30, 2004

I am tired so I am staying home.

This afternoon the staff member from church office called me. He informed me that he's arranging an appointment tomorrow. I will meet father director and father vice director of the church to discuss about my land and the mission.

May 31, 2004

I came to church and met father Director and father vice Director there. We were talking and both Director and vice Director told me. The church I want to be built right away. It is hard for the church to accomplish now so the beginning the family of the church who is not the priest will live there to cultivate the land. Later will build church. If we have the church there now it would be better would be help people in that region.

Restrict law in Viet Nam may apply.

I heard that some one has an architect to submit paper in order to have permission to build 10 stages big church at Dong Nai for praying to the nation and the people. That church has supported around the world. They are from Lutheran, Baptist, Methodist and so on.

Do you see science proved, having a child and still be virgin. Do you agree? We will be together and a harmony world.

June 1, 2004

Today I check in hotel. I moved from my second floor renting address.

June 2, 2004

I am staying in my hotel room. I watch TV and rest.

June 4, 2004

Yesterday, I let L. know about I checked in hotel the address and telephone too. I email L. and my children one more time that I donated my land to church and now I am waiting for paper work.

Why I do this. I pray God and I want church will be built in this village (Thon 2, Xa Doan Ket, Huyen Da Huoai, Lam Dong Viet Nam).

During my trip to observe South Viet Nam, one day I went to Bung Rien, Lang Gang and Xuyen Moc in Baria province.
I wanted to stop at Bung Rien church and took pictures.
I told Honda driver.

- Do you know why I was happy to see this church and I wanted to take pictures?

I knew that Bung Rien church was too small, thatch roof and base on nature ground. Now I saw a big and beautiful modern building. It was amazing me.
I just told him that.
He did not know I was in that poor tiny church. I went there and sang in that church with his grand parents and his parents may be during the mass.
Honda driver asked me.

- Are you a reporter?
- No
- Where are you living?
- Saigon
- In what district
- Tan Binh
- Tan Binh is too big but what part of district you are in
- Binh Thanh

He may know it was not true.

When I was a little girl, I went to Xuyen Moc with a group leaded by my parish priest. I remembered we passed the route to go to Xuyen Moc. The distant is 20 km but we drove on bus only about half of the distant. We had to pass on air support floating bridge then rod hanging bridges then mud the heavy and deep mud. This was terrible. We had to pull up one foot then step then pull up another foot then step. After we past the mud route we continue to walk to Xuyen Moc. We saw a lot of tiny tents there. The Viet Minh troops were camping there before were transfering to North Viet Nam (1954).
We arrived to Xuyen Moc church. This church was built with forest trees, bamboo, forest leaves, and on the nature ground base. We saw some dead bombs were hanging. It was replacing the church bells.

We were staying at Xuyen Moc few days then we walked to Bung Rien. I described Bung Rien church as above. We were staying at Bung Rien few days then we walked to Lang Gang. We had to pass through forest to go to Lang Gang. We were staying in Lang Gang

one night. We had to walked back Bung Rien then to Xuyen Moc then back to our parish.
We were in alternate groups to do our mission there until our priest transfer to another parish. I went to Saigon to attend high school. Long Tan and Long Dien we used to go with our priest went to service mass there. People told me that our priest died at reeducation camp in North Viet Nam after 1975.
Now I saw the Bung Rien church. It was amazing community grown. If our priest could see this Bung Rien church, how happy he would be.

June 5, 2004

Birds flew to my place pecked at window glass. I noticed when the bird made noise then was singing.

June 6, 2004

I went to Notre Dame de Saigon cathedral. I went to this church because my nostalgia. Today is the Sunday. I intended to join to celebrate mass. Today I saw crowded people here.
On 1989 I came to visit this church and the mass was about to begin so I sat and was waiting for that mass. I was praying for Viet Nam, for me, for my children.
At that time I saw a small number Vietnamese catholic followers attended that mass and few foreigners. That mass celebrate by three fathers, one of them was a Bishop from Washington D.C. He lectured in that mass.

I came back Viet Nam I went to church regularly because my nostalgic environment. I sat down on the bench inside church. I let my soul calm. I could see clearly myself. If I made mistakes I tried to correct it and if I did not. I knew the reason.
Now, it is for me to define the meaning of the word forgive, correct, and rescue.

June 7, 2004

In my heart I want USA join Europe. I am afraid the reality.
Truly I can say the Masters control perfectly their chess. I sometime thought we don't need to worry about.

June 8, 2004

I went to dentist office in Saigon this morning. I needed to see dentist because my tooth was broken when I was in Vung Tau. I bit a black pepper corn when I ate poor boy bread (French bread with deli meat and vegetable). The dentist at Vung Tau suggested me to go to Saigon to cover it. He just filled it for emergency during the time I was in Vung Tau.

I have written this in my SILENT WAR.

June 9, 2004

I am staying at hotel and I am worrying about my teeth. I described this in SILENT WAR.

June 10, 2004

I came back dentist's office. He did like modern method that I had an experience in USA. I wrote this in SILENT WAR.

June 11, 2004

It is raining outside so I am lazy go out.

June 12, 2004

I want to start my Silent War book but I don't have papers or notebook.

June 13, 2004

I went to church this morning. Today is Sunday. People here told me that I came back Viet Nam and I go to church a lot. I said. "Yes, because my nostalgia."

June 14, 2004

I forgot to buy notebook or papers. I have to wait for another chance.

June 15, 2004

I called father at the church. I am waiting for the transfer paper.
The church faces as I face.
I thought my country should take this idea or consider my opinion.
Moral helps people have a happy life. Moral helps society more safe than law and more harmony than law.

June 17, 2004

Yesterday, I went to Bao Loc to meet father who helps community in that region.
When I reach to that region, it is about 10km distant from Saigon Da Lat highway.
I saw the site of construction building. I went behind this construction building I saw the big poor church and I saw a lot of benches inside church. It made me remember Xuyen Moc church.
I left my message to father M. at his brother family's house.
I went back my Bright Star ranch. I met my neighbors.
I chose the place to put my poem Bright Star sign on my land. I wish I were a stone carver so I could carve my poem on the stone at my Bright Star ranch to souvenir.
I came back hotel at Saigon yesterday evening. I was exhausted.

Father Director called me and he informed me that father M. called him and father M. got my message.
During the conversation this morning father M. told me that he used to go to that region to do his mission. So I am not talk about the traveling that I am afraid of the dangerous Bao Loc valley.
Father will hold the meeting this week and he will contact me. I told him I will go back USA this July 1, 2004.

June 18, 2004

I went to travel agency buy air ticket. It does not have seat on the plan for me so I have to postpone my schedule. I was satisfied that schedule it would be better for me to know something about my land paper.
I went to shopping district to buy gifts then I went back hotel.

June 19, 2004

Today I go to Bien Hoa and I have a chance to observe Bien Hoa base.
I saw the security building we used to go there for our security paper service. It was abandoned. I saw the old building it might be the kitchen building of the officer cafeteria. I could not see the officer cafeteria building and I could not see the officer family buildings too. I believe it was not exist here after 1988.
I saw the old building, it may be the Huynh Huu Bac building but it was not in habitable.
I saw a lot of new housing construction site at the place where the parachute army family housing section was.
I could not see my building there so I did not want to continue. On the way out, I saw a military couple rode Honda in that direction. I wanted to ask them bring me to the nostalgic place. I want to see my apartment building, my garden and fruit trees.
On 1988 I went to Bien Hoa. It was the same. I was so happy to submerge into my nostalgic places with my hungry soul. I stopped at the air base gate so long and I looked at that and I wanted to get in.

I saw outside the base, the town and everywhere from Saigon to my village. It was the same. Only nature was changing like the trees were not there and the trees were too high compared to the time I left.
Now, Viet Nam develops it country too fast and I was lost in my hometown today.

June 20, 2004

I could not go to church this Sunday because my back is exhausted. I ate breakfast then I took Tylenol.

Before I leave Viet Nam, I have something as my opinion in this Viet Nam issue.
First is the national security and defend.
Before abolish restrict moving law, it is necessary to have all citizen information.
Strengthen the arm force and source of defend.
Second is Administration.
Refresh Administration system to secure and defend our country and to ease our honest citizens.
Third is Religion issue.
Support Religion to practice in our country. We will sure harvest fruits from their trees. We loose nothing.
Additional is harmony citizens in Viet Nam and abroad.
Fourth is the Saigon map, the city map.
Saigon address is complicated now. With the address we have now in most places. I could not find it. I had to ask people then people showed me. If people showed me the wrong place or people didn't know it, I could not find the address I had in my hands.
This is not secure for authorities and the city and hopeless condition for citizens.

June 21, 2004

I am staying at my hotel room because my backache.

June 22, 2004

My back is better now with Tylenol, Salonpas, and Bengay.
This morning I went out buy shirts for my two sons. I saw beautiful shirts in that store on the day I bought one shirt for my land manager.
I walked back to my hotel through Huyen Si church. This is the street I walked to school. I saw the corner of bus stop there. I will walk to my school when my back feel much better than today.
I checked email. My oldest son tried to pick me up at the airport. I replied him. Don't worry about that. I can take taxi because he hasn't leaving day yet.

June 23, 2004

My body is not strength enough to continue to take Tylenol. However my back is O K now.

I am staying at my hotel room and I had a chance to watch TV. I realize we celebrate our holiday and our memory but we don't want to irritate the losers. We don't have to tell it the whole world knows what we did to our country. People respect our ancestors our grandparents, our parents and Vietnamese patriotic citizens as we are too.
Be wise reunited, maintaining harmony, rich, grown stronger, and then Viet Nam will raise power.
In my heart I was grateful until now the masters have good hearts to help my country overcome the frustrated difficult time. It was the dangerous to our country and our people it does not dangerous to Viet Nam recently regime or government in the past.

June 24, 2004

I went to Ben Thanh market I shop at that market for a bag then I walked to Le Loi street (I don't know the new name street). I reach to Rex sidewalk then I saw the dentist in the military suit and today is the Thursday. I wrote this activity in Silent War.

I bought gifs. The lady owner told me she sold a lot of her merchandise on the day I bought gifts at her store.

June 25, 2004

I call father M. today. He has not a chance to come to see my land yet.

June 26, 2004

I thought the traveler like me has to have a clock or watch it has date, PM, AM, day, and of-course hour and minute.
I remember one time I check in hotel which does not have a window so I have to call the front desk ask them for PM or AM at that time. AM I have to wake up. My cell phone was not used in Viet Nam so I stocked it in my valise and I totally forgot my cell phone.

June 27, 2004

Today is Sunday. I went to Notre Dame de Saigon cathedral to say goodbye. I thought this is the last time. This is the fourth time I came back Viet Nam and I spent long enough to satisfy my nostalgia.
This morning I have spare time between masses I have a chance to pray from Maria statue to Theresa to Anton. Saint Anton. I used to pray whenever I lost my things. This morning I prayed to him and asked him find things I lost. I lost everything.
I prayed a lot this morning and I hop God accepted it.

After mass I went to Tan Dinh market. Moderne theater was replacing by several shops. I did shopping there then I returned to my hotel.

June 28, 2004

I went out buy water, milk, and exchanged money.

I thought I went through my adventure.
At my Bright Star ranch I went to market one time a month. It does not have refrigerator, television, radio, and newspaper.
It does not have electricity. The sunset is at 6 PM. I have to do dishes before that time. I went to bed at 7 PM. I woke up it was dark so went back sleep then again and then again. I got up before dawn.
My villagers have Honda so it was not horrible transportation and food problem for them. They will build the street and electricity will come soon.

Few days ago I saw the news on TV Mr. President C release his book.
I remembered my son told me.

- You wrote a book and if you want people read your book, you have to be a famous one.
- If I want to be prominent, I have to write a book.
- Nobody wants to read your book.
- How come a writer be known? He or she has to be a famous in order to write a book? I want to tell the truth and I don't want to be famous to tell the truth I thought the truth is the truth. The truth is true from to day and it last forever.

June 29, 2004

Today I go to the mail box office to give my mailbox key back.

June 30, 2004

I was staying in my hotel room and the maid came to service. I stepped outside the room then the maid called me I had telephone call.
I was so happy father M. came to observe my Bright Star ranch and the region yesterday.
He saw my land. He said my farmhouse is in ruin condition. I said yes but I did not tell father two bamboo walls were replacing and toilet and bathroom was built for temporary using.

I told father M. there are at least 10 Catholic families there and there are a lot of Catholic families are living distant from my farm about 4km to 5km. They have to make a trip 50km to go to Madagui or Bao Loc to attend Sunday mass.
Father M. told me he will come back crucified church in Saigon tomorrow. I will come to church to meet him.

July 1, 2004

I went to Ben Thanh market then to Le Loi street. I was walking and looking the merchandise to buy. It was frighten me by the hitting or punch to my cheek at my jaw. I thought my jaw was broken at that time. I caught and held tight that man hand. I was waiting his reaction. He was taller than me and bigger than me and he is Asian. He stood still as mannequin, he never turned his face to look at that woman who is that person. Man or woman or old or young or a stone. I was angry then I let him go.
I remembered on 1988 I have learned Viet Nam was not relationship with China. I wish Viet Nam improve their foreign policy and make friendship to outside world. However this is not Viet Nam brings back invaders or accepts colony.
I don't want to irritate the losers.

July 2, 2004

I called father M. I made an appointment to meet him at the church to day.
I went to church this afternoon and I met father M. at the receptionist room.
I have to introduce my land to him and the neighbor region.
I did not expect father M. want to accept his mission at my land. I was so happy when Father told me. "We the church will help people who is society left behind. I pray and you pray God too."
Father wants to leave the region he devoted 17 years from start to that level. I saw the big building construction site as I described.

Father told me he has past experience when he came to that parish. Authority invited him came to their office a month. Then they watch him. They saw father did not teach people the wrong things so they let him preach the religion. They came and asked him teach children they could not do. We harvest fruits from their trees. Father M. told me.

- I tell people I am living there to take care your land. Do you agree?
- Yes
- You better stay here. What will you do for living?
- I have to go home.
- When you come back Viet Nam?
- I am leaving for good.
- When the church was built, you come back to see the church.
- No father.
- Did you spend a night at that farmhouse?
- Yes, I have lived three months in that farmhouse since I bought that land, that hut was in ruin condition.
- Why you don't want to continue.
- I kept silent
- It was too difficult situation.
- I kept silent

Father was surprised. I felt guilty after I express the truth. I did not intend or want father live in my hut in that condition or I want to challenge him either. I saw his place I measure his life. The value of his devoted mission.

After I gave him the papers and my farmhouse key, I said good-bye father. I pray God give money to build house for father. Then the church will be built. Father needs a place to live to soften his mission, father devotes mission on my land. I thought life is so long and energy ambition was reached to empty level. I don't want to abuse that sacrifice.

This was the story I tell you this was happened on the day I had an appointment to meet Dir. And vice Dir.
I came early then I was waiting at the receptionist waiting room. A lady came sat next to me and we were talking then I knew that she came here to seek help from this church. She told me that she needs money to buy medicine and bus fare to go home and her home at Mekong Delta.
I saw that pity condition so I gave her the amount she told she needed. I told her you are better hurry to catch bus to go home. It will be late. She still sat there and she wants more money from me and from church. For a while, then a man came he shouted like this church does not help people and so on. He told the woman go home. I told him. This church has money from people who gave it to the church then church wants to help the needy people. We need help we come here. What this church does to have money?
Then Dir. and vice Dir. Came, I came to talk to them in the open salon right at the waiting room. The couple is still there and they saw us they heard what we were talking. After I left they were still there.

We do not expect monks and nuns dropped down from heaven. They are human likes us. Ask our own selves hearts first.

When I want to donate my land to church, people in Saigon told me sale the land to people who want to buy my land then donate money to church. I told them I don't want to donate money to church. I saw the need of people at my Bright Star ranch. I beg the church carry their devoted mission there.
In general, people thought and said, I donated my land to church I will receive the good bless from God. Deeply in my heart I never think or want to charity in order blessing from God from this bribes or exchanging. However, God understand what people need. God bless us as we saw.

July 3, 2004

I want to go to my Bright Star ranch today but I am afraid my back and I will get tired.
I hope government and authorities there support church and fathers who devote their mission there.

This morning I went to my school. I walked into the hall then I asked the receptionist to let me go into the school. I walked through the schoolyard and I looked to our classrooms, our lab-room. I saw the yellow flower trees. They are too tall now. I went to sit down on the bench. The school was renovated and it has one more floor was added to the building I saw the new building at the bicycle garage and the refreshing place at the bicycle garage too. Then I went out. I asked the receptionist.

- Does this school keep any old members here? I meant the staff members or teachers before 1975?
- Where are you come from?
- USA
- Only one man L. He is still here.
- I want to see him.

He showed me his place. He and his family have lived at the room where the school director and his family had lived there when I attended school.
I came there. I called him and I introduced my self to him. I did not recognize him. Of-course he did not remember me.
I talked to him and I knew that almost my teachers died. One of my Vietnamese literature teacher who is still in Viet Nam and he is still alive and one of my math teacher too. The rest were died and some of our teachers were migrated in foreign countries and some of them were died outside Viet Nam.
He rode me to my teacher house. My teacher is old now. He did not recognize me and I was the same.
After I left my teacher house, I want to visit Vuon Chuoi market. I bought rice shrimp cake and tapioca shrimp cake there. Then I bought Vietnamese delicious sweet cakes on the way back hotel.

This evening, I telephoned the shop owner where I ordered my poem sign. I want to leave it on my land to souvenir the Bright Star ranch. He was not there but his daughter said her father already let someone to delivery it to my land and it was stood on the ground where I showed the Honda driver where it will be stood.

July 4, 2004

I went to church this morning. I planned to go to Huyen Si church or Tan Dinh church but the final choice is Binh Trieu church. It was late.

July 5, 2004

I went to super market to buy bread and crackers in case I could not eat the food on air plan provided.

July 9, 2004

I flew from Saigon to Taipei then to Los Angeles then to Houston then to New Orleans. I came to New Orleans on July 7, 2004. I took taxi to come home. I was so tired so I ignored the dirty action.

July 15, 2004

Jetlag was bothering me. I remembered it took me almost a month on my trip back Viet Nam on 2002. I was awakening at nighttime and I was sleeping at daytime.

July 17, 2004

Today I wrap my daughter diploma send it to her with gift I bought in Viet Nam. At the time I wrote receiver address I knew that my youngest son sol his home at Dallas and he was moving to N.J. I sent his gift to his new address. I did not know how to say!

July 19, 2004

My sister, my son and I went to Lake Pontchartrain. I needed fresh air yesterday. Oh! I thank to the Sun and environment cure my jetlag.

My reader:

I was home, my journey should be stopped right here.
I have learned. I had an experience. We are harmony. We are happy. Our health, our sadness, our distortion, our death, and even our sleeping, relate to this Universe. All elements in this Universe relate in the whole. Transmit in the whole.

Phiem
August 26, 2004
New Orleans, LA 70127
USA

NHAT KY HANH TRINH

PREFACE

Nhat ky that het suc don gian. Toi bat dau viet nhat ky luc vua muoi ba tuoi.
That het suc khong can viet nhat ky nhung doi khi nhat ky tro thanh tai lieu quan trong.
Ngay, thang, nam, bien co va moi truong xung quanh la nhung du kien gia tri.
Hom nay toi trinh bay Journey Diary (Nhat ky hanh trinh) den ban nhu nguoi ban dong hanh tren con duong trong chuyen ve tham que huong Viet Nam.

NHAT KY HANH TRINH

I

September 20, 2003

Vung Tau Ba Ria, Viet Nam

Toi den Viet Nam ngay 31 thang 8, nam 2003.
Toi tieu hao sinh luc, thi gio va tai chinh de tim kiem su that. Toi da di quan sat gan het mien Nam Viet Nam.
Trong chuyen di nay, toi nhan thay va uoc cho Viet Nam biet va hoc hoi gop von lai de buon ban, lam thuong mai lo cho kinh te. Neu nguoi Viet Nam khong lam nhu the, chung ta se that bai, chung ta khong the nao canh tranh duoc. Trong tuong lai chung ta se o duoi su dau co thao tung hay cho den hoanh hanh.
Diey nay het suc khan cap va quan trong. Nhung gi chung ta thanh lap hom nay, ket qua se den trong tuong lai mot nen kinh te vung chac va cho ca chinh tri nua.
Toi phai cong nhan va vui mung phan khoi da nhin thay Viet Nam phat trien nhanh chong tu thanh thi den thon que.
Toi nhan thay duoc nhung nguoi thay day trai tim nhan hau da giup Viet Nam thanh cong trong mot thap nien.
Nguoi Viet Nam rat thich hoc hoi va tu hao ve nen van hoa cua chinh minh. Chung ta doan ket va chung ta voi den de nam duoc van minh tri thuc hom nay cua the gioi.

Ocotber 5, 2003

Trong chuyen du lich de quan sat cua toi, toi cung tim hang hoa de ban tren website cua toi. Toi tim thay hang hoa nhu qua luu niem va han che ve nhung vat lieu de san xuat san pham. Toi da ngan ngai de mua ban tren website cua toi
Toi tim dat va thay co dat o noi phong canh rat dep, khi hau on hoa. Toi quet dinh mua nong trai do. Toi di chuyen tu Vung Tau den nha trong trang trai toi vao ngay 5 thang 10 nam 2003.
Toi dat ten trang trai cua toi la Bright Star. Dem toi ra ngoai va ngam trang sao. Toi thay bau troi rat dep va ngoi sao rat lon, ro va toa sang. Toi dat ten cho trai la Bright Stars.
Neu ban den trang trai toi va o lai do vao ban dem ngam trang sao ban hieu tai sao toi dat ten trang trai la Bright Stars.

November 17, 2003

Hi L, K C, and T,

Cac con co manh khoe khong?
Con co biet khong ma gan xong cho mua hai ca phe nay. Ma muon nguoi ta hai. Ma cung co ra vuon hai ca phe voi nhan cong. Ma lua trai chin va hai xong ma bo ra phoi nang. Sau khi phoi nang xong ma nho nguoi ta dem xay vo ra. Ma se nho nguoi ta uop vani va bo, sau do rang va xay. Ma so con lam bieng, ca phe muon cho thom ngon, khi nao uong moi xay. Ma se goi cho cac con va ma se cho gia dinh, ba con, va ban be cua ma o Viet Nam.
Ma dinh se ban ca phe tren thi truong ban le nua. Ma da ban hon 2 tan (2000kg) tai trang trai Bright Star cho thuong buon den mua.
Ma se chup hinh dat cua ma, ma se rua hinh va goi cho con vao tuan toi khi ma di Saigon.
Con co biet khong?
Ma mua dat va ca mat truoc va dinh doi la dat cua ma. Noi do ngay xua la san bay cua My luc chien tranh Viet Nam.
Phong canh nui may mu khoi toa rat dep. Suoi boc doc theo ranh cua dat ma len den doi.
Ma nghe nguoi ta noi chinh phu se lam duong trai nhua va se co dien som. Dat cua ma o ngay mat tien duong va duong rong 8m, du

tinh se mo rong them moi ben 2m nua, mo them duong ngang hong dat cua ma nua.
Ma hoc lam vuon roi, bay gio ma se hoc buon ban o Viet Nam nua.
Ma chon Saigon hay Ba Ria.
Ma quen ban ghe nylon o Vung Tau nen bay gio khong co ban de viet va ghe de ngoi.
Ma dung day va se viet tiep thu sau.

Bao trong,

Phiem

November 25, 2003

Toi ban ca phe vua hai xong tai trang trai Bright Star. Toi tro ve Saigon voi bao lon nang tuyen chon ca phe hot kho, se duoc dem di uop va sau do se rang, rang xong roi se xay thanh bot va luc nay day se san sang de thuong thuc ca phe.
Toi se goi cho con toi o My va toi se dem bieu cho ba con, gia dinh va ban be toi o Viet Nam.
De hoc hoi them kien thuc buon ban o Viet Nam hien tai, toi se mo tiem Bright Star o Long Hai, Ba Ria. Toi chi can 3 ngay de tim nguon cung cap hang hoa, dia diem va tu ban va v.v.
Toi dinh se khai truong vao ngay 29 thang 11, 2003.

XXXX

December 25, 2003

Hom nay toi lay ngay nghi va dong cua tiem o nha. Nhan do toi di Long Thanh de hoi ve dat cho muon. Toi co mua du du o trang trai do de lay hot lam going.

Toi tham trai do xong toi tro ve nha, ma toi noi ngay khi toi vua buoc vo nha.
Ma toi noi voi toi. " Con noi voi ma, con la con cua gia dinh quy toc va nguoi ta so cach mang hay nhung gi going vay noi len se giet con nen nguoi ta phai doi con khi con vua sanh ra."
Toi giat minh khi nghe ma toi noi vay, toi tra loi ma toi nhu the nay. " Con chua bao gio noi voi ma nhu vay." Toi nghi mot vai nguoi nao do da noi voi ma nhu vay hoac la cha ma toi biet.
Toi nhac lai cho ma toi nho, khi ma toi o nha ong ba ngoai toi (nha ma toi bi bom chay tieu het roi), toi tu Vung Tau ve nha ong ba ngoai va la luc toi muon va quyet dinh li di chong toi.
Toi hoi ma toi bang lap lai cau chi hai da noi cho toi nghe o nha cua chi o B. H. luc toi con la con gai muoi sau muoi bay tuoi.
"Em khong phai la con cua cha, may co noi vay."
Ma! Luc do ma dang ngoi sang gao,ma cuoi va tra loi con.
"Khong co dau. Tai bay gio con lon, con dep, con gioi, con thong minh, con giau, con dia vi; nguoi ta noi vay de noi la con cua nguoi nay, nguoi kia." Luc do con im lang.

Khoang khong den mot nam, Saigon sup do. Toi thoat khoi Viet Nam va ti nan tai Hoa Ky.

Sau do toi den nha thuong M. giai phau va di nhien toi phai qua thu mau. Nguoi ta tim thay mau cua toi la nguoi Au chau da trang, toi khong phai la nguoi A Chau.
Ke tiep sau do la lan mo thu nhi va cung thu mau nhu lan thu nhat.
Khi toi xuat vien, chong toi noi ngay noi bai dau xe cua benh vien khi ong di qua mo cua cho toi len xe.
"Ba khong phai la con cua cha."
Noi xong, ong voi dang dieu nhu nguoi lo loi.
Toi giu im lang va toi mong uoc co ngay toi se gap lai ma toi de hoi ma toi mot lan nua.

Nam 1988 toi tro ve tham Viet Nam va lan nay toi co dip lap lai nhu lan thu nhat toi hoi ma. Toi chu y phan ung cua ma de biet su that, toi biet khong phai nhu the. Roi thi toi lai tro qua My. Toi thac mac ghe gom lam. Toi khong hieu nguyen do tai sao toi khong phai la nguoi a chau la the nao ca.

Mot ngay toi di den cua tiem.
Toi di vao tiem, toi thay mot nguoi dan ba ngoi do va ba ta cuoi. Toi nhin ba ta, toi thay ba co guong mat going ong ngoai toi. Toi noi voi chinh toi luc do. Tai sao Tau hay thay tuong to ong ngoai toi qua vay, toi bo qua di, tiep tuc di mua sam. Nguoi dan ba do di voi gia dinh cua ba, hinh nhu con va chau cua ba, ba di den quay tra tien truoc mat toi, ba dung nghieng nghieng nen toi thay ba rat quen thuoc. Toi khong biet tai sao. A! day roi chiec mui cua ba going y het mui cua ma toi va chi hai toi. Dang nguoi ba cung lun lun, map map co chi hai toi. Toi het suc ngac nhien va la lung ngo ba den khi ba roi tiem va xe ba chay di.
Toi ngac nhien den muc toi khong co phan ung kip nen toi khong hoi ba duoc cau nao.

Ngay qua ngay toi hoc duoc tu tai lieu nay mot hot cat nho den tai lieu khac mot hot cat nho, toi van chua co cau tra loi. Toi chua tim ra duoc cau tra loi. Lam the nao toi noi voi ma toi nam 1988?

Tieu thuyet, truyen toi viet la gia tuong. Toi gia su cau chuyen toi viet cho tieu thuyet nhu vay thoi.
Ma toi gia nhung khong lang, khong quen do la dieu dang quy, tuy nhien toi cung khong tim duoc gi noi ma toi ca. Toi cung e ngai su nham lan cua ma. Toi nhan thay ma toi thuong hay keo cau chuyen ve chieu huong cua ma nghi.

Sach Truong Sinh Bat Tu toi viet chua co ai doc, ma toi khong doc duoc; vay ai la nguoi noi cho ma toi biet? Luc toi con dang du lich o Viet Nam, toi tuong co nguoi doc truyen cua toi viet nen noi cho ma toi biet.

Theo su nhan biet va quan sat cua ca doi toi. Toi tin chac chan cha ma toi biet ro rang va vi su giao uoc nao do cha ma toi khong noi cho toi biet.

Ngay ngay hom nay, o vao ngay thoi diem nay, ngay dip nay, toi noi cho ma toi biet chi hang xom da tien doan tuong lai toi va cho toi biet qua khu cua toi.
Chi noi the nay, toi ke cho ma nghe:

- Phiem song voi cha me nuoi, khong phai cha ma ruot.
- Cha me nuoi la the nao?
- Cha me nuoi la cha me khong sanh minh ra ma nuoi minh goi la cha me nuoi. Nhu chi vay, chi cung song voi cha me nuoi.
- Khong co dau, ma em noi, ma em co chua em, sanh em o Long Dien.
- Phiem lam sao ma biet duoc.

Ngay luc nay ngay hom nay, ma toi noi.
"Dung roi, con lam sao ma biet duoc."

Khi toi con nho, toi khong hieu nghia cua cau chi hai toi noi. " Em khong phai con cua cha."
Toi tuong toi la con nuoi cua cha ma nhu chi ban hang xom toi da giai thich cho toi biet. Trong long toi ngay luc do, toi noi toi van thuong cha nhu cha ruot cua toi tu ngay do cho den hom nay. Toi hoan toan khong co gi thay doi va cung khong nghi gi ca.

Toi nghi toi la con nuoi cua cha ma toi thoi.
Khi may me con toi o Vung Tau ve nha ong ba ngoai toi, toi muon li di chong toi, den luc nay day toi moi hieu. Do la lan thu nhat toi hoi ma va toi da trinh bay o tren.

Bay gio toi tuc qua, sao toi khong co tanh to mo du de hoi chi hang xom cua toi. Ai la cha me ruot cua toi? Cha me ruot cua toi con song hay da qua doi? Cha me ruot cua toi o dau? Tai sao toi phai song voi cha me nuoi cua toi?

Cac ban, ban hieu tai sao toi lam bat cu nhung gi toi co the de tim nguon goc, gia dinh va co the toi se kham pha ra phuong an khoa hoc.

January 1, 2003

Tet Duong Lich nen toi dong cua tiem Bright Star cua toi hom nay, toi va ban toi di vieng chua Dinh Co.
Chua Dinh Co duoc xay cat tren mot ngon nui cua day nui Dinh o Ba Ria.
Toi co den chua Dinh Co khi toi con la con gai muoi may tuoi. Do la lan thu nhat. Hom nay la Tet Duong Lich, toi di vieng chua lan thu nhi.
Toi thay chua co thay doi va da duoc cat lai vi bom dan trong chien tranh Viet Nam.
Dan trong tinh Ba Ria rat tin nhung gi Ba Co tien doan.
Toi cau nguyen va toi hoi xong toi lac hop dung cay xam cho den khi mot cay rot xuong.
Phai xin keo giong nhu mat va trai, nhu am va duong. Neu duoc thi moi lay la xam moi vua rot xuong. Neu khong phai xin lai nua, chi duoc ba lan thoi. Neu khong phai bo cuoc.
Chung toi roi chua voi nhung la xam trong tay.

Toi cung chua vua long nen chung toi tim den nguoi tien doan.

Ong noi:

- Toi co linh tinh.
- Toi co be tren (Chua, Phat, Troi, Than Thanh) luon giup do.
- Toi khong lam gi duoc. Nhung gi toi dinh lam, ho (toi nghi la ke thu cua toi) di truoc va lam truoc toi hay ngan chan toi khong cho toi lam. Toi khong lam gi duoc.
- Toi kho chet duoc.
- Toi chet roi nhung be tren mang toi tro lai, cuu toi tro lai doi song nay.
- Nam 2003 nay la nam ma gia dinh toi tan nat. Du thu chuyen con cai.
- Toi ton hao tien bac nam nay nhu vay thay the dau binh cho toi vay.
- Chua het con chuyen sap xay ra.

Toi co hoi ong ve than the cua toi nhung ong khong biet.

Tai sao toi phai tim den boi toan?

Toi muon tim ra than the cua toi. Toi muon tim thien tai de co the tien doan tuong lai va biet duoc qua khu.
Du kien duoc coi la tin tuong va co the duoc xem la dung nhat la co quan tinh bao hay tai lieu bi mat. Toi lam sao vao nhung noi do duoc!

January 6, 2004

Toi mang hanh ly cua toi tu nha ma toi den tiem Bright Star cua toi o Long Hai va toi quyet dinh dong cua som hon du dinh. Toi cho hang hoa cua toi ve nha ma toi de cho gia dinh, than nhan va ba con. Con mot sotoi mang len trang trai Bright Stars cua toi o Bao Loc de cho hang xom toi noi do. So con lai toi cho ban va ban cho tiem khac de ban dum toi.
Sau khi mang hang hoa ve nha ma toi. Toi don xe di Vung Tau. Toi co dip de doc email. Noi day toi doc dien thu T. va tin nay lam cho toi khong kiem soat noi con tuc gian cua toi.
Ngay hom sau toi di len Bright Star ranch voi bao hang hoa tu tiem (quan) Bright Star o Long Hai de cho hang xom toi an Tet.

January 8, 2004

Toi nho mot gia dinh hang xom o gan dat toi trong coi trang trai va hoa mau cho toi. Toi nghi dem ngay 7thang gieng nam 2004 trong nha trai Bright Stars ranch cua toi. Toi tro ve Saigon. Toi dinh mua ve may bay di ve, tren duong di den van phong ban ve may bay, toi thay bang cho muon nha, toi da di qua khoi xa roi, toi keu xe Honda chay vong lai de toi hoi muon va coi nha. Toi xem nha va toi dong y muon.

January 10, 2004

Toi di chuyen tu Bright Star o Long Hai den nha muon o Saigon. Toi di mua sam nhu nhung lan thay doi cho o truoc. Ba chu nha o day cung nho o Long Hai giup toi trong cong viec nay.

Suc khoe cua toi that e ngai. Toi den phong mach bac si lien tiep 3 lan, 3 tuan lien. Toi khong the ngoi duoc nua, toi phai nam nen toi muon muon nha cho mot thoi gian ngan de cho toi khoe han. Toi cung khong chac toi co mua duoc ve may bay hay khong vi le Tet va di gap the nay.

Juanuary 11, 2004

Linh Tinh cua toi.

1- Ai la nguoi o dang sau lung toi?
2- Tai sao nguoi ta lam nhu vay? Duyen co?

Toi nghi ho la Trung Hoa.
Toi nghi ho la Do Thai. Do Thai song o My.

Trung Hoa nhu chung ta da biet tu ngan nam truoc. Ky thuat va chien luoc, chien thuat lan va xam lang nuoc Viet Nam. Ngay hom nay voi van minh tan tien va chien luoc hoc duoc tu phuong Tay da lai tai thu doan xam lang Viet Nam trong hien tai.

Do Thai muon xam lang dat dai, gay anh huong bang bi kich de ton tai va that chac vong day Do Thai cua nguoi goc Do Thai lai. Bao ve ton giao cua ho, thuong mai va sau cung di den chu nhan ong kinh te cung nhu chinh tri.

Trung Hoa biet duoc toi la nguoi con gai nho yeu nuoc trong nhat ky cua toi. Toi da bay to tuc gian va toi the se ngan chan long tham tan cua ho trong nhat ky cua toi. Nhu toi da trinh bay dien tien va tro ngai ho da gay ra cho toi trong Silent War. Ho dung quyen luc trong dia hat cua ho de gay kho khan cho toi. Voi su tuc gian va loi the hua do ma ghe du vay sao?
The gioi da thay dat cua Trung Hoa hom nay khong? Noi den Chau A la chi thay co nuoc Tau khong lo thoi. Ho con muon muot luon tat ca nhung nouc con lai cua Chau A nhung ma bi su chien dau cua to tien nguoi Viet Nam nen bi mat co o Viet Nam va Viet Nam chi con giu cho minh co bao nhieu dat do thoi. Ngay hom nay day ho khong

the nuot duoc nen ho gam nham chut ti thoi de cho tieu tan dan. Truong Sa, Hoang Sa va Ban Doc.

Do Thai, truoc nam 1975 My den Viet Nam, Trung Hoa co duoc dong luc tu tinh bao cua My (Do Thai world war 2 tro thanh tinh bao My) cung cap tai lieu va ky thuat. Nhung nguoi muon hai toi da dung ky thuat do o Viet Nam cung nhu o My.

Juanuary 14, 2003

Day la thuc te

Hom nay to den café Internet de doc va goi dien thu. Con trai lon toi muon toi ve My. No da nghi lam roi va da di hoc lai ME o UNO. Day la y dinh ma toi khuyen can con toi khong nen.
Con trai nho toi noi se khong dam cuoi nam nay, no keu toi di ve My. Con gai toi email cho toi, toi se viet thu de giai thich.

Juanuary 15, 2004

Toi goi thu cho con gai toi.

K.C.,

Hay nghe nhung huong dan nay.
Day la thuc te va no tren trai dat that nay. Su that la su that. Thuc te la thuc te.
Bay gio con hay nghi va lo cho con truoc, sau do moi den nguoi khac. Khi con khong con gi nua trong tay, nguoi ta se xoay lung di. Ma la ke ngu chu khong phai nhan tu va tot.
Cac con cua ma cung se la nguoi ngu.
Bay gio con de danh tien de mo tiem ban thuoc tay, thay vi con bo thi gio de nuong banh. Ba cua con co the giup con va quan ly tiem duoc.
Ma cam on Chua va Thien Than ban phuoc lanh va phu ho con.

Day la van de khac.

Day khong phai la but chien cung khong phai noi lai ma day la su giai thich cho dien thu cua K.C.

T.,

Con co nghi day la chuyen con lam nguoi ta tuc gian khong?
Ma da khong kiem che duoc.
Do co phai la ly do ma con muon giau ma? Do la bi mat? Tai sao con giau ma ngay tu luc dau?
Ma khong hieu day la muu chuoc da duoc sap dat hay la thau mien hay tri oc con bi dieu khien!
Ma khong biet nguoi ta nghi gi trong tan cung trai tim cua ho?
Muc dich cua ho la gi?
Ho muon lam nhuc ma.
Ho muon tuoc doat nhan vi con nguoi cua ma va se lan luot gia dinh ma.
Ho muon ngan can su thanh cong cua ma va gia dinh ma.
Ho keo sap nhung gi ma hanh dien.
Ho muon ma phai o trong tinh trang ngheo doi.
Ho muon co lap ma va lam cho ma quy nga.
Ho la nhung ke doi lao va tan ac.
Ho rat thien nghe va thanh thao trong lanh vuc nay.
Nhung neu ho khong lam gi duoc, ho dung hoa hoc, thau mien, chip, magnetic va v.v. de dieu khien, nhan vat do.
Ho giet, am sat ma, may thay ma khong chet. Ho bo ra thoi gian de hoc doc tu tuong ma. Ho biet ma muon gi, ma khong thich gi, ma so gi, ma tinh lam gi, ma se di dau, ma muon mua gi, ma muon an gi, ma muon noi gi, ma muon lam gi. Ho di truoc de ngan can ma hay ho lam truoc ma de dua ma ve con duong ho vach san cho ma.

Bao trong,

Phiem

P.S. T. duyen co tu Ban Doc quyen anh dam vao mat ma.
K. C. duyen co tu Germany du lich dam vao mat ma.

Phiem duyen co tu Ngo Dinh Diem, Ap Chien Luoc quyen anh huy diet ma. Ai la nguoi duc ket va dieu khien?

January 15, 2004

Nhung ngay nay toi bi dau nua, toi den bac si xong den nha thuong vo serum va mua thuoc.
Bay gio toi phai het suc can than trong thuc an.
Toi khong muon di xa, toi phai de danh suc de di ve duong xa voi tam hon chan chuong.

January 18, 2004

Toi email cho ba cua cac con toi.

Q. than,

Toi tuc gian.
Cuoc doi cua con toi la su viec quan trong, do khong phai cuoc co hay su lua phinh.
Toi co di chua Dinh Co hom Tet Duong Lich, day la lan thu hai tu khi toi con la con gai muoi may tuoi. Nguoi dan o day tin nhung gi Ba Co tien doan.
Toi cau nguyen, toi hoi cho gia dao con toi, toi lo lang cho vi the con toi, ra sao, the nao, toi muon biet.
Toi xin duoc la xam the nay:

Nhung loai ma quy phai khu tru
So noi may phun toa toi mu
Muon biet nha nguoi cho ro het
Linh hon da toi nuoc hoa lu

Trong nha da co quy ma
Viec gi cung chang the hoa
Da sanh su them gay go
Can benh nang rat dang lo

Nguoi xin duoc que xam nay nhu vua doi Duong bi ninh than giao thong ngoai quoc gan phai mat nuoc, sau nho trung than moi khoi.
Nguoi xin duoc que xam nay phai sang tri ma lo luong, gap con nguy hiem phai tam phuong cuu tri moi khoi lo, neu khong thi hien cung ra du.
Q. toi se bo het tat ca boi vi tat ca cuoc doi toi da hy sinh cung hien cho cac con toi. Hom nay ho thang toi chi vi tinh duc. Q. co kinh nghiem va biet do. Ho chi co tinh duc thoi va tinh duc thi nhay cam va nhay cam de ban ve.
Thu han cua chinh ca nhan toi thoi cung du lam cho trai dat nay nat tan ra.
Toi the se lay lai Hai Nam, Quang Dong, Quang Tay va gom Van Nam.

Ong co thay khong? Toi o My ho bao toi la Viet Cong. Toi bay gio ve tham Viet Nam ho don cua, chan duong toi, ho phao vu toi la tinh bao, hon the nua, ho phao vu toi la ba Viet Nam Cong Hoa phan quoc.
Ong co thay khong?
Han So chien tranh xam luoc.

Bao trong,

Phiem

January 20, 2004

Hom nay toi lo tra tu lanh cu cua toi moi mua hom qua. Toi di cho va nau an.
Sang nay toi goi cho ba o Long Hai de noi ve chuyen may anh cua toi. Toi khong the tim duoc va tu nhien bay gio no dang o trong tui xach cua toi (tai vi ba muon may anh cua toi de chup hinh gia dinh ba).
Sau Tet toi se di Vung Tau, toi se den TB khach san de xem co gai lam viec o do con lam hay khong.
Trong ngay 10 thang gieng nam 2004 toi don den Saigon. Vai ngay sau toi di cho Hanh Thong Tay, co co gai chay den truoc mat toi

mung ro chao toi. Toi cung vui ve chao lai co, toi biet toi co quen biet co nhung toi khong nho co la ai, den khi ve nha toi moi nho ra duoc co la co gai o Vung Tau.
Lan truoc la co ba con ho toi o Ha Tien.
Lan nay la co gai o Saigon.
Sau Tet toi se tim ra su that.

January 21, 2004

Hom nay la ngay 30 Tet.

Sang nay toi di cho mua rau, trai cay.
Toi ve nha chung dia trai cay nhu hang nam.
Toi nau tat ca rau vi toi khong an duoc rau tuoi o Viet Nam.
Sau khi nau xong, toi ngoi o ban. Toi nho con toi. L. khong mua gi cho an Tet. K.C. co the di mua. Con T. co ba no xuong an Tet va o choi voi no mot thang.
Nam ngoai to di xuong Houston ngay ngay Tet ma toi dau co biet.
Dung la toi boi loi trong nuoc da.

January 22, 2004

Hom nay la Tet, toi an Tet o Saigon, Viet Nam. Hoi chieu nay toi biet duoc la xam toi xin o chua Dinh Co ve gia dao, con cai toi. Nguoi ta da lay di la xam chinh va de lai cho toi to photocopy. Ho la ban toi, hay ho la ke thu toi?

January 23, 2004

Hom nay la ngay mong ba Tet. Toi o Viet Nam an Tet va cam tuong Tet cua toi truoc nam 1975 va bay gio. Toi de cho long lang xuong de thay ro ninh hon.
Toi nghi nuoc toi nen kiem diem minh lai de hieu, de sua doi va giup cho nuoc toi hoa hop va dao duc. Do la su khon ngoan va dieu kien an toan ma dat nuoc toi can nen lam.

Chieu nay toi mo cua rao va dem rac ra ngoai. Toi khong the nao mo cua cong duoc vi cay dua kieng nga nam tren cua rao. Toi nghi to se hoi ba chu nha. Tai sao cay dua nhu the nay, toi moi vua tuoi nhung tai sao nhu the nay? Ba chu nha di ra gap toi, ba noi an trom.Toi noi cho ba biet la hoi dem co tieng dong tren mai nha. Toi lay den pin soi, xem viec gi. Toi mo den trong nha va o ngoai. Toi di xuong tang duoi nha xem co viec gi khong. Toi khong thay gi ca, toi tat den, tro len phong. Tieng dong tren mai nha van tiep tuc mot luc sau moi im. Toi tuong la chim o tren mai nha. Ba noi khong phai la chim dau. Ho la an trom va ho leo vao nha bang cay dua nay nen no moi gay nhu vay do.
Toi moi noi cho ba biet la xam toi xin o chua Dinh Co da bi ai vo nha lay la xam that va de lai photocopy cho toi. Ho thien nghechu khong phai vun ve nhu the nay dau. Do vat cua toi cu bi mat, lay doi, roi tra tro ve. Ho khong bao gio lay tien cua toi.

January 26, 2004

Hom nay la thu hai nhung no khong phai la ngay tot de mo cua tiem. Mong sau o Viet Nam la ngay tot de khai truong.
Toi co nhieu viec phai lam nhu den Internet café chang han.
Sang nay toi ngoi an diem tam va nhin thay hang hoa cua toi ban o tiem Bright Star nhu mat ong, tra artiso (artichau), nuoc mam Phu Quoc. Toi nho lai nu trang toi o sap ban do cu va do moi cua toi o French Quarter, New Orleans. Nhung san pham an ninh toi dung tu phiem.com va aphiem.com website. Toi buon ban ba lan va mat tien cho ba lan nay.

January 27, 2004

Toi o lai Viet Nam cho den hom nay nhung toi khong tim duoc manh moi nao vung chac de lam bang chung ngoai tru nhung la xam toi xin duoc o chua Dinh Co va nhung su bao ve va giup do khi toi can. Nhung cau phu, tho trong xam khuyen nhu toi phai cho cho dung luc.

Toi van dang tim kiem nhung nha boi toan thien tai hay co trinh do nghien cuu tham sau de du tai nang tien doan nhung tuong tai va biet duoc qua khu.

Nhung tai lieu tu co quan an ninh cua quoc gia la tai lieu tin tuong duoc nhung toi lam sao vao duoc nhung noi do de tham khao.

Toi da den tuoi nay roi ma con chua duoc phep biet nguon goc cua toi. Toi phai cho den khi toi dang o trong mo, toi van cung con phai cho.

Ho hay nhin lai ho di. Ho da lam gi voi mot dua tre vo toi? Ho da si nhuc toi. Hanh ha toi. Tuoc doat danh du toi. Gio day con toi.
Dao duc co ho la gi? The nao?
Ngay luc nay day toi muon biet bang moi gia. Thoi gian cua lich su da du de tiet lo tat ca bay gio.

O Au Chau toi cung khong tim duoc gi.
Khi toi den Au Chau, toi la khach du lich nen toi di tham vieng tu noi nay den noi khac. Mot hom tren chuyen du ngoan xa, toi den ngoi o ban sau khi goi thuc an. Co mot cap vo chong lon tuoi den ban chao toi va ngoi canh toi. Doi vo chong nay thi tham voi nhau bang tieng Duc toi khong hieu duoc. Toi thay ba gia to ve vui mung, ba rat dep va tu cach diu dang. Ba luon mim cuoi. Ong gia thinh thoang nhin toi voi doi mat to mo.
Ba gia vao trong tiem va sap hang de goi thuc an. Toi nghe co tieng noi, nguoi dan ba noi lon bang Anh Ngu. " Ba tot hon het nen noi cho co ta biet."

Toi xoay qua de nhin vao trong tiem o ngay hang khach hang dang dung cho. Toi thay ba gia xoay nguoi qua va nhin ve phia toi voi dang dieu e ngai so rang toi se nghe duoc cau noi do.

Sau khi ba goi thuc an xong, ba tro lai ban va ngoi vao ghe cua ba. Toi thay hai nguoi dan ong o vao khoang tuoi 40-55 ngoi trong tiem an doi dien voi chung toi. Ho nhin chung toi va luon cuoi.
Doi vo chong gia va toi khong trao doi voi nhau loi nao khi chung toi ngoi o ban do. Ba gia co den ba lan ba cat cao giong va noi lon "Brawn"
Toi khong de y lan thu nhat nhung den lan thu ba toi phai de y chu do.
Doi vo chong chao tam biet toi bang Duc ngu.
Toi tro ve khach san chieu do. Toi tim trong tu dien chu Brawn va hieu nghia nhu chu Brown trong Anh Ngu.
Toi nghi den ong Weiner Brawn va Eva Brawn.Toi thay ba gia khong going tuong to Eva Brawn. Ba la co gai rat dep, nguoi ta do mat cua ba trong thoi gian Hitler dang tai chuc.
Day la tat ca toi tim duoc o Au Chau.

Toi di Nam My

Co mot ngay nguoi tai xe dung lai cho du khach va nguoi huong dan du lich xuong. Nguoi tai xe dua toi ve khach san. Tren con duong dua den khach san, nguoi tai xe chi dan cho toi biet nhung dinh thu lich su chung toi di qua.
Khi toi nhin thay toa nha tuong to o Munich, toi noi toa nha thay tuong to nhu o Munich. Chung toi giu im lang cho den khi toi den khach san. Toi cho ong tip, cam on ong va chao tam biet ong.
Ong noi cam on ba.
Do la tat ca nhung gi toi tim duoc o Nam My.

Day la la xam toi xin duoc o chua Dinh Co khi toi hoi ve than the cua toi.

Muon viec cho hay chang phai troi
Theo loi giu phan moi an vui
Neu tuong le ay ma buon ban
Hang hoa day thuyen mot loi hai

Nguoi xin duoc que xam nay kha cho thoi ma duoc viec, neu nong voi thi tai hoa chang sai.

January 28, 2004

Hom qua toi doc email cua ba may dua con toi. Ong bang hoang khi doc email cua toi. Ong khuyen giai thiet hon cho con trai nho chung toi biet nhung no nhat quyet la no da suy nghi chin chan lam roi. Ong khong biet noi gi nua. Ong keu toi di ve My.
Toi den van phong ban ve mua ve may bay di ve. Toi den ngan hang de rut tien ra. Toi co du tien de mua ve nhung toi can them chut it de di duong. Toi rut tien o ATM ke ben.
Toi di goi dien thu lich trinh chuyen bay cua toi ve cho con toi.
Toi di den hop thu de lay sach proof reading. Toi di bo den buu dien o gan do de goi dien thoai. Toi goi dien thoai cho ba TB o Vung Tau, toi hoi ba ve co gai. Ba noi co van con lam cho ba.
Co khong di phep, ba cung khong tin co di Saigon vao thoi gian toi gap co o Saigon. Ba noi toi co the lam co voi mot ai do.
Toi goi cho ong so dia chinh va trinh bay ve chuyen dat dai cua toi.

January 31, 2004

Hom qua sau khi doc thu con toi, toi den van phong ban ve de huy bo chuyen di ve My nhu lich trinh. Toi den ngoi trong nha tho Duc Ba o gan Buu Dien de cho long toi lang diu xuong.
Toi nho lai lan thu nhat toi tro ve tham Viet Nam va den ngoi trong nha tho nay vao thang gieng nam 1989. Toi ngoi day voi noi nho nhung tran ngap va voi long buon menh mong trong mot linh hon hoang vang nhu dat nuoc toi luc do. Toi nhin thay chinh cuoc doi toi, gia dinh toi, dat nuoc toi. Toi nguyen cau cung Chua.
Hom nay day, toi cam thay linh hon toi ra ra tung manh nho. Toi da soi ro cuoc doi toi, gia dinh toi, cuoc doi con toi va dat nuoc toi. Toi nguyen cau cung Chua.

February 1, 2004

Toi ngoi day va thu nghi ve Duc va My.

My co dau doc dan chung ho voi phim holocaus. Thoi gian lich su da dai du de tiet lo su that.
O Viet Nam truoc 1975, Tau da khuynh dao va lam chu nen kinh te cua Viet Nam. Hien tai toi thay Tau bat dau con duong cua ho.

Hom nay Do Thai o My. Do Thai da lam chu nen kinh te cua My va con ca the gioi nua. Wall street do so o Do Thai. Dong thoi luon ca chinh tri.

Hay tro ve nuoc Duc thoi Hitler.
Hitler dung o vi tri so mot. Ong Do Thai dung o vi tri so hai. Ong nay co em lam khong quan va quay phim.
Do thai co chuc vi rat cao trong chinh quyen.

Hay xem nuoc My hien tai.

Ong Tong Thong B. la leader. Ong Do Thai la so hai. Do thai giu nhieu chuc vi trong chinh quyen.

Mot phan cua dia cau nay tin rang My tot.
Mot phan cua dia cau nay tin rang Duc tot.

Dieu nay dung.

Day la y nghi va y kien cua toi.
Do Thai phai cam on Duc da cuu mang ho, neu ho khong phan lai voi y do xam lang dat nuoc da giup ho thanh cong nhu hom nay o My.

Do Thai hay nghi lai di.

Tro ve Viet Nam

Tau hay nghi lai di.

Tro ve My

Hien tai, Do Thai va Tau muon gi tu nuoc My?

Lich su dien va tai dien. Chung ta khong the tranh duoc.

Tren day la lanh vuc chinh tri va kinh te.

Duoi day la phuong dien khoa hoc.

Dr. Mangle

Nguoi lam chung cho Dr. Mangle. Ong ta noi Dr. Mangle lo lang, cham soc cho ong. Bac si khong lam gi hai ong. Ong co doi song nhu hien nay chung ta thay ong. Ong ta la cap sinh doi.

Tu cau chuyen Dr. Mangle
Den cau chuyen cua toi.

Ai da co tinh dau doc? Ai da lam hai ca cuoc doi toi? Khong phai chi co the xac thoi ma ca ve tinh than, danh du con nguoi.

Dieu nay la tam kien de cho toi soi ro, phan anh ro rang hon voi bac si Mangle.
Khoa hoc hien nay da ap dung nhung phuong thuc cua Dr. Mangle kham pha nhung khoa hoc da e ngai phai noi ve hay tuyen duong hay nhan biet hay nho den Dr. Mangle.

Bac si Mangle la nen tang cua te bao tao thanh.
Khoa hoc gia Weiner Brawn la nen tang cua NASA.

February 4, 2004

Toi doc dien thu, tinh trang gia dinh toi da gay su tuc gian trong toi tu chuyen nay cho den chuyen khac.

Toi di Long Hai va tro ve cung ngay.

Toi email cho ba cua cac con toi. Toi muon ong bao cho FBI de y con toi. No khong lam dieu gi sai no chang so ai het. Do la dieu tot de bao ve chung no thoi. Sau khi email xong toi thay dia chi cua FBI nen toi viet thu va goi tho cho FBI o Washington.

February 5, 2004

Toi di buu dien de goi thu cho FBI o My.

Vao ngay toi di chua Dinh Co toi co xin mot la xam de hoi cho biet ho la ai nhung nguoi sau lung toi? Tai sao ho lam nhu vay, cho toi biet ly do? Toi se phai lam gi?

Day la nhung cau phu, cau tho trong la xam.

Nhung nguoi nhan ha that nguoi hu
Goc bien chan troi chi nhon nho
Thoi phai lieu ve noi co ly
Khong thi song nuoc hai bay gio
Nguoi xin duoc que xam nay vi nhu So Hang Vuong khong nghe loi Pham Tang, chang chiu chem. Hon Bai Cong, chang chiu trong dung Han Tin nen phai that co binh thac tai O Giang.
Toi thay nhu vay neu toi khong biet ai la ke thu va ai la nhan tai va toi trung toi se mat nuoc.

February 6, 2004

Toi khong biet phai bat dau o dau de noi, mot chan nan tan cung tu dau oc toi va ca than toi.
Toi muon con toi noi cho the gioi nay biet duoc toi da lam gi de control (dieu khien) tri oc no. Noi di.
Bay gio, toi muon co than luc cua thau mien hay neuro chip de huong dan con toi nhu no noi, de giup cac con toi di dung duong va hanh phuc. That bat hanh tat ca da tre roi.
Nhung ai o gan toi deu thay tu nguoi muon bao ve toi cho den nguoi muon hai toi deu thay ro rang.

Toi da de cho con toi dap len dau toi de doi lai toi co chung no trong tam tay toi trong tam mat toi de giup chung hoan thanh uoc muon cua chung thoi.
Toi muon hoa thuan voi cac con toi, ho co thay nhu vay khong? Ho co nhan biet nhu vay khong?
Toi sai? Toi ngu? Toi khung dien?

February 7, 2004

Con trai nho cua toi mot lan nua dien thu cho toi. No gap gap dam cuoi trong thang 2 nay. Toi ve My hay toi khong ve My cung khong thay doi gi.

Toi khong ve nha nua, toi khong gay go duoc, toi khong muon cai va, toi ve nha de lam gi?

February 8, 2004

Toi di den vieng Duc Me o nha tho Binh Trieu. Toi thuong di den day de cau nguyen truoc nam 1975. Hai lan toi ve Viet Nam toi cung den vieng Duc Me. Hom nay truoc khi toi roi Viet Nam toi cung den cau nguyen Duc Me.
Tat ca deu day ngap trong toi gio day, toi khong the co loi nao de bat dau. Toi khong the bat dau cau nguyen duoc. Toi co cam tuong la bai chien truong ngon ngang bom dan trong toi, toi khong the co cau nao de cau nguyen. Toi ngoi do mot luc lau. Toi tam su voi Duc Me. Toi xin Duc Me day cho toi noi, day cho toi bat dau va day cho toi cau nguyen.

Sau khi toi roi nha tho toi den cho An Dong va tren duong ve toi ghe vao noi boi nua.
Toi muon biet ve con toi, gia dinh toi, tuong lai va than the cua toi.

Nguoi xem boi trinh bay nhu the nay:

- Co khong co tien, chi la cai ma ben ngoai thoi.

- Neu co lam tien, con co se khong lam duoc. Neu co lam thi khong biet bao nhieu ma ke.
- Bay gio dung thuong con cua co nua, chung no ngoi tren dau co.
- Co co tanh linh, linh tinh.
- Co luon co than thanh hay nguoi phu ho co.
- Con co huong nho on duc cua co.
- Co bi ham oan. Nguoi ta lam, ai o dau lam ma tat ca do len dau co.
- Toi la dan ba nhung ma lam cong viec cua dan ong. Toi la chu trong gia dinh chu khong phai chong toi.
- Toi se duoc nhung gi toi muon va thanh cong nhung thang sap toi.
- Toi da qua nhung nguy hiem.
- Ve than the toi, ong khong noi.

February 10, 2004

Hom nay toi cau nguyen be tren cho danh du con nguoi duoc ton trong.

Toi den tiem vang de nho nguoi ta xem ho hot da cubic Zirconia va nhung nu trang gia ma con toi mua cho toi vao dip le Giang Sinh. Nguoi tho nu trang coi dum toi va bao ziconia la hot da. Con qua cua con toi cho la hot gia nhu kep cu phu nu thoi.
Toi cung xem nhung hot xoan gia do qua kien, toi thay deu chieu nhu nhau, chac phai coi code cua hot xoan moi biet duoc.
Toi thich deo nu trang nen mua cubic Zirconia thay the cho hot xoan cua toi. Con nu trang gia con toi cho, toi cung thich deo vi do la ky niem.

February 14, 2004

Toi bay di Bangkok tu Saigon tren chuyen Hang Khong Viet Nam, toi den nghi o khach san o Bangkok, Thai Lan, vao ngay 12 thang 2, 2004.
Toi di goi dien thu va doc dien thu cua con toi. Con trai lon toi noi cho toi biet da goi cho toi rat nhieu lan nhung khong contact duoc.
Toi di thuong xa de mua do dung, thuong xa big C o day rat lon.
Thai Lan su noi bat truoc mat toi la ton giao.
Nhung huong dan vien du lich hoi toi, nhung gi o Thai Lan da gay an tuong manh nhat khi toi den day. Toi tra loi ho, ton giao.

February 15, 2004

Hom qua toi di tour chuyen du ngoan den dinh thu cua Vua Rama. Toi chup hinh nhung may anh cua toi khong chup duoc nua. Toi mua pin thay vao cung khong phai tai pin. Toi mo ra sua phim nhung cung khong duoc phai ket phim.
Hom nay toi lay digital camera de dem theo chup. Toi ngung lai noi day va di xuong phong tiep tan vi nguoi ta dang cho toi o duoi de nhap doan du lich. Hay cho xem ket qua.
Khi toi den Chua, toi nho nguoi tour guid chup hinh dum toi, ong khong chup duoc. Power co den nhung nut de nhan chup thi cung ngat khong bam duoc.
Toi cung khong chup duoc gi noi day, hom nay.

February 17, 2004

Toi di bien Pataya, toi cung nhung du khach den tu An Do. Tai xe va huong dan vien du lich la nguoi Tau. Ba cho chung toi xuong o tiem nu trang. Toi rat thich nu trang noi tiem nay. Toi mua 2 chiec ca ra hot xoan gia. Nguoi ban hang o day goi la hot xoan My. Toi nghi la cubic Zirconia, gia rat re, toi thich deo cho vui, toi cung mua 2 chiec vong cam thach cua Tau cho than nhan cua toi.

February 19, 2004

Toi mua ve may bay hom qua o van phong du lich. Nguoi ta se dem den khach san giao cho toi. Toi se roi Bangkok di ve My nhu lich trinh ghi trong ve vao ngay February 24, 2004.

February 20, 2004

Toi khong the huy bo chuyen bay lien tuc nhu vay nen toi cu tiep tuc len duong.

February 21, 2004

Toi co kinh nghiem biet ve chu nghia ca nhan nhung toi den tu Viet Nam voi nen van hoa khac biet. Va lai chung toi la ti nan chien tranh ra di voi hai ban tay trang khong co du tru cho tuong lai bat cu tren phuong dien nao. Voi van hoa nay chung toi da co the tuong doi khong kho khan de hoi nhap vao xa hoi. Toi nghi thuc hien chu nghia ca nhan duoc lanh manh o the he thu hai chu khong co ep tu suc nong voi vang de kip chay loang ra. Khong can dot no cung tu dong chay o the he thu hai, Do Thai 2000 nam roi van con la Do Thai.

February 22, 2004

Toi vua kham pha ra chiec ca ra toi vua mat mot ngoi sao. Toi tim thay no o sink, toi luom len rua va cat vao tui nhu luc toi moi mua va cho dip co tho nu trang nho nguoi ta gan vao cho toi.

O Thai Lan toi cung khong tim gi duoc.
Toi muon tim tien tri thien tai nhung cung khog gap. Toi rat that vong, noi day nghe boi toan duoc tu do va gia ca dang hoang. Toi cung mat tien taxi va tien xem boi.
Toi nho lai o New Orleans co rat nhieu nguoi boi toan, co nguoi quang cao se biet chuyen 25 nam tuong lai khi toi di ngang qua noi lam viec cua ong. Toi khong dung lai de coi thu vi toi dang gap thoi gian kho khan. Toi hoi de lam gi? Toi noi voi chinh minh bat cu nhung gi xay den du bat cu trong hoan canh nao toi cung phai nuoi con toi cho den khi chung no tot nghiep. Toi can biet nhung gi? Toi

dau co gi de hoi. Bay gio toi can ong thay boi do de giai dap than the cua toi.

February 23, 2004

Hom nay toi check lich trinh chuyen bay cua toi truoc khi di nhu thuong le, khong co gi thay doi.
Toi muon huy bo card toi dang dung. Toi nghi co su thay the nhu luc toi thay chu tren card nhu check card, bank check card, credit check card, va Gold check card.

February 24, 2004

Toi bay tu Bangkok den Los Angeles. Toi noi co Hang Khong Thai Lan, toi muon den Los Angeles. Ve may bay cua toi bay den Dallas FWT. Toi de cho co tiep tuc ghi nhan nhu trong ve may bay.
Con tien toi du xai cho den ngay toi roi Bangkok. Tu LAX den pho toi di taxi de tim khach san khi toi thay dong ho chi $55.00, toi phai co khach san ngay neu khong toi khong du tien de tra taxi. Toi thay Inn va vao o khach san o CA 90004, USA. Sau cuoc hanh trinh dai toi can ngu va toi thuc day de di mua nuoc, thuc an. Bay gio la 9.55 PM Pacific time.

February 25, 2004

Toi khong bi timelag lan nay nhung toi cung thuc day 2 lan vi co tieng dong cua may, toi ngu lai duoc. Nhan vien duoi phong tiep tan danh thuc toi day luc 11 AM.
Toi di taxi va den khach san o tuan toi muon $159.00 mot tuan le. Toi phai can tien mat muon tu Credit Card de tra cho khach san nay.

February 26, 2004

Toi don tu zip code 90004 den zip code 90057. Sau khi toi de hanh ly vao phong, toi di taxi den dia chi de nop don xin viec. Toi bat dau lai nhu ngay nao cua ngay xa xua do

Toi tro lai khach san, an com trua, di giat do va di mua thuc an va nuoc uong.

February 27, 2004

Toi den buu dien de goi qua ve nha, hinh va computer, electronic. Hinh toi khong bao quan duoc o Viet Nam, computer da bi hu toi khong dung duoc nua.
Toi den travel angency mua ve di tro ve Viet Nam va toi di den ATM cash tien nhung toi khong cash duoc. Toi di ve Viet Nam khong co tien mat. Sau do toi di email cho con toi.

February 28, 2004

Dem qua toi ngu binh thuong, toi thuc day muon sang nay. Toi kham pha cua so phong khach san toi o da mo len. Toi quen khong de y xem xet cua so khi nhan phong. Toi khong biet cua bi mo luc nao. Toi khong tim thay mat hay lon xon gi trong phong ca. Toi di xuong noi cho tho ky o phong tiep tan len dong cua so dum toi. Khach san nay toi doan cung thoi dai voi nha toi muon o Cameron Ave. Toi thay chot cua va khung cua so going y nhau.
Toi goi cho con trai lon toi nhung khong co o nha nen toi chi de loi nhan. Toi di cho mua pin nhung khong tim duoc pin toi can, toi vao tiem mua banh 99 xu, hom qua toi cung mua banh 99 xu. Bua an cua toi la 99 xu.
Toi tro ve phong o khach san va tim pin mot lan nua de cau may thoi. Toi tim duoc 2.
Toi cam on Chua. Toi noi su that, khi nao toi that can vat gi thi no co ngay nhu vay do. Cung nhu toi di taxi tu LAX den pho de tim khach san, toi phai co khach san ngay neu khong toi se khong du tien de tra tien taxi. Ngay luc do toi thay Inn lien.
Toi con $119.00 de di duong ve My tu Thai Lan. Gio day toi so phai o Inn den $100.00/ngay. Toi nho lai toi co mot card khac de muon tien tra tien mat cho khach san tiet kiem nay vi toi khong co nhieu tien.

Chieu nay toi suy nghi va tham thia nhung gi ong thay boi o Saigon noi toi. “ Co phai noi, phai xin, co muon gi thi be tren moi biet ma cho co, neu co khong xin be tren dau co biet ma cho co.”
Toi thuong xin Chua cho toi nhung gi toi can va Chua biet nhung gi toi can. Toi chua bao gio cau xin Chua cho toi co duoc ti dola hay tro thanh trieu phu hay ti phu tu truoc den hom nay.

Toi nghi, duong nhu bay gio toi phai sua doi loi cau nguyen nay. Toi phai xin Chua cho toi ty dola, la nguoi dan ba giau nhat the gioi va toi muon couc song binh thuong.
Toi muon hoi doan cua toi cung toi lo cho tai san cua toi va se dua chung toi den thanh cong trong muc tieu ma chung toi da de ra.

Bay gio khong phai chi co Chua moi biet toi cau nhung gi ma ca the gioi nay deu biet toi cau xin Chua cho toi nhung gi.

Toi goi dien thoai cong cong ngay o khach san de noi chuyen voi con toi. Toi rat vui khi noi chuyen voi no. Toi noi cho con toi biet toi se ve Viet Nam thu ba tuan toi.

March 1, 2004

Khi con gai lam cho toi tuc gian, toi khong muon di dau nua ca. Bay gio con trai nho toi lam cho toi tuc gian toi muon di hoai.

March 2, 2004

Toi se bay ve Viet Nam chieu nay, toi di ra ngoai mua giay va thuoc. Sang nay khi toi thuc day toi nho toi mo thay gi. Tren con duong tu khach san den tiem giay, toi co di qua cua tiem va thay trong tiem trung bay hinh anh Chua ,Duc Me. Toi thay co Duc Me mac ao trang going nhu toi mo dem qua. Toi tuong toi se dung lai tiem nay de coi sau khi toi di mua giay xong. Tren duong tro ve khach san sau khi mua giay xong, toi khong thay tiem trung bay do dau nua. Co the gio trua nguoi ta dong cua nghi trua.
Su viec nhu vay khoi day tri nho cua toi, toi co hoc tu nhieu ton giao khac nhau cung deu minh chung nhu the nay. Khi chung ta cau

nguyen cho den khi nao chung ta thay Chua, Phat, Than Thanh, luc do chung ta biet la chung ta va be tren da gap nhau nhu su dong thuan tu noi thieng lieng vo hinh va tam linh chung ta da hiep nhut. Do la cau tra loi.

Chieu nay toi den LAX de di ve Viet Nam, toi khong the di duoc vi toi khong co visa nhap canh Viet Nam. Toi muon di ve Viet Nam nhung khong di duoc. Toi muon goi tra ticket cho van phong ban ve noi toi mua nhung nhan vien Air C. bao toi dung lam vay vi so mat. Toi mua ve o hang A. Toi di ve Thai Lan. Toi hy vong noi day gan Viet Nam hon va co le se de dang hon noi khac. Toi den Bangkok sau thoi gian gan nua ngay cho chuyen may bay o Seoul.

March 5, 2004

Hom nay toi mua ve ve Saigon khong co visa sau khi toi duoc hang Hang Khong Viet Nam giup toi.
Toi den Tan Son Nhat sau 3 ngay duong met duoi nhu chet. Toi khong co du tien de tra cho khach san, an uong, cung nhu taxi de cho o Los Angeles hay Bangkok de co visa.
Toi den ban giay de xin visa tai cho, toi tuong lam duoc. Toi gap 2 nhan vien lo thu tuc tiep toi va bao cao duoc bien chep. Toi nhan thay co nhieu nguoi muon giup toi noi van phong.
Toi tro lai Bangkok va vao khach san nghi qua dem duoi 600B/dem luon thue.
Toi tra phong buoi sang, di taxi vao phi truong cua Bangkok. Toi mua ve di SanFrancisco.
Noi phi truong toi gap ba Viet Nam di du lich Au Chau. Chung toi noi chuyen va hieu nhau. Den gio bay chung toi chao tam biet va chuc ba may man tren chuyen du lich cua ba. Toi den cong cho may bay di SanFrancisco.

March 7, 2004

Toi den phi truong SanFrancisco, toi mua ve di Vancouver, Canada. Toi cho o phi truong dem hom do, sang hom sau toi di Canada.

The gioi da chuyen doi khi toi duoc nghe, toi khong doc bao, khong nghe radio va cung khong xem truyen hinh tu ngay 30 thang 8, 2003.
Toi tro lai Los Angeles va tiep tuc mua ve de den New Orleans. Toi se goi don den toa dai su xin visa ve Viet Nam.

March 8, 2004

Toi den New Orleans. Toi chi co $40.00 dola de tra cho taxi va tat ca tien le toi khong dem. Toi con no taxi $5.00, tai ket xe tren highrise dan den E. New Orleans. Toi noi voi ong tai xe taxi. Toi khong ngo ket xe nhu the nay, toi khong du tien de tra cho ong.
Toi den mo cua nha. Con toi co o nha nen may qua co $5.00 de tra cho ong taxi. No ngac nhien boi vi toi khong goi cho no duoc.
Toi noi cho ong tai xe taxi nghe.
That may man cho ong khong bi mat $5.00.
That may man cho toi khong no ong $5.00.
Toi van con may man.

March 9, 2004

Toi ngu tu trua hom qua den sang nay. Toi thuc day va biet la buoi sang. Toi lam don nop de xin visa nhap canh Viet Nam.

March 11, 2004

Toi da xong trach nhiem mot nguoi me voi bao nhieu nhuc nha, kho dau. Doi nguoi toi da di qua va suc nghi lai minh da den tuoi nay roi. Toi da lo gi cho toi chua?
Khong co gi ca boi vi toi luon nghi nuoi con toi xong roi toi se roi.
Cac con toi da lon chung no co doi song rieng. Thoi gian cung hien va phuc vu da qua.
Bay gio toi nghi ve toi, vi the toi. Toi nghi ve cuoc doi toi. Toi nghi ve su si nhuc ma toi da chiu dung de nuoi duong con toi den truong thanh.
Hom nay day toi nghi ho chua bao gio chiu dung lai.
Toi bao ve con toi, toi that bai. Tai sao?

Tu diem nay la diem phan cong.

March 13, 2004

Toi mua ve may bay di ve Saigon.
Toi di ra khu pho Phap de tim thay boi. Toi can tien tri thien tai de giai dap thac mac dum toi. Toi co dip duoc xem khu pho Phap duoc tan trang lai that dep va dang giu gin. Toi cung lac nhieu lan de dinh huong di den cho Phap va nha tho o Jackson square. Toi khong co dip de den noi toi buon ban do cu va moi (fleamarket) nam 1989. Toi don buyt di ve, buyt co thay doi o Canal nhung buyt di ve khu vuc toi o, van nhu luc toi di ban o fleamarket o khu pho Phap.

March 15, 2004

Vao ngay March 13, 2004 toi di ra khu pho Phap, toi tim thay boi, toi thay mot hang dai tien tri o truoc nha tho.
Toi di va toi dung lai o ban cua ong tien tri toi nghi ong co hoc ve boi toan cua Au Chau va Trung Dong. Toi hoi ong co kha nang doan duoc tuong lai may chuc nam truoc va biet qua khu cung nhu the khong? Ong tra loi toi, ong chi doan cho mot nam thoi. Toi khong hy vong gi biet duoc than the cua toi. Thoi, san day toi muon biet cho tuong lai cua toi mot nam toi vay.
Toi ngoi xuong va bat dau xao che bo bai tay co rat nhieu hinh. Toi chon nhieu la bai ra, ong xep nhung la bai do thanh hinh vuong. Toi thay nhung la bai voi nhieu hinh ve va y nghia nhu nhieu kiem cung canh giu can mat lam. Toi nghe ong giai thich tuong lai trong nam toi cua toi. Toi goi lai tien tuy theo hao tam. Toi cam on ong.
Toi buoc sang vi khac de hoi xem ong co the giup toi ve de tai toi dang tim kiem khong?
Toi khong the tim giai dap duoc.
Toi nghi day la chang duong cuoi cung toi tim den tien tri nho giai dap.
Toi quyet dinh chon cau tra loi o chua Dinh Co, BaRia.
Cac ban, han ban nghi rang toi me tin va di doan nhu con toi da noi. Hay de cho toi phan tran.
Boi toan khong phai la me tin di doan. Do la mot mon khoa hoc.

Co the chung ta khong gap duoc nguoi hoc hoi va kinh nghiem vung chac trong khoa hoc nay.
Tro ve cuoc doi toi. Toi gap nhung nguoi danh tieng va cung luc nhung an danh da tien doan nhung gi xay ra trong cuoc doi toi. Toi co tranh nhung khong duoc. Nhung nhan chung co the thay va hieu duoc.
Tu vi hay thau mien la mon khoa hoc. Mon khoa hoc nay co the da bi lam dung hay hanh ha con nguoi trong thoi xa xua cua to tien ta nen da bi ngan cam va da di vao quen lang va phoi pha di.
Chung ta co the tim dau vet do trong dong tro di vang cua to tien ta. Khoi nguyen la thanh lap ngon ngu, ke den van chuong phat trien noi lien la gia su kinh ve vu tru, khong gian. Thoi ky nay to tien ta da y niem duoc ve su toan the va nhung phan tu. Dan den cau hoi to mo cua su khoi thuy va da duoc gia su xat dinh.
Di theo gia thuyet do, phan tich, chung minh va cong nhan su lien he chung toan the va xat dinh su nay sinh, su tai tao va vong luan chuyen.
O vao thoi ky cuc thinh cua nen van minh van chuong nay tu vi va thau mien da duoc phat minh.
Hom nay day, thoi gian nay duoc goi la thoi ky hay thoi dai ky thuat. Chung ta dung van minh tri thuc va ky thuat de kham pha vu tru cua chung ta mot lan nua nhu chung ta da co hoc va kinh nghiem.

March 18, 2004

R. nguoi dam nhan cong viec cua nha xuat ban va lo phat hanh sach cua toi. Ba goi email chuc mung toi. Ba cho hay Phiem Her Beauty Her Messages va Spirit da hoan tat va san sang de phat hanh.
Toi goi dien thu cho con trai nho toi de lo viec cho toi va nhan sach dum toi.
Toi goi dien thu cam on ba R. Trong suot thoi gian chung toi lam viec chung voi nhau. Chung toi dung loi diem cua Internet de cau tao va giai quyet tat ca van de xay den rat nhanh chong va da dan den ket qua nhu hom nay sach cua toi da san sang den tay ban doc.

March 20, 2004

Toi va con trai lon cua toi cat tia nhung cay o truoc san nha. Toi uoc mong toi co du tai chinh de sua sang ngoi nha nay lai de cho tat ca gia dinh. Day la nha, day la gia dinh, va day la ky niem.

March 21, 2004

Tren Internet toi tim vai cong ty va toi viet thu de go cua ho mua hang hoa cua Viet Nam.

March 23, 2004

Toi co hoc va hieu chu nghia ca nhan. Bay gio toi phai thuc hanh chu nghia ca nhan.

Toi di tham than nhan, vao dip nay toi duoc nghe ke nhieu chuyen. Dieu nay lam cho toi nho lai va hieu nghia cua cau noi ma toi da nghe qua mot thoi gian dai. Dua cot!
Toi nghi do chi la dua cot thoi sao?!
Dieu do khong anh huong gi den doi song cua chung ta sao?! Cung khong anh huong gi den xa hoi cua chung ta sao!?
Toi khong hieu neu chung ta co phai sua doi no de lam lich su hay khong?

March 23, 2004

Toi danh tai lieu cua toi vao computer. Toi ban ca ngay va dem.

March 24, 2004

Con trai lon cua toi mua banh sinh nhat de chuc mung ngay sinh cua toi som hon va lam ngac nhien toi. Toi co dip de uoc va thoi tat ngon nen tren banh sinh nhat. Toi hy vong uoc muon cua toi duoc thanh tuu it nhat lan nay.

XXXX

March 29, 2004

Con trai lon dua toi ra phi truong New Orleans. Toi bay den Los Angeles va tu Los Angeles den Saigon.
O Phi Truong LAX toi co gap ba hanh khach, chung toi co noi chuyen ve visa xin tai Phi Truong Tan Son Nhat. Ba co qua kinh nghiem.

March 31, 2004

Toi den Phi Truong Tan Son Nhat, Saigon. Toi don taxi di ra pho Saigon va tim khach san. Toi vao nghi o khach san, toi qua met. Toi an o khach san xong toi di ngu.

April 1, 2004

Toi goi dien thu cho con trai toi. Toi di den nha tho Huyen Si. Noi day so voi ngay xua da hoan toan thay doi. Toi thay Viet Nam thay doi nhanh lam.

April 2, 2004

Toi di Long Xuyen va tro ve Saigon trong ngay bang xe hanh khach.

April 3, 2004

Toi di coi nhieu nha de tim muon, tim noi re tien de o va toi da mat tien vi muon tiet kiem. Toi cung khong muon o chung dung voi chu nha.

April 5, 2004

Toi di len trang trai Bright Star cua toi. Toi den do khoang 3 gio chieu. Toi mang qua den bieu hang xom va gia dinh hang xom trong coi dat cho toi.
Toi den noi troi mua, troi lanh ve dem.

April 6, 2004

Chu Honda taxi cho binh nuoc uong vao trang trai cho toi.
Toi di tham hang xom, hang xom den tham toi.
Toi noi voi hang xom, toi muon ban dat va se goi cho dia oc ban dum toi. Tuy nhien toi se ban re cho ba con o day muon mua de canh tac.

April 7, 2004

Hom nay toi nau com va an voi thit cha bong toi mua o Saigon. Toi mua 1 cai banh bao tu nguoi ban dao chay xe dap vao tan dat vuon cua toi. Toi thinh thoang cung mua ca rem cho nguoi lam dat vuon cho toi va con cua hang xom.

April 8, 2004

Toi di ra ngoai lam vuon, troi rat nong o day. Bo do ba ba den cua toi may tu Vung Tau da giup cho toi hai ca phe va lam vuon o day. Mau den hut anh nang mat troi nen nong lam.

April 9, 2004

Hom nay troi mua. Toi cam on troi mua lon tuoi dum vuon cho toi. Ho vua duoc dau de dung vao mua he va co the nuoi ca duoc nua.

Sang nay co nguoi den xem trang trai cua toi, ong co y dinh muon mua de canh tac.

April 10, 2004

Toi ra vuon hai tieu con sot lai, nguoi mui tieu tuoi thom lam sao! Toi them vit uop tieu tuoi nuong gio day.
Ngay mai la le Phuc Sinh. Toi quen mat ngay le. Chua o trong tam hon moi nguoi va trong vu tru nay. Toi hai long voi cau cham ngon do va toi cam thay long minh nhe linh hon minh trong trang.
Thim hang xom den tham toi, hoi toi co muon di le khong? Le cach trang trai toi khoang 15km va chi dac biet ngay le nay thoi. Bon dao da hop nhau cang leu tren san co de lam le. Gia dinh thim co 1 Honda va nha co 4 nguoi muon di le.
Thim noi tiep dan lang o day va khu vuc xung quanh neu muon di le phai di Madagui hay Bao Loc cach trang trai toi den 50km. Toi biet duoc chyen nay ngay hom nay.

April 11, 2004

Hom nay co nhieu nguoi trong ho dao ghe vao trang trai toi tham vi chu Honda taxi thuong hay cho toi ra vao va mua nuoc cung nhu phan bon cho toi luc truoc, chu muon vao tham toi.
Hang xom cung ghe tham toi va noi chuyen dat dai. Co nguoi moi toi di an day thang con. O day toi cung co dip tham du nhieu tiec nhu le gio Lang, tiec cung dat va dam ma. Hom nay thim hang xom gan truong hoc den tham toi va cho toi nam rau rung.

April 12, 2004

Hom nay toi di ve Saigon, toi mua hai ro xoai chin rat ngon va rat re, nguoi ta ban doc duong cho hanh khach xe do.
Toi vao o khach san. Toi co di coi nha cho muon va khach san co bep. Khach san co bep rat hien dai va sach se nhung co noi thi xa Saigon qua con co noi gan nhung khong co thang may.

Toi di den dia oc de goi ban dat vuon cua toi, noi day toi co noi ve chuyen toi muon muon nha. Ho moi gioi thieu cho toi can nha va toi se don vao ngay 1 thang 5 nam 2004.
Tren duong tro ve khach san toi mua canh duong sinh cho hang xom o tren trang trai cua toi.

April 13. 2004

Toi di cho Ben Thanh va mua qua tang day thang con hang xom. Toi mua thuc an kho.
Toi tro ve khach san, goi dien thu cho con toi biet, toi tro ve Bright Star tren Bao Loc.
Khi toi den Bao Loc nhu thuong le toi di Honda taxi vao trang trai. Phuong tien chinh cua toi o Viet Nam la xe do, Honda taxi, cylco va taxi. Trong chuyen du lich nay cua toi, toi chan thanh cam on cac ong Honda taxi, cac ong da giup toi di toi tat ca noi ma toi can di. Toi nhan thay ho la nhung nguoi can viec lam de kiem tien, khong co nhung gi xau de e ngai ca. Ban dau khi toi moi den Viet Nam toi rat e ngai voi cai ten Honda om. Toi tuong co cai gi bay ba nen toi khong dam di. Mot hom toi phai ve Dat Do ma ngay tai Ba Ria toi khong biet noi nao de don xe di ve. Nguoi ta noi cho toi biet chi co xe Honda om thoi, toi bat buoc phai di. Toi chi di den Long Dien thoi de tim xe di Dat Do nhung cung khong biet o dau, toi hoi nguoi ta, nguoi ta cung noi chi co Honda om thoi, toi bat buoc phai di. Sau chuyen di do toi thay nguoi ta la nhung nguoi can viec va khong co gi phai so ca. Tu do ve sau toi di xe Honda taxi thuong xuyen tu Saigon cho den tan thon lang xa xoi heo lanh. Nhung ong tai xe Honda da giup toi rat nhieu. Toi that het suc mot lan nua cam on. Toi uoc mong duoc nhu the nay mai.

April 14, 2004

Toi thay chiec vong cam thach gia cua toi bi nut be. Co the toi tap the duc va co lan hai tay cham nhau nen be. No gia nhung duoc nhuom qua tia sang mau rat dep.

April 15, 2004

Hom qua troi mua rat lon, ca nha trai bi uot vi vach khong kin lam. Toi rat thich troi mua
noi day khong phai nen tho nhu khi xua toi ngam mua va an bap rang dau nhe nhung vi nong qua.
Hom nay toi co thi gio doc bao toi mua hom toi di Saigon.

April 16, 2004

Hom nay toi hai khom va man trong dat vuon toi. Toi phai nau chin trai cay moi dam an.
Toi dinh cat nha noi dau dat cua toi vi noi do hoi lai lai xe chay len nha de hon la nha toi dang o hien nay. Toi suy di nghi lai, toi bo y dinh do.
Hom nay co nguoi muon mua dat vuon cua toi tro lai tra gia. Toi thay lo qua toi khong muon ban. Toi phai lay von lai thoi.

April 17, 2004

Toi thuong nau khom de thay the rau tuoi o day, toi nau voi tom, thit cha bong de lam canh va thinh thoang toi luoc. Toi co the noi, toi da thuc hanh doi song cua nguoi Amish. Nguoi Amish tu Au Chau di cu den Pensylvania, My tu hon 200 nam truoc. Nhung gi ho song tu the ky 17 do cho den hom nay van giu nguyen nhu vay.
Toi khong co xe Honda de di cho moi ngay. Hau het dan trong lang deu co xe Honda nen ho co the di cho moi ngay neu ho muon. Dieu nay khong phai la van de doi voi ho. Va lai co thim ban thuc an chay vao tan trong lang moi buoi sang.
Vao mua he gieng trong dat toi can, toi phang nuoc gieng can cung gioi lam va kien nhan nhu chu tieu Kinh Tam vay.
Moi khi troi mua, toi mung lam vi cay trong vuon duoc tuoi. Toi thay ca phe lai tro bong nua nhung roi rac thoi. Bong ca phe da tro deu mot lan roi, deu ca vuon, sau khi mua hai ca phe xong, bam canh, bo phan va khi toi roi trang trai de mo tiem Bright Star o Long Hai, Ba Ria.Toi co duoc cam giac dung tren doi ca phe voi bong ca phe no trang xoa, toi nguoi huong thom do trong boi canh nui doi dep

moc mac. Bong ca phe trang va rat thom toi chua duoc biet bao gio trong doi.

April 19, 2004

Toi di ra pho nhan dip chu Honda cho binh nuoc uong vao trang trai cho toi. Toi di mua rau, thuc an va doi gas. Ba chu tiem tap hoa hoi toi co ai trong coi dat cho toi khong. Toi noi cho ba biet, toi muon ban dat vuon cua toi. Ba noi, ba muon vao coi dat cua toi va co y dinh mua.

April 20, 2004

Toi biet co chuyen xay ra nen toi muon ve Saigon xem chuyen gi. Hom nay nguoi dan trong lang dem mung den trai toi de tam thuoc tru muoi. So y te o day ho tro. Chuong trinh nay giup chong lai benh sot ret rung noi day. Lan nay la lan thu nhi tu khi toi mua dat vuon nay.

April 21, 2004

Hoi toi nay toi chong lai doan ngu moi theo ky thuat co truyen. Dieu la la moi o tren noc nha chu khong phai o duoi dat. Toi nghi chac troi se mua, cho ket qua xem sao.

April 23, 2004

Cuoi cung troi cung mua, troi dang mua, nong buc o day, Saigon cung nong. Toi xin noi ro Viet Kieu vi quen voi khi hau o My va quen voi may lanh nen thay nong kho chiu lam. Ngay xua toi cung o Viet Nam va mac ao quan dai, co cao chong cam, toi khong thay nong. Con bay gio nong qua chiu khong noi.

Con thuc an rau tuoi toi khong dam an. An uong phai het suc can than. Noi day xa xoi nha thuong va phuong tien di chuyen cung khong co nen dau la ca van de.

April 24, 2004

Toi di tham hang xom truoc khi toi roi dat vuon. Toi de lai do dung cua toi cho hang xom vi cac chi muon giu do dung cua toi de ky niem va nho toi. Toi cung de do dung cua toi lai o Long Hai va Saigon moi khi toi di chuyen.

April 25, 2004

Hom nay la ngay Chua Nhat va la ngay bau cu o day. Toi nghe noi bau cho nhan vat tham gia chinh quyen tu lang den tinh. Khong khi that xon xao va dan lang nghi o nha di bau, nghi ngoi va an uong. Hom qua co nguoi hang xom den tham toi va cho biet gia dola da giam. Nguoi khac den cho toi hay SARS da tro lai Trung Hoa va vi trung nong trai da xam nhap thit bo.

April 26, 2004

Toi an tom, ca va nuoc mam nhung toi cung so bi dau vi noi day xa pho cho va van de phuong tien di chuyen la mot tro ngai cho toi. Hom nay toi het thuc an hop du tru. Toi mua ca tu ba ban thuc an cho bang xe Honda vao tan dat vuon toi moi ngay. Toi kho ca voi khom, ot, tieu tuoi. Nhung gia vi va trai cay deu duoc trong trong trang trai toi. Sau khi nau xong, toi an com trua va toi cho xem ket qua.

April 27, 2004

Toi khong bi dau, toi an ca duoc. Hom nay toi mua ca Phen. Toi nau ca voi xa va ot tuoi. Xa va ot cung duoc trong trong trang trai toi.

April 28, 2004

Hom nay toi di bo ra duong nhua cach dat vuon toi khoang 5, 6 km. Ngoai do co quan. Nguoi dan lang tot bung thay toi di bo nen chay xe den hoi toi di dau va cho toi den quan nhung khong co nuoc, toi mua nuoc ngot Pepsi va di ve. Nguoi dan lang chay ra pho cach trang trai toi khoang 15km de mua nuoc cho toi.

April 29, 2004

Toi lam tho de ta lai lich su cua Bright Star, cuoc hanh trinh, khong gian va uoc mo cua toi. Toi lam xong bai tho nay luc 2 gio sang ngay 29 thang 4 nam 2004.

BRIGHT STAR

Smoky mountain range forms milky cloud,
Attracts me to stop to settle down.
Here, at night I watch the sky,
Bright Star was named from that chance.
Pradise seems short distant,
When I stood on the highland.
Imagine the church bell is ringing,
Easily, people will be blessing in this holy environment.

Phiem
April 29, 2004

Khoi nui may mo toa,
Thu hut ta dung chan.
Noi day, ve dem ngam trang sao,
Bright Stars khai sinh tu do.
Thien dang duong nhu gan hon,
Nho dung tren cao nguyen.
Muong tuong am vang chuong giao duong (chua),
De dang thanh hoa the nhan.

Phiem
April 29, 2004
Thon 2, Xa Doan Ket
Huyen Da Hoai

Lam Dong, Viet Nam

April 30, 2004

Bien co gi da xay ra hom nay tren dat nuoc Viet Nam hai muoi chin nam truoc?
Ngay nay nam do toi dang o Orote, Phi Luat Tan. Toi het suc buon va lo so.
Hom nay ong mua dat den va tra loi cho toi biet ong khong muon mua voi gia toi ban rat re de lay von lai thoi (gia dat va phi ton).

May 1, 2004

Hom nay toi roi trang trai Bright Star de di ve Saigon.

Toi den van phong dia oc truoc, xe dua toi den do. Hom nay van phong dia oc dong cua. Toi di qua tiem uon toc ke ben goi dien thoai tra tien, toi goi cho ba chu nha co nha cho muon. Ba tra loi cho toi biet, can pho o cu xa Thanh Da nguoi muon van con o do nen toi khong don vao duoc. Ba keu toi den nha ba o do khi nao vo chong nguoi Dai Loan tra nha lai cho ba, toi se don vo va ba se tra tien xe tu nha ba den cu xu Thanh Da.
Nghia la toi den de muon nguyen can lau thu nhi cua nha ba ma chung toi da co noi chuyen hom truoc, ba lam vach ngan va cau thang di rieng. Toi cung can bep nau an.
Toi de valises cua toi vao phong o lau thu nhi xong. Toi di ra ngoai de mua muoc, toi di den Internet check email va goi dien thu cho con toi noi toi o, dia chi toi o hien tai.

May 2, 2004

Toi di cho mua ca va Xoai Rieng.

May 3, 2004

Toi nghe radio va tien dola van nhu cu khong sut gia. Toi khong lo so gi cho kinh te My boi vi toi khong mat tien.

Toi den ngan hang de rut tien tra tien muon nha, toi khong du lieu truoc voi gia cao hon. Ngan hang nghi le, toi se tro lai ngay khac.

May 4, 2004

Rat kho khan khi nau an khong co bep.
Toi phai an cho het thuc an toi lo mua va toi se mua do hop hay thuc an nau san de giam bot kho khan toi gap phai may ngay vua qua. Toi muon tim noi khac hay toi se den khach san thoi.
Hom nay la 9 hay 10 thang ke ty ngay toi viet xong sach. Day la thoi gian toi co the mo sach hoc Duc Van de hoc lai va tiep tuc noi toi ngung do dang noi do.

May 5, 2004

Toi di ngan hang xong, toi ghe vao hop thu va di mua sam.

May 6, 2004

Dat cua toi dang quang cao ban tren bao hom nay.

May 8, 2004

Co nguoi goi hoi mua dat. Toi noi ong ta, toi se to chuc di len dat vuon toi vao thu bay nay de co dong nguoi di cung mot chuyen.

May 9, 2004

Toi nau canh duong sinh, toi uong mot chut va toi cho den mai neu thay duoc toi se uong them.
Dac biet toi mua Xoai Rieng va an o Saigon, neu toi co bi dau noi day cung de dang hon o tren trang trai cua toi.

May 10, 2004

Toi di internet café de doc va goi dien thu. Toi chon dien thu moi nhat doc truoc. Toi biet duoc con trai lon toi co viec lam E.research, toi mung den chay nuoc mat. Toi tuong no co viec lam trong truong nhu workstudy. Con toi nghi viec lau den nhu vay ma toi khong hay biet. Toi mo thu cu ra doc, toi duoc biet con gai toi co thai, toi mung. Toi roi Internet café va di den toa soan cua to bao khac de dang quang cao ban dat trang trai cua toi.

May 11, 2004

Toi den Binh Trieu va cau nguyen cho toi va gia dinh toi. Toi thinh tuong Duc Me going nhu tuong Duc Me trong nha tho. Toi muon goi tuong Duc Me cho con gai toi de Duc Me
thay the toi huong dan, giup do va bao ve con gai toi. Duc Me se ban phuoc lanh va gin giu gia dinh con gai toi duoc an lanh va hanh phuc.

May 12, 2004

Toi den buu dien Saigon de goi tuong Duc Me cho con gai toi. Toi cau nguyen va gio day toi muon con gai toi cau nguyen cho chinh minh va con va gia dinh.

May 13, 2004

Toi di coi nha cua nguoi ta cho muon, toi chi di coi thoi, toi khong lam gi ca.

May 14, 2004

Toi di Internet café va goi thu cho con toi.

May 15, 2004

Toi o nha, toi khong dua ai di coi dat vuon cua toi hom nay.

May 16, 2004

Toi muon doi thong le thinh linh de toi dinh vi tri va bat buoc ho lo hinh vi tanh to mo qua u cuong lai duoc cua ho.
Ho tu dong noi cho toi biet ho dang o day.
Toi mua Xoai Rieng o cho Go Vap. Co ban hang gioi thieu cho toi biet Xoai Rieng Gia Kiem.

May 17, 2004

Toi o nha hom nay, coi lai bai vo. Toi an Xoai Rieng va giu lai hot de trong o dat cua toi.

May 18, 2004

Bao hang ngay dang quang cao ban dat cua toi hom nay.
Co mot ba goi dien thoai tu Mien Tay, ba hoi ve dat cua toi va muon di xem, co nhieu nguoi khac goi den hoi mua dat.

May 19, 2004

Sang nay trong khi cho ba o Mien Tay den gap toi de dua len coi dat vuon toi dang rao ban hom qua. Toi co dien thoai goi den, mot ba khac muon mua trang trai toi voi gia toi duoc loi 1/3 gia dat. Toi noi voi ba nen di xem dat truoc va gia ca hay ban sau. Ba muon tra gia truoc.
Toi di xuong nha khi co nguoi cho toi biet ba o Mien Tay den gap toi va dang cho toi duoi nha. Khi toi gap ba, toi nhan thay ba lon tuoi ma dat cua toi qua rong lon cho ba, ba se gap kho khan nhu toi da trai qua. Toi khuyen ba nen ban bac voi gia dinh ba truoc va neu ba co con hay chau cua ba di den dat cua toi de xem. Sau do hay thao luan voi ba. Chuyen di coi dat nay rat cuc nhoc so voi tuoi gia nhu ba. Toi het suc ngan ngai de dua ba di va toi cung khong hoi thuc ba mua dat cua toi de toi ban duoc dat.
Toi moi ba an diem tam voi toi va toi dua ba ra ben xe Honda va nho chu tai xe dua ba ve nha con trai ba dum.

May 20, 2004

Co mot ong muon di coi dat toi va hoi toi de chi duong. Ong qua giang xe ban ong. Cung co nguoi khac goi toi va cho biet muon mua dat de canh tac.

May 21, 2004

Toi goi cho con trai lon cua toi hom qua va hom nay nhung toi khong goi duoc. Sau khi goi den van phong E. Nguoi ta huong dan va cho toi so de toi goi tiet kiem va goi ve My. Toi rat vui noi chuyen voi con toi, trong dip nay toi duoc biet con toi duoc viec lam toan thoi gian va viec hoc la ban thoi gian. Toi cung duoc biet con gai toi da bi hu thai.
Toi nghi con toi co viec lam, chac khong phai kho dau gi cho lam khi toi dang dat vuon cua toi cho nha tho voi y mong muon co cha va nha tho o do cho bon dao di doc kinh xem le cho gan.
Toi den Internet café de goi dien thu cho con toi. Toi se di vai noi nua.
Toi cam on Chua da nhan loi cau nguyen luc toi o tren trang trai Bright Star cua toi.
Toi roi Internet café, toi di ngan hang va di den ben xe Mien Dong. Toi di buyt den Binh Duong.
Toi di tim cha, toi quen biet truoc 1975. Toi dinh nho cha giup toi nhung khong tim duoc cha. Toi tro ve Saigon, toi den nha dong Chua Cuu The. Toi den van phong cua ho dao va noi chuyen voi ong chu tich cua ho dao va trinh bay y nguyen toi moun dang dat toi cho nha dong voi uoc muon nha dong se lo cho bon dao o do co cha co nha tho de di doc kinh xem le cho gan.
Ong chu tich noi voi toi. Chung toi la co quan tryen giao, chung toi rat vui long voi cong viec truyen giao cua chung toi.
Van phong o day se chuyen nhung y dinh cua toi cho nha dong va cha vien truong. Cac ngai se hop ban, se co quyet dinh va se goi cho toi den gap cac ngai de noi chuyen.
Toi roi van phong, toi di ve va mua banh Tet o ganh hang rong ve nha cho bua com trua cua toi.

May 22, 2004

Toi di cho mua do kho nhu toi thuong du tru cho trang trai Bright Star cua toi.

May 23, 2004

Hom nay toi di sieu thi o Ben Xe Mien Dong.
Noi toi muon o la lau 2 cua can nha, toi chua co vach ngan va cung chua co cau thang rieng. Toi di cung cau thang va di ra, vo cua chung voi chu nha. Toi di len di xuong, di ra, di vao nhieu lan. Toi thay ngai va bat tien qua. Toi biet dieu nay nen khi nguoi ta gioi thieu toi muon kieu nha going vay. Toi khong muon, toi thay chung dung qua. Co khach san co bep thi xa Saigon, co khach san co bep gan Saigon thi khong co thang may, toi di len dat vuon toi o de ban dat.
Bay gio ve Saigon de ban dat cho xong.
Day la lan thu ba toi mua noi com dien tu khi toi ve Viet Nam nam 2003. Toi khong mang theo moi lan toi di chuyen chi co valises voi toi thoi.

May 24, 2004

Toi di ra ngoai de tim tiem may giat tu minh giat lay nhung Saigon chua co dich vu thuong mai nay. Toi de ao quan toi lai cho tiem nhan giat do nhu toi thuong lam khi toi di du lich Mexico.
Buoi chieu nay co nguoi tu My Tho goi cho toi muon mua dat vuon cua toi de canh tac.
Toi noi cho ong biet, toi da dang dat vuon toi cho nha tho roi, tuy nhien toi se gioi thieu dat xung quanh do cua hang xom toi muon ban cho ong.

May 25, 2004

Co nguoi goi dien thoai cho toi hoi ve dat vuon toi, toi noi toi cho ong biet toi da dang dat toi cho nha tho roi. Toi moi ong den trang trai toi de coi dat cua hang xom toi muon ban cung o gan do. Ong bang long di va ong o My Tho cung muon di cung vao ngay thu bay nay.

May 26, 2004

Toi o nha hom nay, nha tho cung chua goi cho toi.

May 27, 2004

Co nhieu nguoi hoi toi ve chuyen du lich Hue va Ha Noi. Nam ngoai luc toi o Vung tau toi co du dinh di Hue va Ha Noi nhung thay xa va di xe do cung bat tien nen toi e ngai va huy bo du tinh do

Hom nay, co chuyen xay ra hoi trua nay, sau khi toi doc sach, toi thay met va buon ngu. O vao phut cua nhung phut dau giua tinh va ngu, toi thay mot nguoi dan ong la. Toi tinh ngu va toi nhin tuong Duc Me mot luc va toi co nho tuong hinh dang Duc Me xong toi nham mat lai, toi khong thay gi ca, chi la mau trang. Toi nhin Duc Me mot lan nua va cung nham mat lai lan nua, toi cung chi thay mau trang thoi. Toi lam nhieu lan nhu the cung chi mau trang cho den lan thu nam hay thu sau. Toi cung khong thay Duc Me va lan nay toi thay ong cyclo gat toi de doi them tien xe. Toi khong hieu ong gat gam nay tu trong tiem thuc cua ai. Toi khong nghi va cung khong nho den ong gat toi luc nay. Ong cylo do co the o trong tiem thuc cua mot vai ai do duoc dat de vao tiem thuc cua toi hay merging nhu danh tu cua computer.
Toi khong sai lam de khang dinh rang mot vai ai do dang sau lung toi, tot hay xau toi khong biet ho co the nhin thay ong cylo gat gam de doi nhieu tien hon cho couc xe. Day la conjunction, merge hay la input.

Chieu nay toi ra ngoai hien truoc rua chen. Toi nghe nhieu nguoi di duoi duong, ho noi chuyen nhu the la hang xom toi noi chuyen nhung khong nguyen cau ma roi rac tung tieng noi va rat going tieng noi cua hang xom toi. Toi tuong la hang xom toi nhung toi biet ngay ho gia tieng noi.
Lan truoc, nam 2003, toi muon nha o noi khac toi co noi o truoc, toi nghe tieng hang xom toi keu ten toi, toi nghe tieng cuoi cua hang xom toi. Toi di xuong xem, toi khong thay ai o do ca. Toi noi neu

hang xom toi di Saigon va da den day tim toi han phai o day cho toi cho den khi toi ra mo cong chu.
Nhung dieu tren day nhac nho cho toi nhocau chuyen moral hay cham ngon nhu sau:
Co ong quan chuc cao hay ong tinh truong cua mot tinh no. Nguoi ta dan den cho ong mot toi pham la tu nhan an cuop de cho ong trung phat. Ong khong dung cach trung phat ma muon cam hoa toi pham do tro thanh la nguoi tot. Ong ben sai bao gia dinh ong sua soan mot bua com thinh soan de tiep dai nguoi khach quy cua ong. Sau bua tiec ong quan uong ruou da ngu me. Nguoi toi pham do da thay xiem doi ao cua ong quan cho minh va nguoc lai. Toi pham do con cao dau ong quan cho going nguoi tu nhan do. Sau do tu nhan voi y phuc cua ong quan tau thoat. Ong quan tinh ngu, ong bang hoang. Ong soi ong trong guong roi ong hoi ong. Toi la ai? Toi la ai bay gio?
Cau chuyen da duoc ke va dung lai ngay noi day.

May 28, 204

Hom nay toi di voi ong muon di coi dat o trang trai Bright Stars va ong o My Tho.Toi cho o nha den 8 gio sang khong thay ong My Tho den. Toi so mot ong khac dang hen toi
o Ben Xe Mien Dong se sot ruot nen toi di ra ben xe va dan chu Honda neu ong den dua ra ben xe dum toi. Toi ra ben xe va gap ong hen toi o do. Toi va ong khack dung o do doi hoai den gan 9 gio toi moi di vi tre nua se khong ve kip trong ngay, toi lam. Toi nghi ong muon mua dat o My Tho ngai nen khong muon phien toi, toi co noi cho ong biet khong phien ha gi vi toi cung co viec phai di len dat toi thoi.
Khi chung toi den thi tran Dam Ri, toi mua qua cho hang xom toi o tiem ngay do.
Toi den gap hang xom toi, toi noi ve chuyen dang dat vuon toi cho nha tho. Hom qua toi co den van phong nha tho hoi. Toi duoc biet nha tho chap nhan su dang dat cua toi. Toi rat mung boi vi toi nhan thay su kho khan neu nha tho lanh lay trach nhiem.

Toi cung noi hang xom toi giup do va ho tro cha va su mang cua nhung nha truyen giao den day de giup do cho giao dan noi day ve phuong dien tinh than.

May 30, 2004

Toi met qua va nghi o nha.
Hoi chieu nay toi duoc dien thoai tu ong chu tich cua hoi nha tho goi den bao cho toi biet. Toi co cai hen vao sang mai.
Toi den de gap cha Giam Thi va cha pho Giam Thi de trao doi ve chuyen dat dai cua toi dang cung va su mang cua nha tho.

May 31, 2004

Toi den nha tho va cho o phong tiep tan. Ong chu tich don toi o phong tiep tan va moi toi ngoi cho o phong khach mo rong ngay tai canh phai cua phong cho doi.
Chung toi noi chuyen khi hai ngai Giam Thi va pho Giam Thi den.
Ca hai cha Giam Thi va pho Giam Thi deu noi. Nha tho ma toi muon xay cat ngay bay gio thi chua the thuc hien duoc. Buoc khoi dau nha tho phai tim mot gia dinh thay khong phai la linh muc len tren trang trai toi o do de canh tac va giup giao dan o do nhung nhiem vu thay co the dam trach. Sau do se co nha tho. New chung ta co nha tho o do la dieu tot cho giao dan o khu vuc do.
Luat phap cua Viet Nam van con gioi han.

Toi cung co nghe noi co ong kien truc su da nop don xin cat nha tho tin lanh muoi tang hinh tron oc o Dong Nai de cau cho quoc thai dan an. Ba Viet kieu nay van dong the gio ung ho va da co may chuc nuoc ung ho.

Toi nghe noi vay toi chot nghi trong dau toi nhu the nay. Quy vi co thay khong khoa hoc ngay nay da chung minh co con nhung van con dong trinh? Chung ta ket hop lai va se la mot the gioi hoa hop tren phuong dien tam linh. Quy vi dong y chu?

June 1, 2004

Hom nay toi den o khach san, o thang. Toi don tu noi muon nguyen can lau 2 den khach san nay. Toi bo tien coc mot thang nhu hop dong da ky.

June 2, 2004

Toi o trong phong xem TV va nghi.

June 4, 2004

Hom qua toi goi dia chi va dien thoai cua khach san toi dang o cho con toi. Toi goi dien thu cho con toi mot lan nua noi ve chuyen toi dang cung dat toi cho nha tho, toi dang o day cho giay to.

Tai sao toi muon dang dat, toi cau nguyen Chua va muon co nha tho o tren dat cua toi Thon 2, Xa Doan Ket, Huyen Da Hoai, Tinh Lam Dong , Viet Nam.

Trong chuyen du lich quan sat nhung thay doi cua Viet Nam. Mot hom toi di den Bung Rien, Lang Gang va Xuyen Moc trong tinh Baria.
Toi dung lai o nha tho Bung Rien de chup hinh.
Toi noi voi chu Honda taxi.

- Chu co biet tai sao toi rat vui khi thay nha tho nay va muon chup hinh khong? Toi biet nha tho Bung Rien rat nho, mai tranh nen co. Bay gio toi thay toa nha dep, hien dai va lon nhu the nay, da lam cho toi ngac nhien, sung sot.

Toi chi noi voi chu nhu vay thoi. Chu khong biet toi da den trong nha tho nho be ngheo nan do. Toi den do va hat o trong nha tho voi ong ba hay cha me cua chu co the nhu vay trong cac buoi le.
Chu tai xe Honda hoi toi.

- Co la nha bao ha?
- Khong
- Co o dau?
- Toi o Saigon.
- Co o quan nao?

- Toi o quan Tan Binh.
- Quan Tan Binh lon lam co nhung co o thuoc khu vuc nao cua quan Tan Binh.
- Binh Thanh

Chu tai xe co the biet toi noi khong dung vi that su cho den bay gio toi cung quen di khong hoi nhung nguoi Viet Nam o Saigon de biet toi noi vay co dung khong.

Khi toi la co gai nho trong bac tieu hoc, toi den Xuyen Moc trong doan dan dau boi cha so ho cua toi. Toi ta lai con duong chung toi phai di de den Xuyen Moc. Khoang cach doan duong la 20 km, chung toi chi di do 10km bang xe hoi (xe do). Tu do chung toi di bo va phai di qua cau noi, cau treo, cau khi (cau bat ngang bang mot cay cui) va sinh lay rat sau. Dieu nay het suc kinh khung, chung toi phai rut mot chan len de buoc toi, sau do moi rut chan khac len cu nhu the di qua cho het doan duong sinh lay. Chung toi tiep tuc di bo cho den Xuyen Moc. Chung toi con nhin thay nhieu leu bo trong. Noi do quan doi tap ket cua Viet Minh da cam trai truoc khi duoc thuyen chuyen ra mien Bac nam1954.
Chung toi den nha tho Xuyen Moc. Nha tho duoc cat bang cay rung, la rung, tre va tren nen dat. Toi thay mot hang bom diec it nhat la ba treo ngoai hien thay cho chuong nha tho.
Chung toi o Xuyen Moc vai ngay, chung toi di bo ra Bung Rien. Toi ta nha tho Bung Rien nhu tren. Chung toi o Bung Rien vai ngay chung toi di bo xuyen qua rung vao khoang 5km de den Lang Gang. Chung toi o Lang Gang mot dem. Chung toi phai di bo xuyen qua rung de tro ve Bung Rien. Tu Bung Rien di ve Xuyen Moc va tro ve giao xu cua chung toi.
Chung toi o trong doan luan phien nhau de thuc hien su mang cho den khi cha so doi di ho khac con toi di Saigon len Trung Hoc.
Long Tan va Long Dien chung toi thuong di voi cha so ho cua chung toi de dang thanh le o do.
Luc toi ve Viet Nam nam 1988, toi co nghe cha so ho cua chung toi da bi di cai tao va chet o Mien Bac sau 1975.
Bay gio toi thay nha tho Bung Rien. Toi het suc ngac nhien, neu cha so cua chung toi con song va they duoc nha tho Bung Rien hom nay at han cha hanh phuc biet bao nhieu!

June 5, 2004

Chim bay den khach san va mo vao cua so kien lam on len. Toi nghe va nhin thay chim den. Toi di ra nhin thay no roi, no moi bay den dau vao thanh cua va ca.

June 6, 2004

Toi di nha tho Duc Ba Saigon boi vi noi day ghi bao nhieu la ky niem cua toi o Viet Nam. Hom nay toi trong thay rat dong dao bon dao di xem le ngay chua nhat.
Nam 1989 vao thang gieng toi den vieng nha tho va le sua soan se dang vi the toi ngoi cho de xem le. Toi nguyen cau cho Viet Nam, cho toi va con toi. Vao thoi gian do toi thay rat it nguoi Viet Nam va vai nguoi ngoai quoc. Buoi le hom do co ba cha dang thanh le, co mot Duc Giam Muc o Washington D.C. Ngai giang trong buoi le do bang Anh Ngu.

Toi ve Viet Nam va di xem le thuong xuyen boi vi toi nho nhung di vang va khong gian.
Toi ngoi trong nha tho, Toi de cho long toi lang diu xuong. Toi thay toi ro rang hon. Neu toi lam loi, to co sua chua va neu toi khong lam, toi biet ly do.
Gio day, day la thoi diem de toi xat dinh nghia cua danh tu tha thu, sua doi va cuu vot.

June 7, 2004

Trong tham tam toi, toi muon My hop chung voi Au Chau. Toi so thuc te. Chinh xat nhat, toi co the noi cac vi thay dieu khien nhung con co cua cac vi tai tinh. Toi doi lan nghi chung ta khong can lo gi ca.

June 8, 2004

Toi di nha si o Saigon sang nay. Toi can den nha si vi rang cua toi bi be luc can nham hot tieu trong banh mi nem o Vung tau. Toi muon boc su nen ong nha si tram dum toi de an tam nhung ong noi cung chac lam. Toi ve Saigon nen den nha si de boc su va san dip toi tram nhung rang khac luon the. Cac ban hay doc Silent War toi se viet va se sua soan cho xuat ban.

Jun 9, 2004

Toi khong di dau hom nay, toi lo lang cho rang cua toi. Toi se chi tiet trong Silent War.

June 10, 2004

Toi tro lai van phong nha si lan thu nhi. Hom nay ong nha si dung phuong phap hien dai nen khong dau toi co kinh nghiem o My. Toi se ta trong Silent War.

June 11, 2004

Hom nay troi mua, toi lam bieng di ra ngoai nhu di mua thuc an, di mua qua.

June 12, 2004

Toi muon bat dau viet Silent War nhung toi khong co giay trang, khong co tap giay trang de viet. Toi chi co tap nhat ky thoi.

June 13, 2004

Hom nay la Chua nhat toi di le nha tho. Nguoi ta noi toi, ve Viet Nam di nha tho nhieu. Toi tra loi, da, boi vi toi nho nhung canh cu.

June 14, 2004

Toi quen mua tap, mua giay de viet, toi phai cho den dip khac vay.

June 15, 2004

Toi goi dien thoai cho cha Giam Thi nha dong Chua Cuu The de hoi ve chuyen dat va giay to. Toi cho de sang ten. Nha tho cung gap kho khan tren viec chuyen nhuong dat dai nhu toi vay.
Toi nghi dat nuoc toi nen hoc hoi y niem dao duc va nghe y kien ca nhan toi.
Dao duc thanh hoa tam va giup cho con nguoi duoc hanh phuc.
Dao duc giup con nguoi an lanh hon, hoa hop hon luat phap.

June 17, 2004

Hom qua toi di Bao Loc de duoc gap cha M. nguoi giup cho xu dao o do. Khi toi den giao xu do, cach duong xa lo Saigon-DaLat khoang 10km. Toi thay toa nha lon dang xay cat. Toi di vong ra sau toa nha do. Toi thay nha tho ngheo voi mai tole nen dat va co rat nhieu day ghe, ban trong nha tho. Da lam cho toi nho lai khung canh cua nha tho Xuyen Moc nam xua.
Toi goi loi nhan va viet thu de lai cho cha M. o nha gia dinh em cua cha.
Toi don xe tro lai trang trai Bright Stars. Toi gap va noi chuyen voi hang xom toi.
Toi chon noi dau dat cua toi de dung bang tho Bright Star de ky niem. Toi uoc, toi la tho khac da, toi se khac tho toi tren da trong trang trai toi de ky niem.
Toi tro ve Saigon hom qua, di va ve trong cung mot ngay. Toi met duoi. Cha dong Chua Cuu The goi dien thoai den khach san bao cho toi biet cha M. goi cho cha va noi co duoc thu toi de nhan lai.
Sang nay toi lien lac voi cha M., trong luc toi trao doi voi cha M. toi duoc biet cha thuong xuyen di truyen giao o khu vuc gan dat vuon cua toi, toi khong noi cho cha nghe ve su e ngai cua toi ve deo Bao Loc nguy hiem. Trong y nghi toi, cha tranh duoc di chuyen nhieu lan qua deo voi xe Honda cua cha de lo cho bon dao o khu vuc dat cua toi thi tot hon.
Cha M. noi cho toi biet se co cuoc hop trong tuan va cha se noi cho toi biet.
Toi noi voi cha M. toi se ve My vao dau thang 7, 2004.

July 18, 2004

Toi den van phong du lich ban ve may bay de mua ve di ve My. Nguoi ta khong con cho ngoi nen toi phai hoan ngay ve tuy thuoc vao ve toi mua duoc. Toi cung hai long voi lich trinh chuyen bay do de co thoi gian nghe ngong cho viec sang ten dat. Toi di mua qua nua, toi tro ve khach san.

June 19, 2004

Hom nay toi di Bien Hoa, toi co dip quan sat can cu Khong Quan Bien Hoa.

Toi di tren xa lo Dai Han va chay vong vao duong mon, ban dau toi nhin thay nha cua van phong an ninh noi do ngay xua chung toi thuong den de xin the ra vao can cu. Noi day bay gio la hoang vu. Di them mot chut nua toi thay toa nha cu nhu the la nha bep cua cau lac bo si quan. Toi khong the thay cau lac bo si quan cung nhu chua, nha tho, cu xu vang lai, nha thuong va cu xa gia dinh si quan. Toi tin no khong con nua sau1988. Toi thay can nha cu nhu khu Huynh Huu Bac va cung hoang phe khong o duoc nua.

Toi thay co rat nhieu nha dang duoc xay cat noi khu vuc gia dinh binh si nhay du ngay xua.

Toi khong the thay khu vuc cu xa, nha toi o ngay xua nen toi khong muon tiep tuc. Tren con duong tro ra, toi trong thay doi vo chong binh si cua Viet Nam hien tai di xe Honda chay vao huong do. Toi muon keu ho dung xe lai va nho ho dan toi vao can cu de toi tham can nha cu va xem vuon cay trai, bong hoa cua toi hom nay cao lon the nao.

Nam 1988 toi di Bien Hoa, tat ca deu nhu cu. Toi het suc thoa man chim dam trong khong gian nhung nho do voi linh hon doi khat cua toi luc bay gio.

Toi dung lai o cong ra vao can cu Khong Quan Bien Hoa rat lau. Toi nhin vao can cu va toi muon di vao can cu. Toi thay ben ngoai can cu va tu Saigon den tinh, den lang que tat ca deu y nhu cu. Khong gian co thay doi nhu cay cao hon so voi luc toi roi Viet Nam hoac khong con o do nua.

Hien tai Viet Nam phat trien rat nhanh. Toi da bi lac giua que nha cua toi.

June 20, 2004

Toi khong di nha tho duoc vi lung toi bi dau. Toi an sang de uong thuoc.
Truoc khi toi roi Viet Nam, toi co nhung dieu xem nhu la y kien ca nhan toi cho van de Viet Nam.
Truoc nhat la an ninh quoc gia va phong thu.

- Truoc khi bai bo che do ho khau phai co tat ca du kien chi tiet cua tat ca cong dan.
- Phai quan tam den suc manh quan doi va vu khi phong thu cung nhu tao nguon cung ung.

Thu nhi la hanh chanh.

- Lam moi me lai co quan hanh chanh de bao toan an ninh, phong thu dat nuoc va de dang cho cong dan.

Thu ba la Ton Giao

- Ho tro ton giao truyen ba dao giao trong dat nuoc chung ta. Chung ta se gat hai duoc nhung hoa qua tu vuon cua ho. Chung ta khong mat gi ca.
- Them vao do la su hoa hop cua cong dan trong nuoc cung nhu tha phuong.

Thu bon la ban do Saigon va toan quoc.

- Dia chi o Saigon rat phuc tap. Voi dia chi chung ta co hien nay hau het rat nhieu noi, toi khong the tim duoc. Toi phai hoi tham nguoi ta, nguoi ta chi dum toi. Neu nguoi ta khong biet hoac chi sai, toi khong the tim duoc dia chi toi dang co trong tay. Dieu nay khong the co an ninh cho chinh nhan vien chinh quyen, cho chinh thanh pho va that vong cho dan chung. Truong hop cuu cap, chua chay v.v.

June 21, 2004

Toi khong di ra ngoai pho duoc, lung toi van con bi dau.

June 22, 2004

Hom nay lung toi thay do voi thuoc va dau nong thoa va dan.
Toi di ra ngoai mua ao cho hai con trai toi, toi thay noi tiem do co ao dep khi toi mua qua cho chu trong coi trang trai dum toi.
Toi di tro ve khach san ngang qua nha tho Huyen Si, day la con duong toi di hoc ngay xua. Toi nhin thay ngay goc duong nay la cot buyt ngay xua, toi thuong len xuong xe buyt noi day. Toi se di den truong khi lung toi do hon hom nay.
Toi doc dien thu con trai lon toi, no noi se tinh di don toi ngay toi bay ve o phi truong New Orleans. Toi dien thu cho con toi dung lo, toi se ve bang taxi duoc vi con toi moi di lam chua co ngay nghi.

June 23, 2004

Den hom nay co the toi cung chua chiu noi thuoc dau nhut thong thuong ke tu khi toi bi mal practice hay da vuot ra ngoai goi han y khoa. Tuy nhien lung toi cung do roi.
Toi khong di ra ngoai boi vi tro ngai cua lung dau nen toi o trong phong khach san xem TV.
Tu hai thang nay ke tu ngay toi tu tren trang trai cua toi o Bao Loc ve day va co dip nghe radio va xem T.V.o Saigon. Toi nhan thay Viet Nam co nhieu ngay le de tuong nho nhung khong phai la de choc gian nguoi ta. Chung ta khong can phai noi nhieu, khi the gioi biet ro hon chinh cong dan Viet Nam nhung gi to tien, ong cha va chung ta hien tai hom nay da lam gi cho to quoc cua chung ta.
Nguoi ta ne trong to tien cua chung ta, ong cha cua chung ta va tat ca cong dan yeu nuoc chung ta ngay nay.
Hay sang suot co gang tao su hoa hop de cung nhau gop suc phat trien giau manh va trong tuong lai Viet Nam se la cuong quoc nhu nhung cuong quoc tren the gioi hom nay.
Trong trai tim toi, toi da va cho den hom nay mang long thanh cam on thay da co trai tim nhan hau giup dat nuoc, dong bao toi vuot khoi thoi gian kho khan. Do la dieu het suc nguy hien doi voi dat nuoc va dong bao toi chu khong phai nguy hiem den voi chinh phu hay nhan vien chinh quyen hen tai hay qua khu.

June 24, 2004

Toi di cho Ben Thanh, Saigon toi mua sam o cho xong, toi di bo tren duong Le Loi (toi khong biet ten duong moi). Toi di den via he Rex, toi thay ong nha si lam rang cho toi may ngay qua. Ong mac quan phuc cua Viet Nam hien tai, toi khong biet cap buc va toi nho lai hom nay la ngay thu nam. Cac ban hay doc Silent War.
Toi di den tiem ban qua, toi mua qua, co ban hang noi.

- Con ban nhieu qua ngay co den tiem con mua lan truoc.
- Sao co con nho toi vay?
- Co chung nao di ve?
- Vai bua nua.

Lan truoc toi noi voi co ban qua la toi o Viet Nam, khi toi buoc vo tiem, cac nguoi ban hang tuong toi la nguoi Nhat. Toi noi, toi la nguoi Viet Nam va o tai Saigon.

June 25, 2004

Toi goi cho cha M. va duoc biet cha chua co dip di len trang trai toi de biet vi tri dat dai va vung gan do.

June 26, 2004

Toi nghi nhung nguoi du lich nhu toi phai co dong ho co ngay, thu, thang, nam, gio, sang, chieu nua. Toi nho co lan toi nghi o khach san khong co cua so. Toi phai goi ra phong tiep tan de hoi 9 gio sang hay toi. Neu sang toi phai thuc day. Dien thoai di dong cua toi khong dung duoc o Viet Nam, toi cat vao valise va quen mat di.

June 27, 2004

Hom nay la Chua nhat toi di nha tho Duc Ba de tu gia, toi nghi day la lan cuoi va day cung la lan thu bon toi tro ve Viet Nam, toi da co thoi gian dai o day de thoa man hoan toan long thuong nho Viet Nam cua toi. Truoc buoi le sang nay toi co thi gio de vieng va cau nguyen tu tuong me Maria den thanh Theresa va thanh Anton. Toi thuong cau nguyen

thanh Anton moi khi toi bi mat do. Hom nay toi cau xin than Anton tim kiem nhung gi toi bi mat. Toi mat tat ca, tu danh du, gia dinh cho den tai chinh.
Trong buoi le hom nay toi cau nguyen rat nhieu, cho tat ca van de, hau nhu toan the.
Sau khi le toi di Cyclo den cho Tan Dinh, rap cine Moderne da thay the bang nhieu cua hang. Toi mua sam o khu vuc do va tro ve khach san.

June 28, 2004

Hom nay toi di ra ngoai mua sua, nuoc va doi tien.
Toi nghi toi da di qua cuoc mao hiem o trang trai Bright Star, toi di cho mot thang mot lan. Noi do khong co tu lanh, khong co T.V., khong co Radio, khong co bao va di nhien khong co dien. Mat troi lan luc 6 gio chieu, toi phai lo rua chen truoc gio do neu toi khong muon bung den dau ra bo gieng nuoc de rua chen. Toi di ngu luc 7 gio chieu, toi thuc day troi van con toi, toi lai ngu tiep. Moi ngay toi thuc day luc troi hung sang.
Nguoi dan lang o day deu co xe Honda nen phuong tien di chuyen va di mua thuc an khong phai la van de kho khan. Toi nghe noi se mo duong trai nhua va co dien som.

Vai ngay qua toi xem T.V. va duoc biet ong cuu Tong Thong My C. xuat ban sach ban tren thi truong rat chay. Toi nho con toi noi voi toi.

- Ma viet sach, neu muon nguoi ta doc sach cua ma, ma phai la nguoi noi tieng.
- Neu ma muon noi tieng, ma phai viet sach.
- Khong ai muon doc sach cua ma.
- Lam the nao nguoi viet van tro thanh van si thien tai duoc? Ho phai la nguoi noi tieng truoc roi moi viet van? Rieng ma, ma chi muon noi len su that. Ma nghi rang su that hom nay va mai mai sau nay van la su that.

June 29, 2004

Hom nay toi di den van phong hop thu de tra chia khoa hop thu.

June 30, 2004

Toi khong di ra ngoai hom nay, may co lam phong den, toi buoc ra ngoai. Co lam phong bao cho toi biet toi co dien thoai, toi tro vao phong de nghe dien thoai. Toi rat mung khi nghe cha M. noi cha da den dat vuon toi va biet khu vuc xung quanh do.
Toi noi voi cha M. co it nhat 10 gia dinh cong giao o thon 2 va cach thon 2 vai cay so co bon dao o do cung dong lam, bon dao o do cung nhu o thon 2 va xung quanh da phai di
50km den Madagui hay Bao Loc de xem le.
Cha M. noi cha se ve nha dong Chua Cuu The ngay mai, toi se den do gap cha.

July 1, 2004

Toi di cho Ben Thanh va di pho Le Loi. Toi dang di tren he pho Le Loi va mat dang ngo hang hoa. Toi giat minh vi nhu su va cham hay cu dam vao cam cua toi. Toi tuong cam toi bi vo ra luc do. Tay toi nam chat lay canh tay ga dan ong to lon cao hon toi. Toi cho cho han phan ung tu nhien. Han dung tran tran ra nhu troi trong hay ga la hinh nom. Han khong xoay mat han de xem han dam hay han dung, va cham phai mot nguoi, dan ba, dan ong, gia, tre hay cot da. Toi thay tuc gian qua toi de cho han di. Han la nguoi A Chau mac do xam nhu kieu Trung Cong ngay xua.
Toi nho lai nam 1988 toi ve Viet Nam va duoc biet Viet Nam khong bang giao voi Trung Cong mac du cong san anh em.
Toi mong cho Viet Nam coi mo va bang giao voi the gioi ben ngoai. Tuy nhien bang giao khong co nghia la Viet Nam mang xam lang tro lai hay chiu duoi ach do ho.
Toi khong muon Viet Nam choc gian nguoi bai tran the thoi.

July 2, 2004

Toi goi cho cha M. va xin cai hen den nha dong Chua Cuu The de gap cha.

Toi den nha tho dong Chua Cuu The buoi chieu nay va gap cha o phong khach noi nha tiep tan.
Toi co nhieu viec phai trinh bay voi cha, sau khi toi trinh bay.
Toi khong ngo cha M. chiu o va phuc vu su mang truyen giao o tren dat cua toi. Toi het suc mung khi cha cho toi biet nhu vay.
Cha noi. "Chung toi Dong Chua Cuu The giup cho nhung ai bi xa hoi bo lai dang sau. Toi cau nguyen Chua va chi cau nguyen Chua nua nhe."
Cha noi cha se roi ho cua cha da dang hien su mang 17 nam o do tu khoi su cho den hom nay. Toi thay toa nha tho rat lon dang xay cat o do.
Cha cung noi cho toi biet, cha da phai len van phong nha cam quyen o do ca thang troi. Ho xem xet cha co lam gi khong. Sau cung ho thay cha khong lam dieu gi sai cung chang day sai dieu gi nen ho khuyen khich cha gom gop thanh thieu nien trong lang lai de day do giao ly cho chung, chung no di pha lang pha xom qua.
Do thay khong? Chung ta gat hai hoa qua tu trong vuon cua dao giao.
Cha M. noi voi toi.

- Toi noi voi nguoi ta toi o do trong coi vuon cho chi duoc khong?
- Da duoc.
- Thoi chi o lai day di. Chi lam gi de song o My?
- Toi phai ve My thua cha.
- Khi nao chi tro lai Viet Nam?
- Da chac khong tro lai nua.
- Khi nao cat nha tho xong chi ve coi.
- Da khong thua cha.
- Chi co o lai dem trong nha trai tren dat vuon cua chi bao gio chua?
- Da co, toi o do 3 thang tu khi toi mua trang trai do. Nha thi dieu tan qua.
- Tai sao chi khong o nua?
- Toi im lang.
- Kho qua phai khong?
- Toi im lang.

Toi cam thay hoi han vi da noi su that. Toi khong co y muon cha phai o trong nha trai dieu tan do cua toi. Toi thay nha cua cha va toi da kinh phuc cha voi y chi, tam long va nghi luc de hoan thanh su mang cua cha 17 nam o do.
Sau khi toi trao giay to can thiet cua dat toi cho cha va chia khoa nha trai cua toi. Toi cam on cha va chao tu gia cha.
Trong tham tam toi cau xin Chua giup cho cha co cho o dang hoang hon de diu bot di nhung cuc kho trong su mang truyen giao dai 17 nam qua va su mang ke tiep tren dat cua toi. Toi nghi doi nguoi qua dai, long nhiet thanh va nghi luc co the da dung den can kiet. Toi that su khong muon hanh ha su hy sinh hay long hy sinh nhu vay.
Day la cau chuyen toi muon ke cho cac ban biet da xay ra vao ngay toi den van phong khach cua nha dong va gap cha Giam Thi va cha pho Giam Thi.
Toi den som va dang ngoi cho o phong cho doi. Co mot nguoi dan ba do khoang 30-40 tuoi den ngoi canh toi va chung toi trao doi cau chuyen. Toi duoc biet ba ta den nha tho de xin giup do. Ba noi ba can tien de mua thuoc va tien xe de di ve Mien Tay. Sau khi nghe ba ta ke le su kho so cua ba, toi thuong hoan canh cua ba ta, toi ben cho ba tien voi so tien ba muon xin de ba di ve Mien Tay keo tre. Toi noi ba di mua thuoc va don xe di ve keo toi, ba ngoi o do ke le tiep va ra gia tien ba can de voi them tien cua toi nua, toi khong cho nua, ba noi ba cho de xin nha tho nua.
Mot lat sau co nguoi dan ong buoc vao phong cho doi va la lon len, nha tho lam cho co vay do cho khong co giup ai dau va v.v., ong bao nguoi dan ba di ve. Toi moi noi voi ong ta. Nha tho nay co tien la do ba tanh dang cung, nha tho muon giup cho xa hoi. Neu minh that su can giup do, minh den day, nha tho lam gi co nhieu tien duoc, nha tho lam gi de co tien?
Luc do ong chu tich moi toi vao phong khach mo rong ngay ben canh phai cua phong cho doi, ngay luc do cha Giam Thi va cha pho Giam Thi den va chung toi bat dau cau chuyen. Doi vo chong van con ngoi do, ho thay, nghe het tat ca nhung gi chung toi trao doi trong buoi noi chuyen do.
Sau khi toi roi nha dong ho van con ngoi do.

Chung ta dung tuong rang thay tu hay nu tu la nhung vi roi tu thien dang xuong. Cac vi ay la nguoi tren duong the nay nhu chung ta. Chung ta tu hoi lay trai tim cua chung ta truoc.

Khi toi dang cung dat vuon toi cho nha tho, nhung nguoi o Saigon noi toi, sao chi khong ban dat chi cho nguoi ta muon mua va dang tien cho nha tho. Toi noi voi ho, toi khong muon dang tien cho nha tho. Toi thay nguoi dan lang o trang trai cua toi can cha va nha tho nen toi phai xin nha tho nhan nhiem vu. Toi trao ganh nang cho nha tho, cho cha chu toi khong dang cua tien cho nha tho dau.
Thong thuong nguoi ta nghi va noi, toi dang cung dat vuon toi cho nha tho, Troi Dat se phu ho toi. Tu tan day long toi, toi chua bao gio nghi hay muon lam viec tu thien de doi lay on lanh tu Troi Dat hay Chua Phat tu viec hoi lo nay. Tuy nhien be tren hieu nhung gi minh can va Troi Dat Chua Phat da ban on cho chung ta nhu chung ta da thay.

July 3, 2004

Toi muon len trang trai Bright Star cua toi hom nay nhung toi so cho cai lung dau cua toi va so met. Toi hy vong chinh phu cung nhu chinh quyen o do giup do, ho tro cha cung nhu nha tho de hoan thanh su mang truyen giao.
Toi khong di xa duoc thi toi di gan vay, toi di den truong cu cua toi o Saigon cach khach san khong xa lam. Toi di den cong truong, toi di vao tien duong va hoi van phong tiep tan cho phep toi vao tham truong. Toi di vao san truong, toi thay phong thi nghiem, toi nhin lop hoc cua chung toi, toi thay hang bong diep vang cao ngat troi. Toi den ngoi o ghe ngoai san truong, toi ngam canh truong hom nay voi ngoi truong tan trang them mot tang lau, mot nha ban noi tru duoc xay tren day nha de xe dap ngay xua va nha an trua va giai khat cung duoc xay tren day nha de xe dap ngay xua.
Toi di ra va den phong tiep tan, toi hoi ong tho ky.

- Da thua ong, cho toi hoi tham, nha truong nay co con giu ai la nhan vien cu khong? Toi muon noi la truoc nam 1975?
- Co o dau?
- Da toi o My
- Chi co mot nguoi, ong ta con lam o day.
- Toi muon gap ong ta.

Ong tho ky chi cho toi nha ong nhan vien. Toi den nha chu va keu chu, chu va gia dinh chu o phong ngay xua la nha cua ong Giam Thi va gia dinh o khi toi di hoc o day. Di nhien toi khong nhan ra duoc chu va chu cung khong nho ra duoc toi la ai. Toi tro chuyen voi chu thim va duoc biet hau het cac giao su da qua doi, cac vi di dinh cu o nuoc ngoai cung hau het da qua doi. O Viet Nam con thay day Toan va thay day Viet van. Chu cho toi di tham thay, di nhien thay khong nhan duoc ra toi va toi khong nhan duoc ra thay.
Sau khi toi roi nha thay, toi di cho Vuon Chuoi, toi mua banh Nam Tom va banh Bot Loc. Tren duong ve khach san toi mua banh ngot cua Viet Nam nhu banh Dau Xanh, Xoi Vi va banh Da Lon.

Hoi chieu nay toi goi dien thoai len Dam Ri de hoi nguoi chu tiem lam bang tho Bright Star cho toi da giao chua. Toi gap co con gai cua ong ta bao cho toi biet, ba cua co da cho nguoi mang den dat toi va da dung len o trong dat, noi toi chi cho chu Honda taxi lam dum toi.

July 4, 2004

Toi di nha tho sang nay, toi dinh di nha tho Huyen Si hay Tan Dinh nhung cuoi cung la Binh Trieu.

July 5, 2004

Toi den sieu thi de mua banh lat va banh mi trong truong hop toi khong an duoc thuc an tren may bay.

July 9, 2004

Toi bay tu Saigon den Taipei va tu Taipei di Los Angeles roi di Houston va chan cuoi cung la den New Orleans, toi met nhu tu nen toi khong can quan tam den nhung hanh dong do ban. Toi di taxi ve nha.

July 15, 2004

Jetlag da lam kho chiu toi, toi nho toi da bi kho so voi jetlag dung gan mot thang tu chuyen du lichViet Nam nam 2002. Toi thuc suot dem va ngu ca ngay.

July 17, 2004

Hom nay toi goi bang cap cua con gai toi de goi cho co vi co muon, toi goi qua toi mua o Viet Nam goi cho co va con trai nho cua toi luon the. Khi toi viet dia chi nguoi nhan, con trai lon cua toi moi noi cho toi biet con trai nho cua toi da ban nha o Dallas va don len New J. roi. Toi goi qua den dia chi moi vay, toi khong biet noi gi bay gio.

July 19, 2004

Hom qua chi toi, con toi va toi di ra bo ho Pontchartrain ngoi, toi can khong khi.
A! Day la bi quyet de chua cho timelag. Toi cam on mat troi va khong gian da chua jetlag cho toi ky nay. Giac ngu cua chung ta cung lien he mat thiet voi ca vu tru nay. Cac ban da tu chua jetlag cho minh roi chu gi?

Cac ban, toi da ve nha va cuoc hanh trinh nhat ky phai duoc dung lai noi day.

Phiem
August 26, 2004
New Orleans, Louisiana 70127
USA

PRÉFACE

Le JOURNAL de VOYAGE est simple j'a commencé à garder mon journal à partir de ma village a Saigon pour aller a l'ecole, j'était de treize ans.
Il n'était pas nécessaire d'écrire le journal mais autrefois le journal deviennent le document important.
La date, les événements, et l'environnement sont les faits valables.
Aujourd'hui je vous présente mon JOURNAL de VOYAGE comme mes amis itinéraire accompagnaient le voyage avec moi sur le route de voyage deVietnam.

Le Texte dans ce livre a ete traduit par un programme de logiciel d’ordinateur.

JOURNAL DE VOYAGE

Septembre 20, 2003

Ba Ria Vung Tau, Le Vietnam

Je suis venu au Vietnam Août 31, 2003. J'ai dépensé mon énergie, mon temps, et mon argent pour rechercher la vérité. Je voyagais presque du sud Vietnam,
Je souhaite le Vietnamien connais et apprends à de corporation leur capital pour faire des affaires. Si le Vietnamien ne fait pas cela, nous perdrons, nous ne concurrencerons pas a l'avenir nous serons sous des sources de cotrole spectaculaire ou de marché noir. C'est important. Ce que nous construisons aujourd'hui le résultat à l'avenir mènera notre pays dans l'économie régulière et la base politique aussi.

Je devrais dire je suis très heureux de voir que le Vietnam s'est développé rapidement, je peux voir clairement de les villes à des villages. J'ai réalisé que les bons maîtres ont de bons coeurs et aident les succès du Vietnam dans cette une décennie.
Les vietnamiens veulent à apprendre et nous sommes fiers de notre civilisation. Nous sommes ensemble et nous essayons d'atteindre à ces civilization de monde intelligent aujourd'hui.

Octobre 5, 2003

Pendant mon voyage d'observation, J'ai recherché des marchandises pour mon Website. J'ai trouvé des choses comme dans la boutique de cadeaux et la restriction peut s'appliquer.

J'ai trouvé la terre située dans le beau secteur de montagne fumeux et modérée pour survivre à l'Hiver. J'ai décidé d'acheter cette terre et je me suis déplacé à ma ferme maison octobre 5, 2003.
Je l'ai appelé le Bright Star (Lumineux Etoile) ranch parce que une nuit je suis sorti de ma maison pour regarde au ciel. J'ai vu que le beau ciel avec lumineux etoiles, elle est devenu mon nom de ranch de cette chance.

Novembre 17, 2003

Bonjour L, K C, et T,

Comment allez-vous?

Savez-vous? J'ai presque fini ma moisson de café, j'ai choisis sélectionné les grains de café mûrs et puis ceux sont place pour le soleil sec, et ils ont passe par le moulin pour nettoyer leurs peaux.

Je veux les rôtir avec du beurre et vanille et alors elle sera rectifiée, j'ai peur que vous soyez paresseux pour le faire mais le meilleur café d'essai, ne les rectifiez pas jusqu'à ce temp que vous vous prépariez au café. Je vous les enverrai et à ma famille et mes amis ici.
Je veux vente de mon produit sur le marché ausi, j'ai vendu plus de 2 tonnes de grains de café aux négociants ici.
Je prendrai des images de ma terre et je la développerai et vous l'enverrai quand je fais au voyage à Saigon la semaine prochaine.
Savez-vous ?
J'ai acheté la terre avec la colline d'avant de totalité est mapropriété où la base Aérienne Américaine a eu lieu dans la guerre de Vietnam. C'est belle vue avec la montagne fumeuse et lumineux etoiles la nuit. Le jet encadre ma terre et colline. Ils construiront la rue devant ma terre et sur le coin d' autrecôté d'interne de ma terre.
J'apprendrai à faire des affaires aujourd'hui chez Saigon ou Baria aussi.
J'ai oublié mon table et chaises en nylon dans Vung Tau ainsi je n'aipas la chaise à s'asseoir et la table à écrire.
Je vous écrirai dans ma prochaine lettre.

Salut,

Maman

Novembre 18, 2003

Bonjour L, K C, et T,

Je continue mon lettre d'hier à vous aujourd'hui.
Il était étonnant ou pas! J'ai vécu en tant que vie Amish. Je n'ai vu mon visage puisque je suis revenu ici de Dat Do (jesuis allé rendre visite à votre grand-mère et j'ai passé une semaine là.) il était de 2 semaines dès maintenant. Aujourd'hui j'ai sorti mon verre

cosmétique pour voir mon visage. Ce matin je suis sorti et je maintiens jusqu'à la colline et ai pris des photos. J'ai voulu regarder l'emplacement et je m'ai renversé alors je suis tombé vers le bas. Il n'était pas sérieux mais il montrera que j'avais vrai information. Après le café moissonné saison, Je dois faire se préparer environ aux caféiers et ai fertilisé toute la ferme de café, j'irai à Saigon la semaine prochaine.

Salut,

Amour

Maman

XXXX

Novembre 25, 2003

J'ai vendu mes grains de café aux négociants à mon ranch alors que j'ai retourné a Saigon avec un sac lourd des grains choisis secs de café.
Le jour suivant il sera précipité à la ligne où il sera rôti et ce lui sera rectifié alors sera prêt de boire. Je le partagerai avec mes enfants aux Etats-Unis et ma famille et mes amis au Vietnam.
Pour mon étudier, J'ouvrirai mon Bright Star magasin dans Long Hai, Ba Ria. Cela m'a pris juste trois jours à la recherche des marchandises, endroit, montages et ainsi de suite.
Novembre 29, 2003 ce sera le jour de grand d'ouverture, j'ai projeté cela.

Décembre 25, 2003

J'ai pris mon jour de vacances et ai fermé mon magasin aujourd'hui. Je suis desire aller a Long Thanh pour obtenir les informations sur la terre là, j'ai acheté une papaye là pour l'ensemencement.

J'ai visité cette ferme puis j'ai rentre à la maison, ma mère m'a dit quand j'ai fait un pas à l'intérieur de la maison.
Elle a dit "j'ai dit lui en 1988 que je suis un enfant de famille noble et leur avaient peur de la révolution ou de certaine sorte comme cela pour me tuer ainsi ils m'ont échangé à la naissance."
J'étais choc à entendre quand ma mere l'a dit.
"Je ne vous ai pas dit ce sujet, mere" Il y a quelqu'une l'a dit ou vous et mon père l'avez connu je la pense.
Je l'ai rappelée quand elle a habite dans maison de mes grandeparents, je suis venu là de Vung Tau. J'ai eu l'intention de divorcer mon mari.
J'ai demandé à ma mère pendant que je répétais la phrase que ma soeur m'a dite dans son endroit de Bien Hoa quand j'étais adolescent."vous n'êtes pas la fille du père. Nos tantes dites cela."
Mère, vous souriiez et vous m'avais dit.
"Ce n'était pas vrai, vous êtes grandi, belle, intelligent et riches. Ils ont dit cela pour vous etre tant que leur fille."
J'ai tenu silencieux à ce moment-là.

XXXX

Environ an après, Saigon a été rendu. Je me suis parti hors du Vietnam et ai pris le réfugié aux Etats-Unis.

Plus tard j'etais allé à M. l'hôpital pour la chirurgie thyroïde et j'était par l'essai de sang. Ils ont découvert que je suis blance l'Européene. Je ne suis pas une Asiatique.
Puis la deuxieme fois que la chirurgie était identique que la première fois, quand je sortisais hors de l'hôpital, mon ex-mari m'a dit.
"Vous n'êtes pas la fille de votre père."
J'ai tenu silencieux et j'attendais un jour pour revoir ma mère et lui le demander encore.

Alors je suis revenu a Vietnam en 1988 et j'ai eu une chance de répéter la phrase que j'ai demandé à ma mère en tant que la première fois. J'ai observé sa réaction pour comprendre. Ce n'était pas ce cas. Alors j'ai retourné les Etats-Unis et je ne pourrais pas comprendre comment il serait.

Un jour je suis allé au magasin de nouriture. Dans ce magasin j'ai rencontré une dame qui est allée avec ses plusieurs membres de famille (ils sont peuvent être ses enfants et ses petit enfants). D'abord je l'ai vue. Elle regarde de même mon grand-père (le père de ma mère). Je me suis dit pourquoi le Chinois est habituellement semblable à mongrand-père. J'ai commencé à faire des achats, alors elle ai monté avant au l'opposé du ma position, elle s'est tenue en position de biais. Je l'ai regardée et j'ai vu quelque chose de familier à moi. J'ai su que ce son nez est exactement mon nez de mère et de ma soeur. Sa haute et poids sont la même ma soeur. J'ai été étonné et j'ai continué à la regarder jusqu'à ce qu'elle ait marché hors du magasin et sa voiture a couri loin.
Ma réaction était fait se taire ainsi je ne lui ai pas demandé quelque chose.

De quotidien j'ai appris de ce sujet démuni du sable minuscule à un autre sable minuscule jusqu'au d'aujourd'hui, je n'ai jamais trouvé pas la réponse. Comment est-ce que je pourrais dire ma mère en 1988?

Le roman que j'ai écrit, c'est histoire de fiction que j'ai suppose qu'elle était, ma mère ne pouvait pas lire mes livres.
Ma mère a une bonne mémoire, Il était un chanceux pour nous. Cependant, ma mère, maintenant, elle a vieilli et j'ai peur que sa mémoire ait été confuse. Elle veut toujours conduire l'histoire à sa vue ou à sa pensée.
Je n'ai obtenu à rien l'information d'elle de ce sujet.
Mon point de vue, Je suis sûr que mes parents l'ont bien su. Je l'ai observé toute ma vie.
Ce jour a lieu aujourd'hui, à cette chance, J'ai dit à ma mère ce que mon voisin a prévu ma vie.
Elle m'a dit.
"Phiem, vous avez vécu avec vos parents adoptifs."
Je n'ai pas compris ce qui la signification du parent adoptif à l'âge de 13, 14. Mon voisin a expliqué cette signification à moi.
Alors j'ai dit a mon voisin.
"Ma mère m'a dit qu'elle était enceinte et j'etait ne chez Long Dien."
Mon voisin m'a dit.
"Phiem, comment pourriez-vous savoir cela?"
Aujourd'hui, à cette chance, à ce moment, ma mère dite à moi.
"C'est vrai, comment pourriez-vous savoir cela?"

Je n'ai compris pas la signification cette phrase que ma soeur dite quand j'étais adolescent.
"Vous n'êtes pas la fille du père." J'ai pensé que mon père est mon père adoptif. Je respecte toujours mon père et j'aime mon père toujour du ce moment ma soeur me ditait cela jusqu'à aujourd'hui. Il n'était pas quelque chose dans mon esprit et il n'a changé rien.

À mon adolescent I pensé j'étais enfant adopté.
J'ai dit a ma mère la première fois que je l'ai interrogée au sujet de cette rumeur quand je revienais a maison de grand-pères de VungTau. Cette fois j'ai voulu divorcer mon mari et j'ai compris cette signification de la phrase ma soeur ditait à moi quand j'étais adolescent.

Maintenant, J'ai pensé que je n'étais pas assez curieux pour demander à mon voisin.
Qui est mes parents biologiques, où sont ils, sont ils vivants ou morts, pourquoi est-ce que je dois etre avec mes parents adoptifs?

Mes lecteurs peuvent vous comprendre la raison, j'essaye de faire celui que je pourrais trouver ma racine, ma famille, et peux être je découvrirai le projet de la science.

XXXX

Janvier 1, 2004

Je suis allé à la pagoda de Dinh Co avec mon ami. La pagoda de Dinh Co a été construit sur le dessus d'une chaine de montagne de Dinh chez Long Hai Baria
Je suis venu à la pagoda de Dinh Co quand j'étais adolescent, c'était la première fois. Aujourd'hui est l'occidental de nouvelle année et c'est la deuxième fois. Je suis revenu et
j'ai vu que la pagoda a été changée avec le bâtiment reconstruit parce que des bombes dans la guerre de Vietnam.
Les gens sont ici dans ma natal province croient ce que notre ancêtre prévoit.
Ainsi j'ai prié et j'ai posé une question. Je choquais le support de xam jusqu'à ce qu'un élément ait chute vers le bas. Alors je dois prier pour le Keo (comme le soleil et la terre) et le Keo lâché vers le bas comme le soleil et la terre, Il devrait être dans le bon traitement. Alors je recevrai le message prévu par xam, S'il se laissait tomber vers le bas comme le soleil et le soleil ou la terre et la terre que je dois prier encore jusqu'à ce que j'obtienne le bon processus mais je ne pourrais pas le faire la quatrième fois.

Mon ami et moi, nous sommes partis de la pagoda avec mes messages de xam de vers.
Je n'etait pas satisfait ce qui ai obtenu ainsi j'ai essayé rechercher un fortuneteller de prévision.
Alors nous sommes allés à un prévision.
Il m'a dit:
J'ai six sens.
J'ai Dieu et les angles m'aident toujours.
Je ne pourrais faire rien parce que toutes les fois que je projette faire, ils (mes ennemis que je devine) sont allés d'abord et le volent sur moi.
Je suis une personne tenace.
J'étais mort et Dieu m'a apporté de nouveau à la vie.
Ce 2003 est l'année ma famille, mes enfants étaient dans la situation bouleversée de famille.
J'ai dépensé et argent perdu cette année.
Une chose plus dérangée viendra.

La raison j'ai fait la chose?
J'ai essayé de rechercher ma racine, ma famille ou peut être moi révélera le projet de la science.
Maintenant, Je recherche un doué qui a le pouvoir de prévoir le futur et de savoir le passé.

Les sources intelligentes peuvent considérer la manière de logique de s'avérer. Comment est-ce que je peux entrer dans des sources intelligentes?

Janvier 6, 200

Je portais mes valises de la maison de ma mère à mon Bright Star magasin dans long Hai et j'ai décidé de fermer mon magasin plus tôt que j'ai projeté. J'ai apporté le cadeau de mon magasin à ma mère maison pour mes membres de famille là.

Après que j'aie apporté le cadeau à la maison de ma mere, je suis allé à Vung Tau et à cette chance j'ai lu l'email de mom fil au café d'Internet. C'etait à moi a déranger et je
n'était pas sous la controle.
Le jour suivant je suis allé à mon ranch. J'ai apporté des gifs de mon magasin à mes voisins pour qu'ils apprécient Tet (nouvelle année vietnamienne). Le repos merchandises que je me suis vendu à un autre négociant chez Long Hai.

XXXX

Janvier 8, 2004

J'ai laissé un mon voisin de famille qui a fermé à cote de mon ranch pour contrôler ma terre pour moi. J'ai passé ce janvier 7, nuit 2004 en ma ferme maison.

J'ai retourné a Saigon et j'ai eu l'intention d'acheter un billet d'avion à retour l'Ouest. Sur le voyage à l'agence touristique bureau, j'ai vu le côté qui a maison pour le loyer, I passé alors j'ai demandé au conducteur de Honda de me conduire retourner la bas. Je l'ai demandé et j'ai vu la maison, en conclusion, j'ai décidé de louer cette maison.

Janvier 10, 2004

Je me suis déplacé de Bright Star magasin dans long Hai, Ba Ria à cet endroit

Janvier 10, 2004.

J'ai acheté des choses j'ai eu besoin toutes les fois que je me suis déplacé. Le propriétaire de maison ici et celui dans Long Hai m'aidaient à faire ce travail.
Ma santé est sérieusement concernée. Je suis allé au Dr. bureau trois fois parce que j'ai eu severe diarrhea presque chaque semaine. Je ne pourrais pas m'asseoir, c'était la raison que j'ai voulu louer la maison à attendre un moment pour devenir meilleur et après de Tet vacance. Je n'étais pas sûr ils ai le siège pour moi maintenant.

XXXX

Janvier 11, 2004

Mon sens six

Qui sont-elles les personnes derrière mon dos?
Pourquoi ils ont fait cela à moi, raison?

J'ai pensé qu'ils sont Chinois.
J'ai pensé qu'ils sont des Juifs, Américain Juifs.

Le Chinois pratique leur invasion sur les autres terres, ils ont essayé d'influencer, pour faire des affaires, à l'économie de commande et etc...

Juifs, Les Américains de juif veulent conquérir, pour accumuler le but de survie, pour protéger leur religion, pour faire des affaires, à l'économie de commande et adroit aussi bien.

Le Chinois a su que je suis une fille patriote. J'ai noté ce que j'ai pensé aux envahisseurs terribles. J'ai appris l'histoire du Vietnam, je jure à mon âme que j'arrêterai ces personnes avides.
Le monde voit-il, China terre is aujourd'hui?
Ils veulent avaler le Vietnam et le reste de l'Asie s'ils peuvent. Ils n'ont pas pu faire cela en même temps, ils ont mordu un petit morceau de la terre. Je le prouverai à vous et au monde. Hoang Sa de Truong Sa et Ban Doc cascade.

Juifs, avant 1975, L'Américain a hérité le Vietnam et les Chinois ont eu un piston des informations fournies d' intelligentes des USA (la deuxième guerremondiale de Juifs est devenue les USA intelligents) et le matériel au mal, au humuliate pour ils me font au Vietnam et à l'étranger.

XXXX

Janvier 14, 2004

C'est une réalité

Je suis allé au café d'Internet pour lire et ai envoyé l'email.
L. veut que je revienne les Etats-Unis et il m'a fait savoir qu'il a stoppé son travail et a retourne a UNO pour essayer de finir des autres Master Engineer, ce choix j'ai suggéré qu'il ne fassent pas cela.
T. emailed me qu'il ne projettera pas marier cette année et me demander de venir à la maison.
K C emailed et je lui enverrai une explication.

Janvier 15, 2004

J'emailed K. C.

K C,

Veuillez prendre mon conseil, c'est la vraie chose en ce vrai monde. La réalité est la réalité.
Maintenant, vous devez penser et s'occuper de vous d'abord puis les autres. Quand vous n'avez plus rien, ils tourneront les dos à vous. Je suis une personne stupide. Je ne suis pas une bonne et généreuse personne.
L. est une personne stupide.
K C sera une personne stupide.
T. sera une personne stupide.
Maintenant, veuillez économiser l'argent pour ouvrir la pharmacie au lieu des biscuits. Votre père peut vous contrôler et conseiller ces affaires.
Les mercis de maman à Dieu et les anges vous bénissent et vous guident tout de votre vie.

C'est un sujet différent.
Ce n'est pas une polémique ou ne rétroagit pas, c'est une explication pour l'email de K C.

T,

Pensez-vous vos nouvelles sont bouleversées pour conduire des personnes folles?
Je n'étais pas sous la controle.
C'était la raison que vous avez essayé de cacher, est-ce que c'est le secret? Pourquoi vous êtes-vous caché de commencer?
Je ne sais pas que c'est un mécanisme et c'est hypnotisme?
Que pensent-ils plus profond à leurs coeurs?
Quels sont leurs buts?
Ils me veulent au humuliate.

Ils veulent priver mon dignité humaine et ma famille.
Ils ont empêché mon succès.
Ils ont déchiré vers le bas de ce que je suis fier.
Ils ont eu l'intention d'appauvrir ma situation financière.
Ils veulent m'isoler et me fendre vers le bas.
Ils sont les menteurs et le sang froid.
Ils sont expert dans ce domaine. S'ils ne pourraient faire rien puis ils ont employé le produit chimique, hypnotisme, magnétique et ainsi de suite à la commande personne.
Ils m'assassinent et je suis personne dure morte. Alors ils ont essayé de lire mon esprit pour savoir ce que je projetterai faire, pour aller, pour acheter, pour manger, pour boire, et pour dire. Ils l'empêchent et le tournent à leur itinéraire.
T et K C comment aviez osé vous que je sache votre amie et votre ami avant votre mariage?
Pourquoi vous êtes-vous caché? Et raison?
Maintenant je n'ai pas su qui est qui porte ce nom.
Je n'ai su rien au sujet de lui, comment j'ai osé et esteem pour je laissent ma fille se déplace dedans avec le type que je ne connais pas lui avant mariage.
Je vous ai dit K C quand vous êtes venu à la maison et m'avez dit que vous avez rencontré un ami. J'étais heureux et je l'ai invité à venir à notre maison pour faire connaître notre famille. Pourquoi n'est-il pas venu? Quel est juste? Quel est erroné?
Au sujet de mes membres de famille, Je veux savoir qui est le maître pour conduire à la commande tout pour me fendre vers le bas.
Ils sont réseau et ils sont dans la masse.
Mes membres de famille et moi sommes d'isolement chacun de nous.
Raciste?
Ils ont énoncé d'abord, ils m'ont éliminé d'abord. Ils sont sang froid.
Ils sont racistes.

Phiem

P.S. T.cas est la boxe de Ban Doc cascade d'interdiction perforée à mon visage.
K. C.cas est la boxe de voyage de l'Allemagne perforée à mon visage.
Le cas de Phiem est Ngo Dinh Diem, AP Chien Luoc perforée à mon visage. Qui a joué le rôle principal?

Janvier 15, 2004

De nos jours j'étais malade encore et je suis allé soigner le Dr.bureau puis à la clinique pour avoir ma prescription et ils ont injecté une litter de sérum dans mon vain.
Maintenant, je dois faire attention au sujet de la nourriture que je mange et je ne veux pas voyager loin et je ne veux pas tomber malade. Je dois économiser de mon énergie pour voyager en arrière à la maison sur mon long voyage avec mon rare le bol d'âme.

XXXX

Janvier 18, 2004

J'emailed à mes enfants' père

Cher Q,

Je suis dérangé.
Mon vie entière d'enfants est la matière importante. Ce n'est pas un jeu et un arrangement triché. Je suis allé à la pagoda de Dinh Co le jour de nouvelle occidental année, c'était la deuxième fois depuis

j'était adolescent. Les gens ici sont dans ma natal province croient ce que notre ancêtre prévoit.
J'ai prié et j'ai demandé vers ma famille, mon situation d'enfants. Qu'est-il et comment sera-t-il ? Alors j'ai secoué le support de xam jusqu'à ce qu'un élément ait chuté vers le bas. J'ai reçu au xam les messages vietnamiens de vers et je l'ai traduit à l'anglais.

Ces maux doivent être détruits.
Effrayant la couverture de chose par le nuage foncé, il n'a pas pu voir.
Ils veulent connaître la maison entière de personnes.
Maladie et inquiéter graves pour.
Le mal est dans la maison.
Tout ne peut pas être paix.
Essayé de déranger faites plus d'émeute
Faites à émeute plus discuter.

Qui a obtenu ce message de xam d'être besoin sage, futé, intelligent pour manipuler. Pour satisfaire la nécessité dangereuse de situation de trouver le maître pour résoudre pour la paix à l'esprit. S'il n'est pas, ce deviendra une chose dangereuse ou une situation dangereuse.

Q, Je reporterai tout parce que mon vie entière a consacré à mesenfants. Aujourd'hui mes ennemis, ils ont pensé qu'ils ont gagné au-dessus de moi facilement. C'est seulement sexe. Q, vous avez eu cette experience, vous avez su cela. Ils se concentrent sur le sexe parce que c'est un cas sensible.
Han thu cua chinh ca nhan toi cung du lam cho trai dat nay nat tan ra.

Je jure que je rapporterai Hai Nam, Quang Dong, Quang Tay Van Nam inclus de demi Chine.

Voyez-vous?

J'ai vécu aux Etats-Unis, ils ont dit qu'elle est un Viet Cong. Je, maintenant, ont visité le Vietnam. Ils ont dit qu'elle est une dame du Vietnam Cong Hoa qui a trahi son pays et elle est un agent.
Voyez-vous?
Han et So méthode de transformation de guerre.

Salut,

Phiem

Janvier 20, 2004

J'ai dépensé aujourd'hui pour renvoyer mon vieux réfrigérateur que je juste ai acheté hier. Je suis allé au supermarché alors que je suis allé à la maison et j'ai fait cuire la viande.
Ce matin, J'ai appelé la dame à mon Bright Star pour dire mon camera que je ne le trouver pas mais maintenant il est là. Il est mystérieux.
Après Tet, J'irai à Vung Tau et j'irai à l'hôtel de T B pour voir que la fille travaille là.

Janvier 10, 2004

Où je me suis déplacé à ce secteur la ville de Saigon et peu jours plus tard, Je suis allé au marché de Hanh Thong Tay pour faire de acheter, alors la fille ai couru vers de l'avant de moi et elle m'ait salut. Je souriais et j'ais lui salut aussi. J'ai su dans mon esprit que je l'ai rencontrée mais je ne pourrais pas me rappeler qu'elle était, alors elle est partie. Quand je suis venu à la maison, Je me suis rappelé qu'elle travaillait à l'hôtel de TB.
La première fois etait ma famille member a la Ha Tien
Ce temps était la deuxième fois, la fille était dans Saigon.
Après la fete du Tet je découvrirai la vérité.

Janvier 21, 2004

Aujourd'hui est le jour 30 du dernier mois du Luna calendrier. Le demain est le jour de nouvelle année au Vietnam.
Ce matin je suis allé a le marché pour acheter des legumes et des fruits. Je sui rentre à la maison et j'ai décoré le plat de fruits comme je le faisais habituellement.
J'ai fait cuire tous les légumes parce que je ne pourrais pas manger le légume frais au Vietnam.
Après que j'aie fini de faire cuire alors je me suis assis à la table. Je me suis ennuyé de mes enfants parce que L, il n'achètent jamais n'importe quoi pour Tet. K C peut aller pour en acheter. T. cette année, il est eu son père avec lui et son père peut aller acheter une certaine chose pour Tet. J'ai su que son père est venu au Texas pour lui rendre visite et pour passer un mois là.

Je me suis déplacé l'année dernière à Houston le premier jour du calendrier de Luna (Tet) et je n'ai pas su que Tet a lieu ce jour.
Oui, J'ai nagé dans le froid glace.

Janvier 22, 2004

Aujourd'hui est le jour de nouvelle année où j'ai dépensé ce Tet dans Saigon, Vietnam.

Ce soir, J'ai découvert le papier de message de xam que j'ai obtenu de DinhCo, ce xam que j'ai demandé ma famille, mes enfants. Ce qui est il, que s'est produit? J'emailed ce message à mon père d'enfants, maintenant je n'ai pas vu le papier original de message, ils ont laissé la photocopie dans le petit papier pour moi.
Je ne sais pas qui l'a pris et pour les quels raison. Je me demande qui sont ils? Ils sont mes amis ou mes ennemis!

Janvier 23, 2004

Je ne sais pas pourquoi tout à l'intérieur de ma maison, ils veulent toujours voler. Ils sont société secrète ou ils sont mes ennemis ou ils sont mes amis. Je peux voir qu'ils ont

balaye le papier de message de xam sur l'ordinateur puis l'ont imprimé et le laissait a moi en photocopy papier.
Ils ont habituellement enlevé mes choses, échangé lui, changé lui, et remis lui, et ils ne volent jamais mon argent.

Janvier 24, 2004

Aujourd'hui est Samedi et le jour célébré deTet au Vietnam, j'ai dépensé cette chance au Vietnam d'observer Tet ici.
Le sentiment que j'ai obtenu du Tet avant 1975 et maintenant.
J'ai laissé mon calme d'âme penser à nous, au sujet de moi comme Viet Kieu.
J'ai pensé à notre nation que quelque chose doivent regarder, pour analyser, pour comprendre, pour changer, et pour aider notre écoulement de nation dans l'harmonie et la morale.
Il est sage que notre nation devrait prendre.

Ce soir je sortais ouvrir la porte pour jeter le detritus de hors. Je ne pourrais pas ouvrir la porte parce que le cocotier s'est laissé tomber vers le bas sur la porte de porte. J'ai pensé que je devrais demander à dame la propriétaire d'appartement, qu'est arrivé à ces arbres? Je les arrosais mais maintenant pourquoi ils se sont tournés vers cette condition. Elle a sorti et m'a dit que le cambrioleur essayé. Je lui ai dit la dernière nuit où j'ai entendu les bruits du toit. J'ai réveillé et ai pris ma lampe-torche pour voir ce qui continuait. J'ai allumé la lumière à l'intérieur et hors de la maison latérale. J'ai descendu des escaliers et j'ai vu rien alors j'ai etient lalumière. J'ai retourné ma salle, Les bruits sur le toit ont continué pour un peu, je pensait qu'ils étaient des oiseaux.
Elle m'a dit qu'ils n'étaient pas des oiseaux, ils étaient des cambrioleurs et ils maintiennent dans cette maison par cet arbre de noix de coco. Il a été décomposé comme ceci. Je lui ai dit, il y avait le chose le jour de nouvelle année, j'ai découvert que mon papier original de message de vers xam a été volé et ils ont laisse le papier de reproduction pour moi.

Ils sont le groupe d'experts qu'il n'était pas maladroit comme celui-ci, mes choses continuées desserrer, changer, échanger, et remettant. Ils ne volent jamais mon argent.

Janvier 25, 200

Aujourd'hui j'ai fait cuire tous les fruits de ma nouvelle année souhaitant plat, j'ai dû faire cuire tout le fruit ainsi c'est devenu un dessert aux fruits. Je dois faire attention à manger du légume et du fruit crus.

Janvier 26, 2004

Aujourd'hui est lundi mais ce n'est pas une bonne journée pour les personnes ouvrent leur boutiques. Au Vietnam les gens ouvrent habituellement leur boutiques demain. Le demain est le sixième jour du premier mois calendrier Luna.
J'ai quelque chose à faire comme aller au café d'Internet par exemple.
Ce matin j'ai mangé le petit déjeuner, Je me suis assis avant mes marchandises. J'ai vu le miel, thé d'artichaut, et la sauce à poissons de Phu Quoc de Bright Star magasin. J'ai pensé à mes bijoux de cabine de la Nouvelle-Orléans de quartier français et à produit de sécurité de phiem.com et aphiem.com Website.
J'étais trois fois faisant des affaires, J'ai perdu cet argent trois fois.

Janvier 27, 2004

J'ai passé mon temps au Vietnam jusqu'à aujourd'hui mais je ne pourrais trouver rien ici excepté les messages de vers de xam à la pago de Dinh Co et aider toutes les fois que j'ai eu besoin.
Les messages de xam me conseillent d'attendre jusqu'au bon temps.
Je recherche toujours un clairvoyant doué qui a la capacité deprévoir le futur et a su le passé.
La source intelligente est la logique à rechercher et faire confiance.
Comment est-ce que je peux entrer dans la source intelligente?

À cet mon âge je n'ai toujours pas laisse de connaître ma racine, je dois attendre même à ma tombe.
Ils regardent à eux-mêmes, ce qu'ils ont fait à moi, a l'enfant innocent. Ils m'insultent, me humuliate, me maltraité, m'a privé mon dignité humaine, maintenant, mes enfants.
Combien la morale sont-ils?
Maintenant, Je veux le savoir à n'importe quel prix, le temps d'histoire est assez pour l'indiquer maintenant.

En Europe je n'ai trouvé rien aussi, quand je suis venu en Europe, J'étais un touriste ainsi j'ai visité de l'endroit aux endroits. Un jour sur mon voyage, Je me suis assis à la table en de hors du restaurant après que j'aie commandé le potage. Alors les vieux couples sont venus et ils m'a salut puis ils s'est alors assis à côté de moi. Les couples
heureux et elle est bell et doux, elle a continué sourire. Le monsieur m'a regardé autrefois dans ses yeux curieux.
Alors la dame est allée à l'intérieur du restaurant et elle a aligné pour commander le repas. J'ai entendu la voix de la femme dite en anglais, "C'est meilleur vous lui le dire".
J'ai tourné ma tête à la ligne d'attente dans le restaurant et j'ai vu la vieille dame a tourné son corps et m'a regardé de la façon qu'elle avait peur que j'ai entendu cette phrase.
Après qu'elle ait commandé le repas, elle est revenue et s'est assise. J'ai vu deux messieurs reposés à l'intérieur du restaurant vis-à-vis de nous, ont nous observé et continué sourire.
Nous n'avons pas été échangés un mot tandis que nous nous asseyions à cette table. La dame elle était trois fois, elle a élevé sa voix pour parler fort "Brawn"
Je n'ai pas noté à la première fois mais la troisième fois, je dois prêter l'attention à ce mot. Alors les couples ont indiqué au revoir à moi en allemand.
Je rentrais à mon hôtel la soirée et je avons recherché en mon dictionnaire pour découvrir la signification du mot Brawn. C'est la même signification dans le brown anglais.
J'ai pensé a Eva Brawn et Weiner Brawn .

La dame elle n'est pas semblable d'Eva Brawn. Elle ressemble à la belle fille qu'ils ont mesuré son visage dans le temps de Hitler.
C'est tout que j'ai trouvé en Europe.

XXXX

Je suis allé en Amérique du Sud.
Pendant un jour le conducteur de taxi a laissé tomber les autres et notre guide d'excursion. Le conducteur de taxi m'a conduit de nouveau à mon hôtel. Sur le chemin à mon hôtel il a montré et a expliqué le paysage que nous avons passé, quand j'ai vu le bâtiment, je lui ai dit que ce batiment ressemble à un dans Munich. Nous les deux maintenus silencieux jusqu'à ce que j'aie atteint à mon hôtel. Je lui ai donné le bout et je lui ai dit, remercie vous monsier. Il m'a dit, vous remercie Mam.
C'est tout que j'ai obtenu d'Amérique Du sud en mon voyage.

Voici le message de xam pour demander ma racine, ma famille à la pagoda de Dinh Co.

Annonçant que tout n'est pas de Dieu
Annonçant que tout n'est pas de nature
Annonce que quelque chose peut être humain créé
Annonce que quelque chose peut être homme fait.

Prenez mon conseil, ne faites rien pour sûr et heureux
Si vous savez pour faire vos affaires (votre travail)
Vous ferez le bénéfice deux fois du compte
Transportez-vous complètement des marchandises et profitez deux fois du compte.

Janvier 28, 2004

Hier, J'ai lu email de mon enfants'père. Il a dit qu'il a lu mon email alors qu'il était choc. Il ne le sait pas dire. Il a suggéré T.
Après que j'emailed, Je suis allé à l'agence de voyage pour acheter le billet pour aller à la maison.
Je suis allé en caisser pour retirer mon d'argent dans mon account. Que l'argent est assez pour payer le ticket cependant j'a eu besoin d'argent supplémentaire. Je l'ai obtenu a la porte de machine a cote de banque.
J'emailed mon programme de vol à la maison.

Je suis allé à ma boîte aux lettres pour prendre mon livre pour la correction d'épreuves. Ensuite je vais au supermarché pour faire l'épicerie puis et je vais à la poste centrale pour faire plusieurs appels téléphoniques. J'ai appelé la dame à TB dans Vung Tau et je l'ai interrogée au sujet de la fille. Est ce que la fille travailler toujours à vos affaires? A-t-elle fait un voyage à Saigon? Le propriétaire de TB m'a dit que la fille travaille toujours là, le propriétaire n'a pas pensé l'histoire que je lui ai dite. Elle m'a dit que je peux avoir tort la fille à quelqu'un d'autre.
Le bout que j'ai téléphoné à M. S qui fonctionne dans le bureau de terre développement. Je lui ai dit, veuillez attendre la loi ou discutez mon cas comment adapter ce travail de papier.

Janvier 31, 2004

Janvier 30, 2004 je suis allé acheter un autre billet à T. L'agence de voyage parce que la chose a été avérée justement pour empêcher ma voyage a maison puis j'est allée à l'intérieur de la cathédrale à cote la poste centrale de Saigon.

Je me suis rappelé la première fois que je suis revenu le Vietnam janvier 1989 je me suis assis sur le banc l'intérieur de cette église avec des mes mémoires avec ma tristesse. J'ai senti triste tellement immense d'âme, mon âme ainsi abandonnée en tant que mon pays à ce moment-là. J'ai regardé à ma propre vie, ma famille, et mon pays, j'ai prié à Dieu.

Aujourd'hui, Je me suis senti que mon âme a été décomposée en petits morceaux. J'ai reflété ma vie, mes vies d'enfants, ma famille, et mon pays, j'ai prié à Dieu.

Février 1, 2004

Laissé pensez à l'Allemagne et à l'Amérique.
L'Amérique a essayé d'empoisonner leur peuple en montrant des films holocauste.
Temps d'histoire, maintenant, il est assez long pour indiquer la vérité.

Au Vietnam avant 1975 c'était de temps Chinois tout domaine notre économie de pays.
Dans l'époque actuelle (present) que j'ai observé le Chinois a commencé leurs lignes.

Aujourd'hui le Juif est aux Etats-Unis, Juif domain toute l'économie de l'Amérique et le monde entier.
Le grand Wall Street est en Israel.
Malheureusement, ils ont fait l'influence a politique comme l'économie.

A l'Allemagne dans le temps de Hitler.

Hitler était le chef du numéro un et le Juif était le numéro deux. Les Juifs étaient suivants en positions élevées.
Regardez en Amérique maintenant, B. est le chef du numéro un et le Juif est le numéro deux. Les Juifs sont suivants en positions élevées.

Les gens dans la partie de cette planète savent que l'Amérique est bonne.
Les gens dans la partie de cette planète ont su que l'Allemagne était bonne.
C'était vrai.

C'est mon avis. Les Juifs doivent remercier et être gracieux à l'Allemand. Si le Juif ne veulent pas conquérir et a trahi le pays pour les aider étaient réussis en Allemagne pendant qu'aujourd'hui ils sont en Amérique.
Les Juifs pensent à eux-mêmes.

Au Vietnam
Les Chinois pensent à eux-mêmes.

A l'Amérique

Maintenant, quels Juif et Chinois ont veulent d'Amérique ?

L'histoire se répétera, nous n'éviterons pas cela.

Au-dessus de soyez dans le domaine politique et de l'économie.
Ici c'est dans le domaine de la science.

Dr. Joseph Mangle

Le témoin était jumeau dans le Dr. Mangle soin pendant à ce moment-là.
Ce monsieur a parlé de hors:
Dr. s'est occupée de moi chaque jour. J'ai ma vie comme vous pouvez voir. Dr n'a fait rien me nuire.

De cette histoire
Puis mon histoire

Qui a essayé d'empoisonner mon vie entière? Il est non seulement physique mais il est sur chaque ligne et surchaque élément d'un humain a existé sur cette planète.
C'est un miroir pour refléter mon histoire et Dr. Joseph Mangle.
La Science, maintenant, a appliqué le Dr.Joseph Mangle l'invention mais les sociétés de la science craignent de la parler, pour

attribuer, pour se rappeler, pour identifier le Dr.Joseph Mangle Invention.

Dr. Joseph Mangle est le père de la base de gène.

M. Weiner Brawn est le père de la base de la NASA

Février 4, 2004

J'ai lu mon email, ma situation de famille m'a incité à déranger à partir d'une chose à l'autre. Il semble et il a continué à continuer. J'irai à la maison alors j'ai décommandé. J'irai à la maison alors j'ai décommandé. Cela m'a conduit fou.
Je suis allé a Long Hai alors que j'ai retourné Saigon en un jour.
Je veux que mon père d'enfants appel FBI de parle de cela dans mon email.
Après je lui emailed je m'ai recherché sur l'Internet et j'ai trouvé l'adresse de FBI. J'enverrai une lettre au FBI à l'aide.

Février 5, 2004

Je suis allé à la poste ce matin et ai expédié ma lettre au FBI aux Etats-Unis.

Le jour je suis allé à pagoda de Dinh Co et j'ai demandé. Qui sont-ils les personnes derrière mon dos? Pourquoi ils font cela pour quelle raison? Qu'est-ce que je dois faire?
C'est le message de xam à ma question dans le Vietnamien et je l'ai traduit à l'anglais.

Chose de démuni de personnes à faire, ils sont de vraies mauvaises personnes.
De ce coin d'océan au coucher du soleil loin parti, ils n'ont aucun but, temps libre jouant et appréciant.
Pensez et laissez se préparer au voyage en arrière où vous êtes légalement.
Si pas la vague de la nature vous nuit maintenant.

Ce message de xam suggéré pour regarder ainsi l'histoire en arrière de Han Vuong. Les gens peuvent voir. Je desserrerai mon pays si je ne pourrais pas localiser et punir lesmauvaises personnes.

Février 6, 2004

Je ne sais pas commencer, comment dire, comment il est frustré dans mon esprit et entier mon corps.
Je veux mes enfants dis au monde ce que j'ai fait pour commander leurs esprits. Dites le monde.
Maintenant, je veux vraiment avoir le pouvoir de l'hypnotisme, j'aurai cette puissance de commander mes esprits d'enfants pendant qu'ils indiquaient afin de se protéger, pour aider, pour les guider au chemin droit, à la vie heureuse, à la vie normale.
Comme les gens autour de moi peuvent voir et les personnes égales me suivent pour me nuire ou les gens pour me protéger peuvent voir clairement.
J'ai laissé mes enfants faire un pas sur ma tête, mon corps dans l'ordre je les ai dans des mes mains, ma vue, mes yeux à protéger, pour aider, pour les guider, pour les mener au chemin droit, pour accomplir leurs rêves, à une vie heureuse.
Je veux à l'harmonie avec mes enfants, ont-ils vu cela ? ont-ils réalisé cela ?
Est-ce que je suis tort? Est-ce que je suis stupide? Est-ce que je suis fou?

Février 7, 2004

T. emailed me qu'il est hâte à obtenir marient ce Février, je reviendrai les Etats-Unis ou pas.
Je vais à la maison pour quoi, Je ne pourrais pas combattre, Je ne pourrais pas argumentateur. Je vais à la maison et fais ce qui?

Février 8, 2004

Aujourd'hui, Je suis allé à l'église de Binh Trieu pour rendre visite à laVierge Maria là.
J'ai été habitude pour visiter cette église quand j'ai habité auVietnam, deux fois je suis
revenu le Vietnam, je suis venu là pour prier. Cette fois avant je me laisse Vietnam je voulais venir a l'eglise Maria de Binh Trieu.
Ce qui a empileé haut dans mon esprit, et mon corps entier. Je ne pourrais pas avoir un mot à lui parler. Je me suis senti à l'intérieur de moi comme emplacement des bombes, je ne pourrais pas avoir une phrase à prier. Je ne sais pas quoi commencer, comment parler. Je me suis assis là pendant un moment alors que j'ai demandé à la mère Maria m'a enseigné à parler, pour prier, et pour commencer.
Après que je sois parti de cette église je suis allé au lecteur decartes sur le chemin à la maison d'un marché de An Dong.
Je veux savoir ma famille, mes enfants, mon futur, et ma racine.
Le lecteur de cartes, il a dit que je n'ai pas l'argent. C'est seulement l'équipement,
si je faisais l'argent, mes enfants ne pourraient pas. Si je faisse J'ai fait beaucoup de l'argent et ne sais pas combien j'aurais eu.
Maintenant vous arretez d'aimer vos enfants parce qu'ils se sont assiss sur votre tête.
J'ai six sens.
J'ai toujours des Saints ou des personnes avec moi pour me protéger.
Mes enfants obtiennent m'avantage.
Je suis seul.
Environ on a fait des erreurs mais lui des chutes sur ma tête (ham oan).
Vous êtes femme mais vous faites le travail d'homme, vous êtes chef de votre maison, votre famille.
Je peux avoir ce que je veux et succès à l'avenir. Je peux réaliser mon but plusieurs mois pour venir.
J'ai passé tous les sujets dangereux, choses, et situation pour l'année dernière. Cette nouvelle année viendra et je sauterai par-dessus lui ce mois. Aujourd'hui est 18 du premier calendrier de

Luna de mois. Celui chez Dinh Co a indiqué que 16 de ce mois tout déçu qui devrait être fini pendant mon vie entière avaient été privés.

Février 9, 2004

J'ai pensé au corps et au cerveau de désordre.

Février 10, 2004

Je prie à Dieu pour la dignité humaine.
Je suis allé a marcher pour acheter la nourriture et l'eau alors jesuis allé au magasin de bijoux. J'ai demandé à des personnes là de regarder et me dire au sujet de mes bijoux faux, T. m'a donné sur le cadeau de jour de Noël. J'ai également apporté mon Zirconia cubique que je l'ai acheté il y a plus de 20 ans. Après que je me vendu et j'ai donné mes diamants pour aider mes relatives, Jamais les vente mes bijoux pour moi ou mon mari ou mes enfants a eu besoin, j'aime porter le diamant ainsi je l'ai acheté.
L'homme dans le magasin de bijoux l'a reflété et il dit mon Zirconiacubique est le morceau de pierre, ce n'est pas diamant et les bijoux faux, il est comme des barrettes de femme,
je l'ai vu par cette boucle aussi. Cette boucle a regardé tous les pierres sont les mêmes, il regarde comme nous devons lire le code du diamant dans l'arriere de diamant.
J'aime garder ces bijoux faux parce que c'était mon souvenir le jour où je les ai reçus, j'étais heureux de les avoir, pour les porter, j'aime porter des bijoux.
Je suis une femme ainsi j'aime des bijoux et j'ai vu beaucoup de magasin de bijoux au Vietnam maintenant.

Février 14, 2004

J'ai voyagé à Bangkok de Saigon sur la ligne aérienne de V N j'ai signé l'hôtel à Bangkok, La Thaïlande Février 12, 2004.
J'emailed L. mon fils et alors j'ai lu L. email, il a dit qu'il a essayé de m'appeler beaucoup de fois mais il ne devait pas obtenir à travers.
Je suis allé au grand magasin de C.

En Thaïlan j'ai vu la religion émerge dans social comunite comme culture nationale, le guide d'excursion m'a demandé. Que m'est impressionné en Thaïlande? Je lui ai dit, la religion.

Février 15, 2004

Hier, Je suis allé au temple grand de palais et de famille du Roi Rama.
J'ai pris des photos mais mon appareil-photo ne pouvait pas les capturer pour moi. J'ai acheté la batterie et ai changé mais cela ne fonctionne pas. Je l'ai ouvert et ai fixé le film mais ce n'était pas cette cause.
Aujourd'hui, J'ai pris l'appareil-photo numérique avec moi en ce tour. Laissé voyez vous le résultat. Je dois m'arrêter ici et je suis allé en bas joindre mon excursion à la ville de temple.
Quand j'ai atteint à la pagoda et j'ai demandé mon guide pris la photo pour moi. Mon appareil-photo numérique n'était pas travail actuellement. La puissance est allumée mais le bouton de pression refuse pour le faire le travail, ainsi j'ai perdu cette chance ici.

Février 17, 2004

Je suis allé à la plage de Pataya. Je suis allé avec l'excursion et avec d'autres touristes d'Inde. Ils sont deux familles, le guide d'excursion et le conducteur sont chinois. Elle nous
a arrêtés au magasin de bijoux. Il était passionnant pour voir, j'ai acheté deux anneaux de faux diamant pour moi. Diamant de l'Amérique, les ventes équipent et les dames nous ont dit quand elles nous ont invités à acheter des bijoux, ce n'est pas germe valable maisj'aime le porter avec joie. J'ai acheté deux bracelets jade de la Chine en modèle d'occidental pour mes membres de famille.

Février 18, 2004

Je suis allé a banque pour encaisser l'argent ou pour emprunter l'avance à la carte de credit mais je ne pourrais pas faire cela. J'ai assez d'argent à dépenser mais j'ai acheté deux anneaux faux et les bracelets hier et j'ai payé l'argent comptant. Je dois contrôler mon argent.

Février 19, 2004

J'ai acheté un billet d'avion hier d'agence de voyage. Ils me livrerent mon billet à mon hôtel. Mon programme je quitterai Bangkok février 24, 2004.

Février 20, 2004

Je ne pourrais pas décommander mon billet à plusieurs reprises. Ainsi je continue mon voyage à Los Angeles.

Février 21, 2004

En Amérique j'ai appris l'individualisme mais je suis allé là du Vietnam, notre culture, notre enseignement étaient différent d'Amérique.

Février 22, 2004

J'ai juste trouvé mon anneau cubique de Zirconia ai perdu un etoile. Je l'ai découvert, je l'ai pris, je l'ai lavé, et je l'ai stocké dans le sac en nylon comme je l'ai acheté. Je suis si chanceux!

Je quitterai Bangkok, beaucoup de fois je souhaitais que les informations sur ma racine de famille soient publiées des sources intelligentes. Je n'ai eu aucun espoir ainsi je me suis tourné vers le clairvoyant. Je recherchais le vrai le doué qui peut prévoir le futur et le passé, je ne pourrais pas trouver une solution.

Quand j'ai fait des affaires de marché aux puces à la Nouvelle-Orléans, J'ai vu beaucoup de fortunetellers et de prévision dans plusieurs études.

J'ai seulement eu un moment le temps difficile d'ennui mais ce que j'ai demandé. Je me suis dit à ce qui est arrivé n'importe quelle conditionque j'ai dû élever mes enfants jusqu'à ils et elle ont reçue un diplôme. Ce que j'ai dû savoir, ce que j'ai dû demander. Maintenant j'ai eu besoin des prévision pour répondre à ma question mais ils sont lointain. Je me suis rappelé un de fortunes, il a dit qu'il peut prévoir ce qui se produira 25 années à venir où j'ai passé son endroit.

Février 23, 2004

Aujourd'hui, J'ai vérifié mon programme de vol alors que je suis allé au café d'Internet pour lire et envoyer a la maison d'email, je veux ma famille membre décommander ma carte bancaire pour moi parce que je ne veux pas employer cette carte bancaire encore parce que il y a plusieur des mots sur ma carte, je suis sûr qu'il a été ma carte remplacé.

Février 24, 2004

Aujourd'hui j'ai voyage de Bangkok à Los Angeles, j'ai dit à réceptionniste Thaï de ligne aérienne que j'ai voulu aller à Los Angeles. Mon billet que j'ai acheté de Bangkok à Dallas FWT. Je l'ai laissée continuer à faire en tant que mon programme de billet.

Au sujet de l'argent que j'ai eu pas réussi a retirer l'argent de la banque mais j'ai toujours l'argent à dépenser avec ma gestion pour prendre assez de nourriture, taxi, bout, taxe d'aéroport, et alors de Los Angeles aller à Los Angeles du centre pour rechercher l'hôtel et j'ai payé $55.00 le taxi.
J'ai signé a l'auberge CA 90004 les Etats-Unis, après long voyage j'ai dû dormir. J'ai dormi et je me suis réveillé pour acheter l'eau et la nourriture. Maintenant, il est 9:55 P.M. Temps Pacifique.

Février 25, 2004

Je n'ai aucun accalag (jetlag) cette fois mais j'ai été réveillé deux fois la cause du bruit de la machine, le commis de bureau m'a réveillé à 11:00 AM.
J'ai pris le taxi pour aller à l'hôtel résident pour louer$159.00/semaine, j'ai eu besoin d'argent de Credit Card comptant pour payer cet hôtel.

Février 26, 2004

Aujourd'hui je me suis déplacé de l'auberge à l'hôtel résident au code postal 90057, après que j'aie mis mes valises dans ma salle. Le conducteur de taxi m'a conduit à l'adresse que j'ai recherché la nuit passée de l'annuaire téléphonique pour soumettre mon application. Je suis allé à plusieurs endroits comme je l'ai fait de commencer. J'ai retourné hôtel et j'ai pris le déjeuner alors que je suis allé au petit détaillant faire l'épicerie et puis faire la blanchisserie.

Février 27, 2004

Aujourd'hui je suis allé à la poste envoyer 3 paquets à mes enfants. J'ai envoyé des cadeaux, album, ordinateur, et mon équipement électronique à la maison. L'humidité au Vietnam a endommagé mes images facilement, mon ordinateur était en état d'échec, je ne pourrais pas l'employer.
Alors je suis allé à l'agence de voyage acheter le billet pour aller à Saigon. Je suis allé à banque pour encaisser l'argent mais je n'étais pas success, j'irai au Vietnam sans argent comptant. Je suis allé à l'Internet à l'email mes enfants.

Février 28, 2004

La nuit passée j'ai dormi normale. J'ai réveillé tard ce matin. Il faisait frais dans ma chambre ainsi j'ai trouvé ma fenêtre de pièce ai été ouvert. Je ne l'ai pas vérifié quand je suis entré dans cette salle. Je n'étais pas sûr il ai été ouvert la nuit passée ou avant que je signe, je n'ai trouvé rien ai été dérangé dans ma chambre. Je

suis descendu pour demander la réception pour fermer cette fenêtre pour moi.
Ce bâtiment que j'ai deviné a été construit la même de temps de Cameron construction mais c'est hôtel ainsi il était de luxe que celui àl'avenue de Cameron. Je pourrais voir que la poignée de porte et l'armature de fenêtre sont le même modèle.
J'ai appelé L.ce matin mais j'ai seulement laissé le message, il n'était pas à la maison.
Je suis allé a magasins pour rechercher la batterie mais je ne pourrais pas trouver la batterie nécessaire. Je suis entré dans le magasin où j'ai acheté le gateau, j'ai demandé le prix que c'est 99cents. Hier, J'ai acheté un autre gateau, c'était de 99 cents aussi, mon repas était de 99 cents.
Je suis allé à hotel j'ai recherché ma batterie par la chance alors que j'ai trouvé deux,
je remercie Dieu.
Je dis la vérité. Chaque fois que j'ai vraiment eu besoin de quelque chose. Il semble toujours exact à ce moment-là.
Il avait lieu comme le jour où j'ai pris le taxi de l'aéroport LAX pour rechercher l'hôtel ou le motel, quand j'ai vu le mètre de temps atteint à $50 dollars (conducteur et moi avons cessé de voir pièce dans l'hôtel alors que nous continuons à rechercher l'hôtel ou le motel.). On m'a effrayé que je n'ai pas assez d'argent à payer le taxi, si je ne pourrais pas trouver l'hôtel maintenant, Alors j'ai vu le juste d'auberge à ce moment-là.
Je contrôle mon argent de Thaïlande et j'ai $119.00 dollars pour le voyage aux Etats-Unis.
Le jour où je ne pourrais pas succès retirer ou encaisser ma avance de credit carte. J'étais vraiment effrayé je dois rester dans ce auberge cher pour$100.00/nuit. À ce moment-là je me suis rappelé que j'ai une autre carte que je peux l'encaisser. Il est chanceux pour moi. J'ai eu cet argent pour signer cet hôtel économique et j'ai eu l'argent pour passer ces jours suivants d'aventure.
La Madame chanceuse! Oh! je dis

Ce soir, Je me suis rappelé un fortuneteller au Vietnam, il m'a dit. "Vous devez demander à Dieu de ce que vous avez besoin. Si vous ne le demandez pas, Dieu ne sait pas ce que vous voulez."
J'avais l'habitude de prier à Dieu, Dieu me donnent ce que je veux et Dieu connaît ce que je veux, J'ai besoin.
Maintenant j'ai changé mon habitude. J'ai demandé à Dieu que je veux avoir milliard de dollars, je veux devenir richesse femme du monde et je veux vivre une vie normale.
Je veux association, Organisation font corporation avec moi pour contrôler ma richesse et nos buts.
Je ne veux pas seulement moi-même ou mes enfants décident de quoi faire mais l'association et l'organisation entières avec moi ensemble décident et donnent leurs avis.
Tellement maintenant ce n'est pas eulement Dieu mais Le monde entier peut savoir pour ce que je prie et ce que je veux.
J'ai téléphoné et ai parlé à L. Il était heureux de lui parler, je lui ai dit que je reviens le Vietnam le mardi prochain.

Mars 1, 2004

Quand K. C. m'a déranger, j'ai été éteint la flamme du déplacement, maintenant T. a fait la chose me dérangent, J'ai voulu voyager.

Mars 2, 2004

Je volerai en arrière le Vietnam ce soir et je suis sorti pour acheter les chaussures et la médecine pour moi.
Ce matin je me suis réveillé et je me suis rappelé ce que j'ai rêvé la nuit passée.
Un le chemin vers les magasins j'ai passé le magasin où j'ai vu une Maria de Vierge de blanc statue de même j'ai rêvé la nuit passée.
J'ai pensé que je la verrais sur le chemin à rentre hotel, malheureusement pour moi je ne pourrais pas Maria constater que magasin peut être fermé à ce moment-là.

Cette circonstance s'est produite m'a fait rappelé que j'ai appris de plusieurs religions, nous prions jusqu'à nous rêvons Dieu à ce moment-là où nous savons que nos âmes et Dieu se réunissent au point d'esprit. C'est la réponse.

Ce soir je suis allé à LAX et je ne pourrais pas signer parceque je n'ai pas eu le visa à aller au Vietnam. J'ai acheté le billet d'avion pour aller à Saigon quand j'ai su qu'il n'a pas eu la condition de visa de visiter le Vietnam. J'ai toujours mon billet de Los Angeles à Saigon avec moi. Je veux l'envoyer à l'agence de voyage mais la dame au bureau de C
a suggéré que je ne l'envoie pas par l'intermédiaire du courier, il sera perdu, c'est mon billet de l'air C.
Je ne pourrais pas signer a l’air C ainsi j'ai acheté l'air A pour aller à Bangkok j’espoir c’est fermé au Vietnam et je peux aller au Vietnam plus facilement que n'importe où.
Je suis arrivé Bangkok après que les longues heures attendant le transfert Séoul.

Mars 5, 2004

Aujourd'hui, J'ai acheté le billet pour aller à Saigon sans visa après que je cherche l'aide de la ligne aérienne VN.
Je suis arrivé a Tan Son Nhat, Saigon avec 3 jours a épuisé le voyage et je n'ai pas eu assez d'argent à payer l'hôtel, taxi, et même nourriture si j'habite à Los Angeles ou à Bangkok pour obtenir le visa entre Viet Nam.
Je suis allé au bureau pour solliciter le visa et j'ai rencontré deux autorités travail de papier et un rapport a été rédigé, j'ai vu bon nombre de gens là vouloir m'aider.
Je suis revenu Bangkok et j'ai signé l'hôtel au-dessous de 600B/nuit inclus de repos. J'ai vérifié le matin prochain et j'ai pris le taxi pour aller à l'aéroport, j'ai acheté le billet pour aller à San Francisco au bureau de billet d'aéroport.
J'ai rencontré une dame du Vietnam, nous avons parlé et nous avons compris. Je la dite bonne chance à elle en son voyage vers l'Europe alors je suis allé à la porte attendre mon vol pour aller à San Francisco.

Mars 7, 2004

Je suis arrivé à l'aéroport international de San Francisco alors que j'ai acheté le billet pour aller à Vancouver, Le Canada. J'attendais à l'aéroport la nuit et je voyagerai au Canada le matin prochain. Le monde a changé à ce moment j'ai été connu. Je n'ai jamais lu le journal tandis regarde a la télévision pour savoir ce qui ce pass depuis Août 30, 2003.
Je suis revenu Los Angeles et je continuais mon voyage a Nouvelle-Orléans, j'appliquerai le visa pour rentrer le Vietnam.

Mars 8, 2004

J'arrive la Nouvelle-Orléans. J'ai eu $40.00 pour payer le taxi et quelques pièces de monnaie queje n'ai pas comptés, je dois $5.00 au conducteur de taxi l'embouteillage nous a arrêtés sur le chemin à l'Est de Nouvelle-Orléans.
J'ai dit le conducteur de taxi que je n'ai pas attendu cela, je n'ai pas eu assez d'argent à payer ce trafic de congestion.
Je suis allé à la porte pour ouvrir et mon fils a ouvert la porte et il a été étonné parce que je ne pourrais pas le contacter au telephone, je lui ai demandé $5.00 pour payer le taxi.
J'ai dit le conducteur, il est si chanceux!
C'est chanceux pour moi que je lui n'ai pas etre devoir $5.00
C'est chanceux pour qu'il ait $5.00.

Mars 9, 2004

J'ai dormi du midi hier jusqu'à ce matin. Je me suis réveillé et j'ai su que c'est matin, j'ai sollicité le visa pour aller au Vietnam.

Mars 10, 2004

T. envoyait des herbes de son père à l'adresse de la Nouvelle-Orléans.

Mars 11, 2004

J'ai fini mon rôle que ce j'ai payé mon vie entière et entière mon énergie. Maintenant il est temps pour moi de se refléter et j'ai été étonné que j'ai atteint à cet âge.
Comment est-ce que je me suis préparé à cet âge?
Rien !
Maintenant, mes enfants ont grandi et ils ont leurs propres vies. Je me suis senti satisfait avec ceci.
Le temps dévoué a eu passé au de là puis I pensé à ma situation et j'ai pensé à la vie. J'ai pensé aux cas d'offens moi meme.
Nous sommes communs, nous sommes des réfugiés, nous nous sommes sauvés hors de notre pays avec rien dans des nos mains alors que nous avons mises en marche nos nouvelles vies à la nouvelle terre sans préparation prévue. Notre culture nous a réunis dans les sociétés puis dans notre petite communauté comme notre chaque famille, nous sommes partageants et aidants à soulager la lutte à entrer dans le societe principal aux Etats-Unis ou une nouvelle terre différente. J'ai appris l'individualisme et j'ai pensé qu'il ne peut pas un problème et il peut être heureux à notre prochaine génération. Pensez à cela, nous n'avons besoin de faire rien, il sera dans la fonte normale. Vous voyez le Juif que 2000 ans après est Juif immobile.

Mars 12, 2004

Je suis allé au Dr. bureau.
Je suis allé à la maison alors j'ai fait cuire les poissonssaumonés. Mon fils et son ami aiment ma cuisine. J'ai mangé poisson, je suis O K maintenant ici aux Etats-Unis.

Mars 13, 2004

J'ai acheté le billet pour aller à Saigon, je suis allé au quartier Français pour rechercher des fortunetellers, j'ai la question je ne pourrais pas trouver cette réponse. J'ai eu une chance de voir la rénovation de quartier Français. Il est beau pour voir et garder. J'ai perdu plusieurs fois de localiser la place de Jackson et le marché français, je ne pourrais pas visiter l'endroit que j'ai fait le marché aux puces 1989. J'ai pris l'autobus pour venir à la maison. La ligne d'autobus au Canal a été changée mais nos autobus de région sont le même programme et conduisent comme j'avais l'habitude d'attraper quand j'ai fait des affaires au quartier Français.

Mars 15, 2004

Mars 13, 2004 je suis allé au quartier français. J'ai atteint à la cathédrale et j'ai vu la ligne des fortunetellers devant l'église.
J'ai marché alors je me suis arrêté à la petite table d'un de fortunetellers qui a le milieu - Est et la pratique en matière antique de l'Europe que je l'ai pensés, je lui ai demandé. Si vous avez la capacité de prévoir le futur plusieurs années à venir come savoir arriere manière dans le passé aussi bien.
Il a dit qu'il ne pourrait pas faire cela, il peut prévoir seulement un an.
Je n'ai eu aucun espoir pour ma racine. Ainsi j'ai voulu savoir pour me actuellement.
Je me suis assis à la chaise pour commencer à mélanger les cartes d'image. J'ai sélectionné les cartes alors qu'il les a façonné en la forme carrée.
J'ai vu que ces cartes avec la signification emages sont apparues.
J'ai entendu que le lecteur de cartes a interprété ces événements à ma future année.
Je l'ai donné argent alors que j'ai demandé un autre fortune teller s'il pourrait aider mon sujet que je souhaite connaître, je ne pourrais pas trouver la solution sur cette chance.
J'ai pensé c'est le dernier arrêt pour la solution psychique, j'ai décidé de choisir la réponse de la pagoda de Dinh Co, Ba Ria.
Mon cher lecteur, je connais que vous penserez, je suis une personne superstitieuse comme mes enfants m'ont dit.
Laissez-moi avoir une chance de l'expliquer à vous, j'ai pensé que ce n'est pas sujet superstitieux.

C'est une science.
Nous ne pourrions pas trouver celui a étudié et a pratiqué cette science correctement.
Tournez-vous vers ma vie. J'ai rencontré le célèbre et l'anonyme. Ils ont prévu mon vie entière et mes événements ont été produits comme ils ont prévu.
J'essaye de l'éviter, malheureusement, je ne pourrais pas, mes lecteurs peuvent le voir et comprendre.
L'astrologie et l'hypnotisme sont dans le domaine de lascience. Il pourrait être abusé ou maltraité par des personnes dans notre temps antique ainsi on l'a interdit alors lui a été oublié.
Nous pouvons tracer cette science de notre cendre antique, d'abord la forme et la structure de nos langues puis pour explorer la civilisation de littérature et après elle étaient la théorie de découverte notre univers. Cette ère nos ancêtres ont décrit le tout et l'élément minuscule et étaient curieusement question du commencement de notre univers et alors on l'a censément déterminé. Après cette théorie à l'analyse nos ancêtres ont découvert la relation dans le tout, pour définir le cercle et la réutilisation. À cette ère de civilisation l'astrologie et l'hypnotisme ont été soutenues.
Aujourd'hui, ère de technologie nous avons appelé et nous l'avons etudie. Nous avons employé cette civilisation de technologie pour découvrir notre univers encore pendant que nous avons éprouvé et avons appris.

Mars 18, 2004

R. mon représentant d'édition de livre m'envoyait un email et une félicitation comme auteur édité, deux de mes livres maintenant prêts à présenter au public.
J'emailed à T. mon fils l'a laissé faire des choses pour moi et recevoir des livres pour moi. Je voudrais dire remercie tellement à R. Combien de temps nous travaillions ensemble et nous employions l'Internet explorons pour créer mon projet et pour résoudre mes problèmes de projet pour atteindre à l'objectif final aujourd'hui.

Mars 20, 2004

Mon fils et moi ont nettoyé la cour. Je souhaite que j'aie eu l'argent pour rénover cette maison pour notre souvenir de famille. Je veux ma famille membres viennent à la maison toutes les fois qu'ils veulent et vis dedans toutes les fois qu'ils veulent. Cette maison est notre maison.

Mars 21, 2004

J'ai recherché et j'ai trouvé quelques adresses de compagnie et j'enverrai des lettres pour frapper leurs portes presenter des produits du Vietnam et je les inviterai à acheter des produits duVietnam.

Mars 22, 2004

Je dois me renseigner sur l'individualisme et maintenant je dois le pratiquer bien que j'aie vécu aux Etats-Unis depuis 1975.

Je suis allé rendre visite à ma relative et par cette chance j'ai appris plusieurs histoires.
Je me suis rappelé qui était la plaisanterie et qui la signification j'ai entendu pendant le long temps jusqu'ici que je peux comprendre ce que les gens disaient.
J'ai pensé qu'il était seulement une plaisanterie, il ne devait pas affecter nos vies, il ne devait pas affecter nos sociétés. Je ne sais pas s'il est corrigé pour faire l'histoire.

XXXX

Mars 23, 2004

J'ai dactylographié mon document au mon fils ordinateur. J'étais occupé toute la journée et nuit aussi.

Mars 24, 2004

Mon fils a acheté le gâteau de jour de naissance pour m'étonner. Mes relatives ont célébré mon anniversaire. J'ai eu une chance de souhaiter et ai enlevé à l'air pour eteindre la bougie allumer sur mon gâteau d'anniversaire, j'espère que ma desire viendra vrai au moins cette fois.

VOYAGE 2004 DU VIETNAM

Mars 29, 2004

Mon fils m'a conduit à l'aéroport de la Nouvelle-Orléans, j'ai volé à Los Angeles et de Los Angeles à Saigon.
J'ai rencontré une dame à LAX, nous parlions du visa d'arrivée, elle a eu cette expérience.

Mars 31, 2004

Je suis arrivé à l'aéroport de Tan Son Nhat, alors j'ai pris le taxi pour aller à Saigon du centre et ai recherché l'hôtel, j'ai signé l'hôtel, j'étais si fatigué. J'ai dîné dans la chambre d'hôtel alors que je suis allé dormir.

Avril 1, 2004

J'emailed L. alors j'ai marché à l'église de Huyen Si, c'était endroit totalement étrange à moi, j'ai vu que le Vietnam est rapidement développement.

Avril 2, 2004

Je suis allé a Long Xuyen et Saigon arrière en un jour l'autobus.

Avril 3, 2004

Je suis allé à plusieurs maisons pour que le loyer recherché l'endroit pour habiter dans Saigon et j'ai perdu l'argent pour ces endroits d'économie.

Avril 5, 2004

Je suis allé à Bright Star ranch. J'ai atteint là environ 3 P.M. J'ai apporté des cadeaux à mes voisins et à ma famille gestion de mon ranch aussi.
Je suis venu ici alors il pleut, il fait froid la nuit.

Avril 6, 2004

Le conducteur de taxi de Honda a apporté une bouteille de l'eau à mon ranch pour moi.
Je suis venu chez mes voisins et ils sont venus pour me voir. J'ai dit à mes voisins que je veux à la vente ma terre et je laisse les immobiliers dans Saigon la vente pour moi. Cependant, Je vente de volonté ma terre en réduisant le prix a personnes dans ce secteur qui veulent faire l'agriculure.

Avril 7, 2004

Aujourd'hui j'ai fait cuire le riz et j'ai mangé avec la viande de porc sèche que j'ai achetée de Saigon. J'ai acheté une brioche de vapeur du bicyclette négociant qui les a fait rouler à ma ferme pour vender. Ici, je quelquefois ai acheté la crême glacée pour mes ouvriers et mes enfants de voisins aussi.

Avril 8, 2004

Je suis sorti pour travailler mon yard, il fait trop chaud ici.

Avril 9, 2004

Aujourd'hui il pleut, je remercie Dieu d'arroser ma ferme. Mon étang était fouille pour l'été et il peut employer pour élever des poissons aussi.
Ce matin était un homme est venu pour voir mon ranch et lui a eu l'intention d'acheter.

Avril 10, 2004

Je suis sorti pour sélectionner les poivres noirs, ah! l'odeur de poivres verte si bonne, je m'ennuie du canard rôti par poivre frais vert.
Le demain est Pâques, j'ai oublié ces vacances. Dieu est à l'intérieur de moi et en cet univers. Je satisfais avec cette devise et je me suis senti clair et léger à l'intérieur de mon âme.
Mon voisin est venu et elle m'a demandé si je veux m'occuper la masse. Cette masse n'avait lieu que durant ces vacances seulement, il a localisé 15 kilomètres de ma ferme. Les gens ont fait le toit de tente pour service la masse. Sa famille a seulement un Honda mais ils sont plus de quatre members de famille dans leur famille.
Elle m'a dit que les villageois chaque dimanche sont allés à l'eglise de Madagui ou de Bao Loc pour s'occuper la masse, c'est à 50 kilomètres de mon ranch.
J'ai su cette situation de ce jour.

Avril 11, 2004

Aujourd'hui plusieurs membres catholiques sont venus pour me voir parce que mon taxi Honda conducteur était dans le groupe.
Mes voisins sont venus chez moi et je leur ai dit que je veux mon ranch a vente, un de mes voisins m'a invité à joindre leur fille une mois vieille partie de jour de naissance. Alors l'autre est venu et elle m'a donné un boucle de légume de forêt.

Avril 12, 2004

Aujourd'hui je suis allé à Saigon, j'ai acheté deux paniers des mangues sur le chemin voyageant à Saigon en autobus.
Je signe l'hôtel, je suis allé voir le convenable pour le loyer sur le journal classifié et le mini hôtel a la cuisine. Alors je suis allé aux immobiliers, je les ai laissés vente ma terre pour moi. J'ai parlé de la maison que je veux louer ici, ils m'ont présenté pour louer le convenable. Je me déplacerai à cet endroit vers Mai 1, 2004.
Sur le chemin à mon hôtel j'ai acheté des herbes pour mes voisins.

Avril 13, 2004

Je suis allé au marché de Ben Thanh et j'ai acheté un cadeau de robe pour d'anniversaire party, j'ai stocké ma nourriture sèche.
J'ai retourné hôtel alors que j'emailed L.faites-le savoir que je reviendrai à mon Bright Star ranch, je vérifie l'hôtel alors que je suis allé à la gare routière acheter le billet pour aller à l'endroit de Bao Loc.
Quand j'ai atteint à Bao Loc, j'ai pris le Honda taxi pour aller à mon ranch. Mon transport principal au Vietnam était Honda taxi, cyclo, et j'ai pris le taxi régulier.

Avril 14, 2004

J'ai vu que mon faux jade bracelet était cassé, je n'ai pas su la cause, il peut se produire de l'exercice s'opposant. Il n'était pas vrai mais il était dans le traitement radioactif de belle coloration.

Avril 15, 2004

Hier, il pleuvait, le vent dur et fort ainsi mon ferme entière est devenu humide parce que les murs ne sont pas couverture complete.
Dans cette saison je suis heureux qu'il pleuve, il fait trop chaud ici.
Aujourd'hui j'ai le temps pour lire journal que j'ai acheté de Saigon.

Avril 16, 2004

Aujourd'hui je sélectionne l'ananas et prune de vietnamienne dans ma ferme alors je me prépare à mon plat. C'est la vie Amish.
J'ai fait projeter pour construire la maison à l'intersection où le commencement de ma terre, puis j'ai le pensé the difficult probleme et je l'a arrêté.
Aujourd'hui l'homme est venu à mon ranch pour négocier le prix de terre, je n'ai pas voulu à la vente au prix que je l'ai acheté, j'ai perdu l'argent.

Avril 17, 2004

J'avais l'habitude de faire cuire l'ananas pour remplacer le légume ici, je l'ai bouilli et autrefois j'ai fait cuire avec la nourriture sèche. Je peux dire c'est la vraie vie Amish. Je n'ai pas Honda (motocycle) à aller journalier sur lemarché, presque les villageois ici pourraient faire qu'ainsi ce n'était pas un problème pour eux.
Dans cette saison mon puits ici dans ma terre était manque de l'eau. J'exerce du travail journalier.
Chaque fois il pleut je me sent si heureux pour ma ferme et je peut voir que des fleurs de café fleurissent. Ils sont blances et ils sentent très et très bon je ne sais jamais dans ma vie. Ils fleurissaient une fois après une saison de moisson de café où je suis parti ici pour ouvrir mon magasin a Long Hai.

Avril 19, 2004

Je suis allé à la ville aujourd'hui quand le taxi de Honda a apporté l'eau à mon ranch. Je suis allé a marché pour acheter le légume, le gaz de remplissage et font l'épicerie, la propriétaire là m'a demandé. "avez-vous quelqu'un pour travailler votre terre ?" Je lui ai dit que je veux à la vente ma terre, elle a voulu venir pour voir ma terre.

Avril 20, 2004

Quelque chose hazard etait sure arrive je veux venir à Saigon pour savoir ce qui a lieu.
Aujourd'hui mes villageois viennent à mon endroit et ils ont apporté leurs filets de moustique pour être traités avec l'imbiber humide en produit chimique mesuré pour empêcher des moustiques du poteau de hospital ici, Ce programme aide à protéger des personnes contre la fièvre jaune, c'était les deuxième fois puisque j'ai acheté cette terre.

Avril 21, 2004

La nuit passée j'ai combattu à l'armée de termite par la méthode traditionnelle. Une chose était étrange à moi. Le termites sont venu hors du toit et ils n'étaient pas du souterrain.
J'ai pensé qu'aujourd'hui il pleut, laissé voyez le résultat.

Avril 22, 2004

Aujourd'hui est jeudi où je le compte chaque matin.
Hier et aujourd'hui c'est beau jour. Il ne pleut pas.
L'home qui a l'acheteur de terre il est revenu et négocie une plus de fois.

Avril 23, 2004

En fin, il pleut, il pleut maintenant, il fait trop chaud ici. Saigon est trop chaud aussi.
Je suis revenu le Vietnam. Je ne pourrais pas manger légume frais et fruit. Cette situation est frustrée à ma santé, loin de l'hôpital, pharmacie, et transport.

Avril 24, 2004

Je suis allé rendre visite à plusieurs voisins ici avant je parte mon ranch, j'ai laissé mes choses à mes voisins. Elles m'a dit elles veulent avoir quelque chose de moi au souvenir. Elles veulent les regarder et elles se me rappellent. J'ai laissé mes choses pour Long Hai et Saigon aussi.

Avril 25, 2004

Aujourd'hui est le dimanche et c'est le jour de l'élection ici. Les gens iront choisir et voter pour les candidats qui cherchent les sièges de bureau de village à la province.
Hier, un de mes voisins est venu chez moi, elle m'a dit que le taux de change du dollar a été tombe. Des autres sont venus m'indiquer que le SARS est revenu la Chine et de virus de la ferme contamination boeuf.

Avril 26, 2004

J'ai mangé des crevettes, poissons, et la sauce à poissons mais je dois faire attention. J'ai peur pour tomber malade ici dans mon ranch. Il était trop loin de ville et le transport est un problème ici pour moi.
Aujourd'hui je me suis fini la nourriture de bidon ainsi j'ai acheté des poissons frais de dame marchand qui roule Honda à ma ferme journalière. J'ai préparé des poissons avec l'ananas, poivrons rouges et poivres noirs. Tous ces légumes sont développés dans ma ferme, je les ai fait cuire avec posson alors j'ai pris le déjeuner et alors que j'attends le résultat.

Avril 27, 2004

J'étais bien avec des poissons que j'ai faits cuire hier, aujourd'hui j'achète des autres petits poissons ai été appelé des poissons de

Phen, je l'ai fait cuire avec des nards indiens et des poivrons rouges, ces épicés ont été développés dans ma ferme aussi.

Avril 28, 2004

Aujourd'hui je sors au stand de localisé à environ 4 ou 5 kilomètres de ma ferme pour acheter labouteille de l'eau. J'ai marché et je partage un tour avec mon villageois, je ne pourrais pas trouver l'eau ainsi j'ai acheté Pepsi-cola.

Avril 29, 2004

J'ai écrit la poésie pour describe Bright Star ranch l'histoire, voyage, environnement, et mon souhait.
J'ai écrit cette poésie à 2 A.M. Avril 29, 2004

Bright Star

La gamme fumeuse de montagne forme le nuage laiteux,
M'attire à l'arrêt, pour s'installer.
Ici, la nuit j'observe le ciel,
Bright Star a été appelé de cette chance.
Le paradis semble éloigné court,
Quand je me suis tenu sur le haut terrain.
Imaginez que la cloche d'église sonne,
Facilement, les gens seront bénédiction dans ce saint environnement.

Phiem
Avril 29, 2004

Avril 30, 2004

Il y a été 29 ans aujourd'hui, qu'est ce qui arrivais?
À ce jour j'étais dans Orote, Philippin, j'étais terrible triste et worry.

Aujourd'hui l'homme qui veut acheter ma terre vient et lui a hésité à acheter ma terre au prix à la demande.

Mai 1, 2004

Aujourd'hui je vais à Saigon de Bright Star ranch, je d'abord suis allé aux immobiliers bureau qu'était fermé, j'est venu porte de salon de beauté à la cote pour l'appel téléphonique la dame de propriétaire, elle m' a dit au téléphone la convenable n'est pas prêt pour moi. Le locataire est un couple Taiwanais vit toujours là, elle m'a dit de venir pour partager son deuxième plancher entier que nous discutons le jour je suis venu pour voir sa maison. Je veux un mur séparé et un débutant privé. J'ai eu besoin d'une cuisine aussi. L'intimité est la première chose. La propriétaire de dame m'a dit que je me déplace au convenable toutes les fois que ce les locataires sortent, j'ai loué que le deuxième étage.
Après que j'aie mis mes valises dans le deuxième plancher, Je suis sorti pour acheter le bouteille d'eau, vérifier l'email et envoyer l'email à mon grand fils au café d'Internet.

Mai 2, 2004

Je suis allé a le marché pour acheter des poissons, légume, et durian.

Mai 3, 2004

J'écoute les nouvelles de la radio c'est 15720dong pour un dollar de taux de change du dollar d'USA. Je ne suis pas souci au sujet de l'économie des USA. Je ne desserrerai pas mon argent.
Je suis allé a banque retirer l'argent pour le loyer que je n'ai pas été prévu

Mai 4, 2004

Il était difficile de préparer la nourriture sans cuisine, je dois finir toute ma nourriture que j'ai acheté alors j'achèterai boites de conserve et seche nourriture pour éliminer l'ennui j'ai eu il y a des jours. Je veux rechercher un autre endroit pour vivre ou un hôtel. Aujourd'hui c'est presque 9 à 10 mois où j'ai fini mes livres, cette fois j'ai une chance d'ouvrir mon livre de langue allemande où j'ai laissé à revue et continuer.

Mai 5, 2004

Je suis allé a banque aujourd'hui mais c'etait ferme pour la fete alors je suis allee au marché et à la poste, alors je suis allée au magasin d'artichaut.

Mai 6, 2004

Ma terre à vendre a été classifiée sur le journal.

Mai 8, 2004

Il y a un l'homme m'a appelé et a demandé ma information de terre, il a voulu voir ma terre. Je lui ai dit que j'arrangerais le voyage pour aller à mon ranch le samedi prochain.

Mai 9, 2004

J'ai fait cuire des herbes et je l'ai bu un peu alors j'attendais aulendemain pour voir le résultat pour continuer.
J'ai particulièrement acheté le durian et je l'ai mangé ici, j'avais peur pour tomber malade quand j'étais in mon Bright Star ranch.

Mai 10, 2004

Je suis allé au café d'Internet pour vérifier l'email. J'ai vu deux messages de mon fils plus âgé, j'ai choisi le neuf pour répondre. J'étais heureux de savoir que mon fils a obtenu le travail comme E.recherche. J'emailed à lui de félicitation avec ma joie et à lui dir la

bonne chance. J'ai pensé qu'il a obtenu travailler-étudient, je n'ai pas su qu'il a stoppé son travail tellement longtemps comme cela. J'ai ouvert l'autre message, j'ai découvert que ma fille était enceinte, j'étais heureux de savoir cela.
Je suis laissé le café d'Internet aller à bureau de l'autre journal pour placer ma terre publicité à vendre.

Mai 11, 2004

Je suis allé à l'église de Binh Trieu. Je prie pour mes famille membres et pour moi. Alors j'ai acheté statue de Maria Vierge qui regards de même la statue dans l'église, je veux lui envoyer à ma fille. Elle me remplace en tant que sa mère pour guider, pour aider, et pour protéger ma fille. La Vierge Maria bénira et maintiendra sa famille et heureuse.

Mai 12, 2004

Aujourd'hui je vais à la poste envoyer mon paquet à ma fille adresse. Je prie pour eux, maintenant je veux qu'elle prie pour elle meme, son enfant et sa famille aussi.

Mai 13, 2004

Je suis sorti pour en voir convenable, je veux les voir, je n'ai fait rien.

Mai 14, 2004

Je suis allé au café d'Internet à envoyer les email a mes enfants.

Mai 15, 2004

Je suis reste à la maison aujourd'hui, je n'ai pas apporté quelqu'un a mon ranchce ce samedi.

Mai 16, 2004

Je veux changer l'habitude mon programme aujourd'hui pour voir les personnes curieuses qui aura lieu ne cache pas a compter. Ils se précipitaient pour attraper mes pieds, Ils m'ont fait la notification qu'ils étaient ici, jai su come ca, en retournant a la maison j'ai acheté des durians à vais marché de GoVap, la merchant m'a dit que c'étaient les durians de Gia Kiem.

Mai 17, 2004

Je suis reste à la maison aujourd'hui, j'ai passé en revue ma leçon de langue.
J'ai mangé le durian et sauve les graines pour me développer dans ma ranch.

Mai 18, 2004

Le journal TT a classifié ma terre à vendre aujourd'hui, Un telephone long ligne est appelé par dame à demander des nouvelles de ma terre et elle veut la voir.
Plusieurs appelle téléphonique à intéresser pour acheter ma terre.

Mai 19, 2004

Pendant le temps je sui attend la dame venir et aller avec moi à mon ranch, une autre dame appelée et elle m'ont dit qu'elle veulent acheter ma terre au prix que j'ai obtenu 1/3 bénéfice, je lui ai dit que vous devez aller voir la terre d'abord, elle a dit qu'elle veulent discuter le prix d'abord.
Je suis descendu pour rencontrer la dame qui viendra pour voir ma terre aujourd'hui.
Quand je l'ai vue, elle est vieille et ma terre est trop grande pour elle et elle fera face au problème que j'étais. J'ai suggéré qu'elle pour dire sa famille et son fils ou ses jeunes membres de famille viennent voir ma terre. Alors ils la joindrent le décident. Ce sera un voyage approximatif d'excursion. J'ai été hésité pour l'apporter à ma terre ou pour pousser lui acheter ma terre.

Je l'ai invitée à joindre petit déjeuner alors que je l'ai escortée au Honda taxi et ai conduit en arrière sa maison de fils.

Mai 20, 2004

Un homme qui veut venir voir ma terre tout seul. Il a partagé un tour avec son ami, je l'ai guide comment aller à ma terre au téléphone. Un autre homme appelé et lui ont intéressé pour acheter ma terre pour cultiver.

Mai 21, 2004

J'ai essayé d'appeler mon fils plus âgé hier et aujourd'hui mais je ne pourrais pas obtenir par lui. Après que j'obtienne l'information de E. bureau, j'étais heureux de parler à mon fils. J'ai su qu'il a obtenu un travail régulier et ma fille était perte enceinte, nous nous sommes arrêtés là parce que la lemit carte

J'ai pensé que mon fils a obtenu un travail ainsi il sera non pitoyable que je donne mon ranch à l'église.
Je suis allé au café d'Internet à l'email mes enfants d'abord alors que j'irai quelques endroits.
Je remercie Dieu a accepté ma prière de mon Bright Star ranch.
Je suis laissé le café d'Internet alors que je suis allé a banque puis à la gare routière. J'ai pris l'autobus pour aller à la province de Binh Duong.
J'essayais de trouver le père que je l'ai connu, j'ai espere que je le prie de m'aider à aider des villageois dans ce secteur mais je ne pourrais pas trouver le père. Je suis revenu Saigon. Je suis allé à l'église crucifiée. J'ai rencontré le membre de personnel dans bureaud'église et je lui parlais ce que j'ai l'intention de faire et ce que je souhaite.
Il m'a dit transfert de bureau mon plan au père qui est Président de cette église. Le père aura fair une réunion alors qu'il m'appellera et invitera à venir pour lui parler. Le père décidera quoi faire et lui me le fera savoir.

Je suis allé à la maison et j'ai acheté le gâteau collant de riz pour le déjeuner.

Mai 22, 2004

Je suis alle au marché et j'ai acheté la nourriture sèche pendant que je stockais pour mon Bright Star ranch.

Mai 23, 2004

Je suis allé au supermarché à la gare routière.
À mon deuxième plancher je dois partager les escaliers et le débutant avec la famille de propriétaire, il n'était pas commode pour moi. Je suis allé en haut et en bas, hors et dans beaucoup de fois.
J'ai la su que la première fois qu'ils m'ont présenté à l'endroit comme celui-ci mais ce n'était pas commode et l'intimité à concerner, je n'ai pas voulu louer.
C'est la troisième fois que j'ai acheté le cuiseur de riz. Je l'ai laissé à mon endroit d'arrêt toutes les fois que je continue mon itinéraire de déplacement.

Mai 24, 2004

Je suis sorti recherche laver machine pour blanchisserie, Il y n'a pas ce service magasine au Viet Nam, je dois laisser mes vetements à la blanchisserie a laundry magasine comme je l'ai faite quand je voyageais au Mexique.
Cet après-midi il y a l'homme m'a appelé de My Tho, il a voulu voir mon ranch et l'acheter pour faire l'agriculture.
Je lui ai dit que je donne ma terre à l'église, cependant, je peux présenter mes terres voisines à lui.

Mai 25, 2004

Aujourd'hui un home m'a appelé pour demander information ma terre. Je lui ai dit que je donne mon ranch à l'église mais dans mon secteur il a beaucoup de terres à vendre, je veux présenter mes terres voisines à lui. Je lui ai demandé aller à mon ranch pour le voir. Il ira et l'homme de My Tho ira avec moi ce Samedi.

Mai 26, 2004

Je suis reste à la maison aujourd'hui, l'église n'a m'appele pas encore.

Mai 27, 2004

Les gens ici m'interrogeaient au sujet du voyage a Hue et Ha Noi, Je lui parlais, j'ai projeté l'année dernière a aller la bas mais j'étais effrayé trop lointain pour la prise des autobus ainsi j'ai hésité à faire ce voyage.

Aujourd'hui une chose s'est produite après que j'aie été lecture puis je me suis sentie fatigué et somnolent. Au début de peu de minutes quand j'étais dans l'état commençant hors du conciousmind, J'ai vu une personne plus étrange, alors j'étais en état réveillé. Je regarde la Vierge Maria pendant un moment où j'essaye de me rappeler qu'elle alors j'ai fermé mes yeux j'ai vu le blanc. J'essaye une plus de fois et il était blanc aussi. J'ai continué à rechercher cinq fois comme cela que je suppose pour voir la Vierge Maria mais il n'était pas, cette fois j'ai vu la déchirure de l'homme. Je n'ai pas su que la déchirure l'homme était dans mon subconciousmind ou il était de l'entrée de subconciousmind d'outcom. A ce moment-là je ne rappelle jamais jamais son image dans mon esprit je ne pensez pas à cet homme dans mon esprit à ce moment-là.
Je n'étais pas énonciation fausse quelqu'une qui me suivait et peuvent voir le déchirure l'homme. C'est determine la Conjonction, fusion ou entrée. C'est la réponse.

Ce soir, Je suis sorti le porche pour faire la vaiselles, j'ai entendu les voix de mes voisins en bas de la rue. Ils ont parlé des mots cassés justes, j'ai pensé mes voisins mais ce n'était pas vrai, j'ai su qu'ils l'imitent. La première fois quand j'étais dans un autre endroit j'ai entendu qu'ils m'ont appelé mon nom qu'ils riaient alors j'etais descendus pour lui voir, je n'avais vu personne là. J'ai pensé si mes voisins voyagaient à Saigon qu'ils m'ont appelé, ils devaient attendre là jusqu'à j'aie sorti pour ouvrir la porte.

Ces choses ci-dessus me rappellent un proverbe ou une histoire morale.
Il y avait d'un un haut officier ou gouverneur à une province. Les gens lui ont apporté un prisonnier qui était un voleur, le gouverneur n'a pas voulu le punir, il a voulu le changer de la mauvaise personne en bonne personne. Il a commandé sa famille disposer la bonnes nourriture et boisson alcoolisée pour régaler son meilleur ami. Ensuite ce gouverneur de dîner dormait parce qu'il a bu. Le prisonnier a échangé son vetement au gouverneur et il a rasé des cheveux de gouverneur pour ressembler a lui, le prisonnier a porté le vetement de gouverneur puis échappe. Quand le gouverneur s'est réveillé, il se demandait alors il s'est reflété alors qu'il s'est demandé "qu'est qu'il est maintenant?"
Cette histoire a été finie bien ici.

Mai 28, 2004

Je veux acheter la nourriture pour mes voisins comme j'avais l'habitude de la faire mais maintenant j'ai peur de l'intoxication alimentaire. Je suis devenu une chose faisante spontanée, laissé voyez que j'achèterai.

Je suis allé à l'église que je rencontre le membre personnel d'église dans son bureau. Il m'a dit que l'église a accepté ma donation et l'église consacrent la mission là. Il installera le rendez-vous et il m'appellera viennent pour rencontrer le père directeur.

Mai 29, 2004

Aujourd'hui je suis allé à mon ranch avec l'homme qui m'a appelé il y a peu de jours pour demander l'information sur ma terre. J'ai

invité lui et les autres pour faire le voyage à mon ranch pour voir la terre là.
Quand j'ai atteint a Dam Ri, j'ai acheté la nourriture là pour mes cadeaux voisins.
J'ai rencontré mes voisins là, je leur ai dit que j'ai décidé donnez ma terre à l'église et j'attendais pour entendre de l'église. Hier, J'ai su que l'église a accepté ma donation. j'étais si heureux d'apprendre cela. Je peux voir le difficile pour eux de mener à bien leur mission ici. Je demande à mes voisins l'aide et soutiens le père et sa mission pour aider les paroissiens catholiques ici.

Mai 30, 2004

Je suis fatigué ainsi je reste à la maison.
Cet après-midi le membre de personnel du bureau d'église m'a appelé, il m'a informé qu'il arrangera un rendez-vous demain. Je rencontrerai le père directeur et le vice directeur de l'église pour discuter au sujet de ma terre et de la mission.

Mai 31, 2004

Je suis venu à l'église et ai rencontré le père directeur et le père vice directeur là. Nous parlions, le directeur et le vice directeur m'ont dit, l'église que je veux être construit tout de suite, il est difficile que l'église accomplisse maintenant, le commencement la famille de l'église qui n'est pas le prêtre vivra là pour cultiver la terre, Église sera volonté de construction postérieure. Si nous avons l'église là maintenant il serait meilleur, serait d'aide des personnes dans cette région.
Limitez la loi au Vietnam peut s'appliquer.
J'ai entendu il y a un architecte soumettre le papier afin pour d'avoir la permission de construire la grande église de 10 étapes au Dong Nai à prier la nation et au people, cette église a soutenu autour du monde. Ils sont de Luthérien, Baptiste, Méthodiste et ainsi de suite.

Vous voyez la science vous avérie, en ayant un enfant et soyez toujours vierge. Convenez-vous? Nous serons ensemble et un monde d'harmonie.

Juin 1, 2004

Aujourd'hui je signe l'hôtel. Je me suis déplacé de mon deuxième plancher louant l'adresse.

Juin 2, 2004

Je reste dans mon pièce d'hôtel. Je repos et je regarde la TV.

Juin 4, 2004

Hier, J'ai laissé L. savez que j'ai signé a l'hôtel et je lui donnerais l'adresse et le telephone de l'hôtel.
J' email L. et mes enfants une plus de fois que j'ai donné ma terre à l'église et maintenant j'attends le travail de papier.
Pourquoi je fais ceci. Je prie a Dieu et je veux l'église serai construit dans ce village (Thon 2, Xa Doan Ket, Huyen Da Huoai, Lam Dong Vietnam).
Pendant mon voyage pour observer le Vietnam du Sud, un jour je suis allé au Bung Rien, Lang Gang et Xuyen Moc dans la province de Baria.
J'ai voulu m'arrêter à l'église de Bung Rien et j'ai la pris des photos.
J'ai dit le conducteur de Honda:
- Savez-vous pourquoi j'étais heureux de voir cette église et j'ai voulu prendre des photos?
J'ai su que l'église de Bung Rien était trop petite, de chaume couvrent les toile et la base sur au sol de nature. Maintenant j'ai vu un grand et beau bâtiment moderne l'eglise, j'était étonnant, je lui ai juste dit cela, il n'a pas su que j'étais dans cette minuscule pauvre église. J'etait allé là et avais chanté dans l'église avec ses grandparents et ses parents peut être pendant la masse.
Le conducteur de Honda m'a demandé:
- Etes-vous un journaliste?

- Non
- Où vivez-vous?
- Saigon
- Dans quelle zone
- Tan Binh
- Tan Binh est trop grand mais dans quelle partie de zone vous êtes
- Binh Thanh

Il peut savoir que ce n'était pas vrai.

Quand j'étais une petite fille, J'etais allé à Xuyen Moc avec un groupe dirigais par mon prêtre de paroisse. Je me suis rappelé que nous avons passé l'itinéraire pour aller à Xuyen Moc. L'éloigné est de 20 kilomètres mais nous avons conduit sur l'autobus seulement environ la moitié de l'éloigné. Nous devions accrochante aérons flottant pont et de tige soutien ponts puis la boue, la boue etait lourde et profonde, c'était terrible. Nous devions tirais un pied vers le haut pour un pas alors tirais vers le haut un autre pied pour faire un pas alors, après nous marchions l'itinéraire de boue, nous continuions à marcher à Xuyen Moc, nous avons vu beaucoup de minuscules tentes là. Les troupes de Viet Minh campaient là avant etaient les transfets vers le Vietnam du Nord 1954.
Nous etions arrivés à l'église de Xuyen Moc, cette église a été construite avec des arbres forestiers, bambou, feuilles de forêt, et sur la base au sol de nature, nous avions vu quelques bombes mortes accrochaient, ils remplaçaient les cloches d'église.

Nous nous arretions a Xuyen Moc quelque jours puis nous marchions a Bung Rien, j'ai décrit l'église de Rien Rien comme ci-dessus. Nous restions au Bung Rien peu de jours alors que nous marchions à Lang Gang, nous devions passer par la forêt pour aller a Lang Gang. Nous restions dans l'eglise Lang Gang pendant une nuit, Nous devions marcher en arrière Bung Rien puis à Xuyen Moc puis à notre paroisse.
Nous étions dans les groupes alternatifs pour faire notre mission là jusqu'à notre prêtre transfert à une autre paroisse, j'etais allé à Saigon pour aller au lycée.

Long Tan et long Dien que nous avions l'habitude d'aller avec notre prêtre etaient allés entretenir la masse là. Les gens m' avaient dit que notre prêtre est mort au camp de reeducation au Vietnam du nord après 1975.
Maintenant j'ai vu l'église de Bung Rien, Je suis stupéfiait la communauté développée. Si notre prêtre pourrait voir cette église de Bung Rien, comment heureux il serait.

Juin 5, 2004

L'oiseau a volé à mon endroit picoté au verre de fenêtre, je l'ai noté quand l'oiseau a fait bruit alors chantait.

Juin 6, 2004

Je suis allé à la cathédrale de Notre Dame de Saigon. Je suis allé à cette église parce que ma nostalgie. Aujourd'hui est le Dimanche. J'ai eu l'intention joindre la masse, aujourd'hui, j'ai vu les personnes serrées ici.
En 1989 je suis venu pour visiter cette église et la masse était sur le point de commencer ainsi j'ai reposé et attendais cette masse. Je priais pour le Vietnam, pour moi, pour mes enfants.
À ce moment-là j'ai vu d'un petit nombre les catholiques vietnamiens occupés la masse et peu d'étrangers. La masse célèbriaient par trois pères, l'un d'entre eux était un évêque de Washington D.C. Il a lecture dans cette masse.

Je suis revenu le Vietnam que je suis allé à l'église régulièrement parce que mon environnement nostalgique. Je me suis assis sur le banc à l'intérieur de l'église. J'ai laissé mon calme d'âme, je pourrais voir clairement moi-même. Si je faisais des erreurs j'ai essayé de la corriger et si je ne la fasais pas, je sais la raison. Maintenant, je dois finir la signification du mot pardonnen, corrigez, et délivrance.

Juin 7, 2004

À mon coeur voulez vous les Etats-Unis joindre l'Europe, j'ai peur la réalité mais
je peux dire les maîtres commande parfaitement leurs échecs, j'ai autrefois pensé que nous n'avons pas besoin de nous inquiéter cela.

Juin 8, 2004

Je suis allé au bureau de dentiste dans Saigon ce matin. Je dois voir le dentiste parce que ma dent était cassée quand j'étais dans Vung Tau, j'ai mordu un maïs de poivre noir
quand j'ai mangé du pain avec de la viande et le légume. Le dentiste chez Vung Tau m'a suggéré pour aller à Saigon pour la couvrir. Il l'a juste rempli pour l'urgence pendant le temps où j'étais dansVung Tau.

J'ai écrit ceci dans ma Guerre Silencieuse.

Juin 9, 2004

Je reste à l'hôtel et je m'inquiète de mes dents. J'ai décrit ceci dans la Guere Silencieuse

Juin 10, 2004

Je suis revenu le bureau du dentiste. Il a appliqué la méthode moderne que j'ai eu l'expérience aux Etats-Unis. J'ai écrit ceci dans la Guerre Silencieuse.

Juin 11, 2004

Il pleut je suis paresseux alle pour dejeune.

Juin 12, 2004

Je veux commencer mon livre silencieux de guerre (Silent War) mais je n'ai pas les papiers ou le cahier pour ecrire.

Juin 13, 2004

Je suis allé à l'église ce matin. Aujourd'hui est le dimanche. Les gens ici m'ont dit que je suis revenu le Vietnam et je vais à l'église beaucoup, j'ai dit. "oui, parce que ma nostalgie."

Juin 14, 2004

J'ai oublié d'acheter le cahier ou les blanc papier, je dois attendre une autre chance.

Juin 15, 2004

J'ai appelé le père à l'église, j'attends le papier de transfert, l'église rencontre la lois comme moi.
J'ai pensé que mon pays devrait prendre cette idée ou considerer mon avis.
Les personnes morales portent une vie heureuse. La morale donnerait a la société plus sure heureux, plus sauf, et plus d'harmonie que la loi.

Juin 17, 2004

Hier, Je suis allé à Bao Loc pour rencontrer le père qui aide la communauté dans cette région.
Quand j'atteins à cette région, il est environ 10km éloigné de la route de Da Lat-Saigon.
J'ai vu l'emplacement du bâtiment de construction, je suis allé derrière ce bâtiment de construction que j'ai vu la grands pauvres église et j'ai vu beaucoup de bancs dans l'église intérieure, ceci je me rappelais l'église de Xuyen Moc.

Je venais a la maison de frère famille de père M., je l'ai laissé mon message la.
Je suis allé en arrière mon ranch, j'ai rencontré mes voisins.

J'ai choisi l'endroit pour mettre ma poésie Bright Star connect ma terre. Je souhaite que j'aie été un tailleur en pierre ainsi je pourrais découper ma poésie sur la pierre à mon ranch au souvenir.
Je suis revenu hôtel Saigon hier soir, j'ai été épuisé.
Le pere directeur m'a appelé et il m'a informé que le père M. lui appelé et père M. a reçu mon message.
Pendant la conversation père M ce matin, qu'il avait l'habitude d'aller à cette région pour faire sa mission, ainsi je ne dois pas parler du déplacement j'ai peur de la vallée dangereuse d'endroit de Bao Loc.
Le père tiendra la réunion cette semaine, il me contactera. Je lui ai dit que j'irai en arrière les Etats-Unis ce Juillet 1, 2004.

Juin 18, 2004

Je suis allé au billet d'avion bureau, il y n'a pas le siège sur le plan pour moi ainsi je dois remettre mon programme. Je suis satisfait le programment serait meilleur pour savoir quelque chose au sujet de mon papier de terre.
Je suis allé à la zone d'achats pour acheter des cadeaux alors j'ai retournés hôtel.

Juin 19, 2004

Aujourd'hui je vais à Bien Hoa, j'ai une chance d'observer la base de Bien Hoa.
J'ai vu le bâtiment de sécurité que nous avions l'habitude d'aller chercher là notre service de papier de sécurité, il a été abandonné.
J'ai vu le vieux bâtiment que ce pourrait être le bâtiment de cuisine du cafétéria d'officier. Je ne pourrais pas voir mon bâtiment et de cafeteria d'officier, les bâtiments de famille d'officier aussi, je crois qu'ils ne devaient pas exister ici après 1988
J'ai vu le vieux bâtiment peut être le bâtiment de Huynh Huu Bac mais il n'était pas dans habitable condition.
J'ai vu beaucoup chantier construction de nouveaux logements à l'endroit où la section de logement de famille d'armée de parachutes de Viet Nam du Sud avant 1975 habitaient.

Je ne pourrais pas voir mon bâtiment là ainsi je n'ai pas voulu continuer. Sur la sortie, j'ai vu un couple militaire est monté Honda dans cette direction, j'ai voulu les demander qu'apportez-moi à l'endroit nostalgique. Je veux voir mon immeuble, mon jardin et arbres fruitiers.

1988 je suis allé à Bien Hoa, c'était pareil, j'étais si heureux de submerger dans mes endroits nostalgiques avec mon âme affamée. Je me suis arrêté au regard de porte de Bien Hoa base aérienne tellement longtemps à celui et j'ai voulu entrer.
J'ai vu en dehors de la base, la ville et partout de Saigon à mon village, c'était pareil. Seulement la nature changeait comme les arbres n'étaient pas là et les arbres étaient trop hauts comparés au temps je partais de Viet Nam en 1975.
En 2004 le Vietnam développe pays trop rapide et j'ai été perdu dans ma ville natale maintenant.

Juin 20, 2004

Je ne pourrais pas aller à l'église ce dimanche parce que mon dos est épuisé, j'ai mangé le petit déjeuner alors que j'ai pris Tylenol.

Avant que je quitte le Vietnam, j'ai quelque chose en tant que mon avis dans cette issue du Vietnam.
D'abord est la sécurité nationale et défend.
Avant que supprimiez limitez la loi mobile, il est nécessaire d'avoir toute l'information de citoyen.
Renforcez la force de militaire et la source de défendent.
En second a lieu l'administration.
Régénérez le système d'administration pour fixer et defender notre pays et pour soulager nos citoyens honnêtes.
Le tiers est issue de religion.
Soutien la religion pratique dans notre pays. Nous aurons sûrs volonté de moisson fruits de leurs arbres, nous ne desserrons rien.
Additionnels c'est les citoyens d'harmonie au Vietnam et à l'étranger.
Le quart c'est la carte de Saigon, la carte de ville.

L'adresse de Saigon est compliquée maintenant, avec l'adresse nous avons maintenant dans la plupart des endroits, je ne pourrais pas le trouver, j'ai dû demander à des
personnes alors ils me l'ai montré. Si les gens me montraient que l'endroit faux ou les personnes ne l'apas su, je ne pourrais pas trouver l'adresse que j'ai eue dans mes mains.
Ce n'est pas bloqué pour des autorités et l'état et de ville et puis désespéré pour des citoyens.

Juin 21, 2004

Je reste à mon pièce d'hôtel parce que mon dos probleme.

Juin 22, 2004

Mon dos est meilleur maintenant avec Tylenol, Salonpass, et Bengay.
Ce matin je suis sorti pour d'achat des chemises mes deux fils. J'ai vu de belles chemises dans ce magasin le jour où j'ai acheté une chemise pour mon directeur de terre.
J'ai marché pour rentre à mon hôtel par l'église de Huyen Si. C'est la rue que j'ai marchée à l'école, j'ai vu le coin de l'arrêt d'autobus là, je marcherai à mon école quand mon dos sentir bien mieux qu'aujourd'hui.
J'ai vérifié l'email, mon fils plus âgé a essayé de me prendre à l'aéroport, je l'ai répondu. Ne vous inquiétez pas à ce sujet, je peux prendre le taxi parce qu'il n'a pas laisser le jour encore.

Juin 23, 2004

Mon corps n'est pas assez force à continuer à prendreTylenol, cependant mon dos est O K maintenant.

Je reste à mon pièce d'hôtel et j'ai eu une chance de regarder laTV. Je réalise que nous célébrons nos vacances et notre mémoire mais nous ne voulons pas irriter les defaits. Nous ne devons pas le dire que le monde entier sait ce que nous avons fait à notre pays. Les

gens respectent nos ancêtres, nos grand-pères, nos parents et citoyens patriotes vietnamiens comme nous sommes aussi.
Soyez réunie c'est sage, maintien d'harmonie, riches, développé plus fort, et alors le Vietnam soulèvera la puissance.
À mon coeur j'étais remerci, j'ai reconnaissant les maîtres ont de bons coeurs pour aider mon pays surmonter le temps difficile frustré a jusqu'aujourd'hui. Il était le dangereux à notre pays et à nos peuple qu'il n'a pas dangereux au régime ou au gouvernement du Vietnam récemment ou en passen.

Juin 24, 2004

Je suis allé au marché de Ben Thanh que je fais des emplettes à ce marché pour un sac alors j'ai marché à la rue de Le Loi (jene connais pas la nouvelle rue nommée). J'atteins au trottoir de Rex alors j'ai vu le dentiste dans le costume militaire et aujourd'hui c'est le Jeudi. J'ai écrit cette activité dans la Guerre Silencieuse.
J'ai acheté des gifs, la dame de propriétaire m'a dit qu'elle a vendu beaucoup de ses marchandises le jour où j'ai acheté des cadeaux à son magasin.

Juin 25, 2004

J'appelle le père M. aujourd'hui, il n'a pas une chance de venir pour voir ma terre encore.

Juin 26, 2004

J'ai pensé le voyageur comme moi doit avoir une horloge ou l'observer a la date, PM, AM, jour, et heure et minute enfin.
Je me rappelle une fois où je signais a l'hôtel qui n'a pas une fenêtre ainsi je dois appeler la réception les demande le PM ou le AM à cemoment-là, si le AM je dois se réveiller. Mon téléphone de cellules n'a pas été utilisé au Vietnam ainsi je l'ai stocké dans mon valise et j'ai totalement oublié mon téléphone de cellules.

Juin 27, 2004

Aujourd'hui est Dimanche. Je suis allé à la cathédrale de Notre Dame de Saigon j'ai pensé que c'est la dernière fois. C'est la quatrième fois je suis revenu le Vietnam et j'ai dépensé assez longtemps pour satisfaire ma nostalgie.
Ce matin j'ai le temps disponible entre les masses que j'ai une chance de prier de la statue de Maria à Theresa à Anton. Saint Anton, j'avais l'habitude de prier toutes les fois que j'ai perdu mes choses. Ce matin j'ai prié à lui et demandé lui trouvaille des choses que je les ai perdues, j'ai perdu tout.
J'ai prié beaucoup ce matin à Dieu et j'espere lui les ai accepté.

Après la masse je suis allé au marché de Tan Dinh, le théâtre de Moderne remplaçait par plusieurs magasins, je faisais des emplettes là et je revenais à mon hôtel.

Juin 28, 2004

Je suis sorti de hotel pour d'achat, l'eau, lait, et argent échangé.

J'ai pensé que je suis passé par mon aventure.
À mon Bright Star ranch que j'etait allé au marche une fois par mois. Il n'a pas le réfrigérateur, télévision, radio, et journal aussi. Il n'a pas l'électricité, le coucher du soleil est à 18 h.. Je dois faire la vaiselles avant le solei qui se couche, je suis allé au lit à 7 P.M.. Je me réveillais plusieurs fois, il a nuit c'étais foncé ainsi j'ai retourné sommeil. Je me suis levé avant aube.
Mes villageois ont Honda ainsi ce n'était pas problème horrible de transport et de nourriture pour eux. Ils construiront la rue et l'électricité viendra bientôt a mon ranch region.

J'ai vu les nouvelles de TV former Président C. avais son livre etait edite. Je me suis rappelé que mon fils m'a dit.
- Vous avez écrit un livre et si vous voulez les gens ont lu votre livre, vous devez être célèbre.
- Si je veux être célèbre, Je dois écrire un livre.
- Personne ne veut lire votre livre.

- comment se fait-il qu'un auteur soit connu ? il ou elle doit être une célèbre afin d'écrire un livre ? Je veux dire la vérité et je ne veux pas être célèbre pour dire la vérité j'ai pensé que la vérité est la vérité. La vérité est vraie le jour elle va au bout derrière jour et pour toujours c'est les vrai archives.

Juin 29, 2004

Aujourd'hui je vais au bureau de boîte lettres pour donner ma clef a personal bureau la pour faire un clos.

Juin 30, 2004

Je restais dans mon pièce d'hôtel et la bonne est venue pour entretenir, je sors de la salle alors que la bonne m'a appelé j'ai l'appeltéléphonique.
J'étais tellement heureux le père M. venu pour observer mon ranch et la région hier.
Il a vu ma terre, Il dit ma ferme maison est en état de ruine. J'ai dit oui mais je n'ai pas dit le père que deux murs en bamboo remplaçaient et la toilette et la salle de bains ont été construites pour l'usage provisoire.

J'ai dit le père M. il y a au moins 10 familles catholiques là et il y a beaucoup de familles catholiques sont vie éloignée de ma ferme environ 4km à5km. Ils doivent faire un voyage 50km pour aller à l'endroit de Madagui ou de Bao Loc pour s'occuper de la masse de Dimanche.
Père M. me dit il reviendra église crucifiée dans Saigon demain. Je viendrai à l'église pour le rencontrer.

Juillet 1, 2004

Je suis allé au marché de Ben Thanh puis à la rue de Le Loi. J'étais en marchant et regardant les marchandises pour acheter, il était effrayent moi par frapper ou le poinçon à ma joue à ma mâchoire. J'ai pensé que ma mâchoire était cassée à ce moment-là. J'ai

attrapé et ai tenu fortement cette bras d'homme. J'attendais sa automatique naturel réaction. Il était plus grand que moi et plus haut que moi et lui est asiatique. Il s'est tenu tranquil comme mannequin, il n'a jamais tourné son visage au regard à cette femme qui est cette personne, homme ou femme ou vieux ou jeunes ou une Pierre, j'étais fâché qu'alors je l'aivais laissé partir.
Je me suis rappelé 1988 où j'ai appris que le Vietnam n'était pas fait diplomatique avec la Chine, je souhaite que le Vietnam améliorent leur politique étrangère et fassent l'amitié au monde. Cependant, ce n'est pas le Vietnam rapporte des envahisseurs ou acceptela colonie.
Je ne veux pas faire pour irriter les defaits.

Juillet 2, 2004

J'ai appelé le père M. J'ai pris un rendez-vous pour le rencontrer à l'église au jourd'hui.
Je suis allé à l'église cet après-midi et j'ai rencontré le père M. à la salle de réceptionniste.
Je dois présenter ma terre à lui et à la région voisine.
Je n'ai pas attendu le père M. voulez accepter sa mission à ma ranch, j'étais si heureux quand le père m'a dit. "nous somme la volonté d'église aident à peuple qui est société à abandonner derrière. Je prie et vous priez a Dieu aussi."
Le père veut laisser la région qu'il a consacré 17 ans de début à ce niveau, j'ai vu la grande construction de bâtiments que je le décrivais.
Le père m'a dit qu'il a l'expérience vers antérieure quand il est venu à cette paroisse. L'autorité l'a invité venir à leur bureau par un mois. Alors ils l'observent. Ils ont vu que le père n'a pas enseigné aux gens les choses fausses, ils l'ont laissé prêcher la religion la. Ils sont venus lui demander qu'enseignez les enfants qu'ils ne pourraient pas faire

Père M. me dit.
- Je dirais que je vis là pour s'occuper votre terre. Convenez-vous?
- Oui

- Vous restez mieux ici, que ferez-vous pour la vie?
- Je dois aller à la maison.
- Quand revenez-vous a Vietnam ?
- Je pars pour de bon.
- Quand l'église a été construite, vous revenez pour voir l'église.
- Aucun l'idee père.
- Avez-vous passé une nuit à cette ferme?
- Oui, J'ai vécu pendant trois mois en cette ferme depuis que j'ai acheté cette terre, cette hutte était en état de ruine.
- Pourquoi vous ne voulez pas continuer.
- J'ai maintenu silencieux
- C'était situation trop difficile.
- J'ai maintenu silencieux
Le père a été étonné, je me suis senti coupable après que j'exprime la vérité.

Après que je lui aie donné les papiers de mon ranch et ma clef de ferme, J'ai dit au revoir le père. Je prie a Dieu pour l'église sera construite, le père a besoin d'un endroit pour
vivre pour ramollir sa mission, le père consacre la mission sur ma terre. J'ai pensé que la vie est ainsi ambition la longue et d'énergie a été atteinte de niveau vide. Je ne veux pas maltraiter ce sacrifice.

C'était l'histoire je vous dis que ceci a été produit dans le jour j'ai eu un rendez-vous pour rencontrer Dir. Et vice Dir ici.
Je suis venu tôt alors j'attendais à la salle d'attente de réceptionniste. Une dame est venue reposé à côté de moi et nous parlions alor j'avais su qu'elle est venue ici pour chercher l'aide de cette église. Elle m'a dit qu'elle a besoin d'argent pour acheter le médecine et d'autobus pour rentre sa maison et sa maison est au delta de Mekong.
J'ai vu cet état de pitié ainsi je lui ai donné la quantité qu'elle l'a dite a eu besoin. Je lui ai dit que vous êtes une meilleure hâte pour attraper l'autobus pour aller à la maison, il sera tardif. Elle s'asseyait toujours là et elle veut plus d'argent de moi et d'église. Pendant un moment, alors un homme est venu il a crié comme cette église n'aide pas à peuple et ainsi de suite, il a dit la femme

aller à la maison. Je lui ai dit, cette église a l'argent des personnes qui l'ont donné, l'église alors veulent aider les personnes, nous avons besoin d'aide que nous venons ici. Qu'est-ce que cette église a l'argent? Qu'est l'eglise fait pour avoir l'argent?
Puis Mr. T. le member de bureau me invitait a la salon ouvert, Dir. et vice Dir. etaient venu, nous parlions dans le juste ouvert de salon à la salle d'attente. Le couple etait toujours là et ils avaient vu et entend ce que nous parlions. Après ce rencontre j'etais parti ils etaient toujours là.

Nous n'attendons pas des moines et des nonnes lâchés vers la bas du ciel, ils sont des goûts humains comme nous, demandez à nos propres individus coeurs d'abord.

Quand je veux donner ma terre à l'église, les gens dans Saigon m'ont dit que vente la terre aux gens qui veulent acheter ma terre puis donnent l'argent à l'église, je leur ai dit que je ne veux pas donner l'argent à l'église. J'ai vu le besoin des personnes à mon ranch, je prie l'église porte leur mission dévouée là.
En général, personnes pensée et dit, j'ai donné ma terre à l'église que je recevrai le bon bénis de Dieu. Profondément à mon coeur je ne pense jamais ou veux à la charité dans la bénédiction d'ordre de Dieu de ceci des dessous de table ou échanger. Cependant, Dieu comprennent de ce que les gens ont besoin, Dieu nous bénissent comme nous avons vu.

Juillet 3, 2004

Je veux aller à mon ranch aujourd'hui mais j'ai peur que mon dos et je deviendrai fatigué.
J'espère que le gouvernement et les autorités là soutiennent l'église et les pères qui consacrent leur mission là.

Ce matin je suis allé à mon école, j'ai marché dans le hall alors que j'ai demandé au réceptionniste m'ai laissé entre dans l'école. J'ai marché par la cour et j'ai regardé à nos salles de classe, notre laboratoire-pièce, j'ai vu les arbres de fleur jaunes, Ils sont trop grands et trop haut maintenant. Je suis allé m'asseoir sur le banc. L'école a été rénovée et elle a un plus de plancher a été ajoutée au bâtiment, j'ai vu le nouveau bâtiment au garage de bicyclette et l'endroit régénérateur au garage de bicyclette aussi. Alors je suis sorti, je demandais au réceptionniste.

- Monsieur cette école garde-t-elle de vieux membres ici, j'ai voulu dire les membres de personnel du bureau ou les professeurs avant 1975?
- Où êtes-vous venu?
- Les ETATS-UNIS
- Seulement un homme M.L. Il est toujours ici.
- Je veux le voir.

Il m'a montré son endroit, lui et sa famille ont vécu à la salle où le directeur d'école et sa famille avaient vécu là quand j'etait allé à l'école.

Je suis venu là, Je l'ai appelé et j'ai présenté mon portrait à lui, Je ne l'ai pas identifié, il ne s'est pas me rappelé aussi.

Je lui ai parlé avec sa femme et j'ai su que presque mes professeurs sont morts. Un de mon professeur vietnamien de littérature qui est toujours auVietnam et lui est encore vivant et un de mon professeur de maths aussi, nos professeurs ont été émigrés dans les pays étrangers et certains d'entre eux ont été morts en dehors du Vietnam.

Il m'est monté à maison de professeur, mon professeur est vieux maintenant, Il ne m'a pas identifié et j'étais le même.

Après que je sois parti de maison de professeur, je veux visiter le marché de Vuon Chuoi J'ai acheté le gâteau de crevette riz et le gâteau de crevettede tapioca là, alors j'ai acheté les gâteaux délicieux vietnamiens sur le rue rentre a l'hôtel.

Ce soir j'ai téléphoné au propriétaire de magasin où j'ai commandé mon signe de poésie, je veux le laisser sur ma terre au souvenir le ranch. Il n'était pas là mais sa fille a dit que son père a déjà laissé quelqu'un à la livraison à ma terre et elle a été tenue sur la terre où j'ai montré au conducteur de Honda où elle sera tenue.

Juillet 4, 2004

Je suis allé à l'église ce matin. J'ai projeté aller à l'église de Huyen Si ou à l'église de Tan Dinh mais le choix final est église de Binh Trieu.

Juillet 5, 2004

Je suis allé au supermarché pour acheter le pain et des biscuits au cas où je ne pourrais pas manger de la nourriture sur le airplan fourni, je dois apporter la nourriture avec moi depuis après accident de méfait.

Juillet 9, 2004

J'ai volé de Saigon à Taïpeh puis à Los Angeles puis à Houston puis à la Nouvelle-Orléans, je suis venu à la Nouvelle-Orléans juillet 7, 2004, j'ai pris le taxi pour venir à la maison, j'étais si fatigue, j'ai ignore ses salissant activites.

Juillet 15, 2004

Jetlag me tracassait, je me suis rappelé que cela m'a pris presque un mois sur mon Vietnam de voyage 2002. Je me réveillais à la nuit et je dormais à la journée.

Juillet 17, 2004

Aujourd'hui j'enveloppe ma fille diplôme et je le lui envoient avec le cadeau j'ai acheté au Vietnam. Lorsque j'ai écrit l'adresse de récepteur j'ai su que mon plus jeune fils vendait sa maison à Dallas et lui se déplaçait à N.J., alors j'ai envoyé son cadeau à sa nouvelle adresse. Je n'ai pas su dire!

Juillet 19, 200

Ma soeur, mon fils et moi sommes allés au lac Pontchartrain. J'ai eu besoin d'air frais hier. Ah ! Je remercie au soleil et d'environnement au traitement mon jetlag.

Mon lecteur:

J'étais à la maison, mon voyage devrait être arrêté bien ici.
J'ai appris, j'ai eu l'expérience, nous sommes harmonie, nous sommes heureux. Notre santé, notre tristesse, notre déformation, notre mort, et même notre sommeil, relions à cet univers. Tous les éléments en cet univers se relient dans le tout, transmettent dans le tout.

Phiem
Août 26, 2004
New Orleans, LA 70127
USA

VORWORT

Tagebuch ist einfach ich habt meinen Tagebuch angefangen zu behalten von ich dreizehn Jahre alt war. Es war nicht notwendig Tagebuch zu schreiben aber irgendwann der Tagebuch halt das wichtige Dokument wirden. Das Datum, die Ereignisse, und die Umwelt sind die wertvollen Tatsachen befinden. Heute überreiche ich Ihnen meine Reise Tagebuch als meine Freunde meine Route teilt reisen mit mir auf meiner Reise Rückseite Viet Nam begleiteten.

VERREISEN TAGEBUCH

September 20, 2003

Vung Tau Ba Ria, Viet Nam

Ich bin zu Viet Nam am 31 August 2003 gekommen. Ich habe meine Energie, meine Zeit, und mein Geld ausgegeben, die Wahrheit zu suchen. Ich reise fast Südlich Viet Nam, Ich wünsche für Vietnamese weiß und lernt zu betriebs ihre Hauptstadt, Geschäft zu machen haben. Wenn Vietnamese das nicht macht, wir will verlieren werden, wir nicht konkurrieren werden macht. In Zukunft werden wir unter spektakulärer Steuerung oder schwarzer Markt Quellen sein. Dies ist dringend und wichtig. Was wir heute das Ergebnis bauen, in Zukunft unser Land in ständiger Wirtschaft wird und politische Basis auch führen. Ich soll sagen, daß ich sehr glücklich bin, zu sehen, daß Viet Nam schnell in Entwicklung gewachsen ist. Ich kann es deutlich von Stadt zu kleinen Städten sehen, Ich habe erkannt, daß die guten Meister habe gute Herzen und Hilfe Viet Nam Erfolg in diesem Jahrzehnt hat. Vietnamese lernt gern und wir sind stolz auf unsere Zivilisation. Wir sind zusammen und wir versuchen, zu dieser Zivilisation zu erreichen, und intelligente Welt heute.

Oktober 5, 2003

Während meiner Beobachtung Reise habe ich Waren für meine Website gesucht, Ich habe Dinge gefunden als in Geschenk Laden und die Einschränkung es beantragen kann.

Ich habe das Land befunden mich im schönen rauchigen Berg Gebiet und habe Wetter gemäßigt gefunden. Ich habe entschieden, dieses Land zu kaufen, und ich bin zu meinem Bauernhaus am 5. Oktober 2003 bewegt haben, Ich habe es Bright Star (Helle Sterne) Ranch genannt, eine Nacht bin ich zum Himmel angeschauen habe, Ich habe schönen Himmel mit hellen Sternen gesehen, Ich habe Bright Star (Helle Sterne) für meinen Ranch Namen von jener Chance erhalten.

November 17, 2003

Hallo L, K C, und T,

Wie geht es Ihnen?
Wissen Sie? Ich habe fast meine Kaffee Ernte beendet, Ich habe einige die reife Kaffee Bohnen ausgewählt werden und es aus für getrocknete Sonne gestellen, und des Bohne hat durch die Mühle bringen. Des Kaffee Bohne will mit Butter und Vanille braten und dann wird es erd, Ich werde es Ihnen und meine Verwandten hier schicken. Ich bin bange Sie faul sind es zu machen aber der beste Prüfung Kaffee, mahlt sie nicht bis Sie für Kaffee vorbereiten. Ich werde Verkauf mein Produkt auf dem Markt in Viet Nam auch Ich habe mehr als 2 Tonnen von Kaffee Bohnen zu den Kaufleuten hier verkauft. Ich werde Bilder mein Land nehmen und ich werde es entwickeln und werde es Ihnen schicken, wenn ich die Reise zu Saigon nächste Woche mache. Wissen Sie? Ich habe das Land gekauft mit dem ganzen vorderen Hügel wo Amerikaner Luft in Viet Nam Krieg ist basiert hate stattgefunden. Es ist schöner Blick mit rauchigem Berg und Helle Sterne in der Nacht, der Bach begrenzt mein Land und Hügel. Sie werden Straße vor meinem Land und auf

der Ecke von einander Internatbewohner Seite meines Lands bauen. Ich werde Geschäft an Saigon oder Baria lernen auch zu machen. Ich habe meinen Nylon Tisch und Stühle in Vung Tau vergessen, damit ich habe Stuhl nicht mich hinzusetzen und Tisch zu schreiben. Ich werde an Sie in meinem nächsten Brief schreiben.

Nehmen Sie Sorge,

Mutti

November 18, 2003

Hallo L, K C, und T,

Ich setze meinen gestern Brief zu Ihnen heute fort, Es überraschte oder nicht! Ich habe als Amish Leben gelebt. Ich habe mein Gesicht nicht gesehen, da ich hier von Dat Do, Baria zurückgekommen bin (bin ich gegangen Ihre Großmutter zu besuchen und ich habe dort eine Woche ausgegeben.) es war 2 Wochen von jetzt machen. Heute habe ich mein kosmetisches Glas herausgenommen zu daß mein Gesicht sehen, heute morgen ich bin gegangen aus und den ich festklammere bis zu den Hügel und Bilder genommen hat. Ich wollte die Stelle ansehen dann ich habe umgekehrt ich bin heruntergefallen. Es war nicht ernst aber es wird beweisen, daß ich recht hatte.

Nachdem Kaffee Jahreszeit geerntet haben, muß ich einige Ein für den Kaffee Bäume haben vorbereitet und hat den ganzen Kaffee Bauernhof gedüngen, Ich werde zu Saigon nächste Woche gehen.

Nehmen Sie Sorge,

Liebe

Mutti

XXXX

November 25, 2003

Ich habe meine Kaffee Bohnen zu den Kaufleuten an meiner Ranch verkauft ich bin hinter Saigon mit einem schweren Sack Bohnen getrockneten ausgewählten Kaffees gegangen, den nächsten Tag wird es zur Linie geeilt werden, wo es wird gebraten, erd werden und dann wird es sein bereit zu trinken, Ich werde es mit meinen Kindern in Vereinigten Staaten und meinen Verwandten und Freunden in Viet Nam teilen. Für mein Studium ist, ich offen mein Bright Star (Helles Sterne) Geschäft in Long Hai, Ba Ria werde. Es hat für mich nur drei Tage gedauert, Waren, Ort, fixtures und so weiter zu suchen, der 29. November 2003 wird es offnen, Ich habe das geplant.

Dezember 25, 2003

Ich habe meinen Urlaub Tag genommen und ich mochte mein Geschäft heute geschlossen, Ich bin zu Long Thanh gegangen, die Informationen um das Land für Mietvertrag dort zu erhalten. Ich habe einen Papaya dort für seeding gekauft.

Ich habe besucht daß bewirtschaftet, ich bin nach Hause gegangen, meine Mutter zu mir hat erzählt als ich innerhalb des Hauses geschritten bin. Sie hat gesagt "ich habe sie in 1988 erzählt, daß ich bin ein Kind von adliger Familie und der sie bange von der Revolution oder irgendeiner Art wie daß waren, so sie haben umgetauscht mich an Geburt."
Ich war Schock daß zu hören, und ich gesagt habe.
"Ich habe Ihnen jene Mutter nicht erzählt."

Ich glaube Irgendein gesagter oder mein Mutter und Vater haben es gewußt. Ich habe sie zurückgerufen als sie in meinem großartigen Eltern Haus gelebt hat, Ich bin zu meinem großartigen Eltern Haus von Vung Tau gekommen, Ich habe vorgehabt, meinen Ehemann zur Zeit zu scheiden. Ich habe meine Mutter gefragt als ich den Satz wiederholt habe, den meine Schwester mir in ihrem Bien Hoa Ort erzählt hat als ich Teenager war." Sie sind nicht die Tochter von Vater. Unsere Tanten haben das gesagt."

Mutter, Sie lächelten und sagten hate. "Es war nicht wahr, Sie aufgewachsen, schön, intelligent, und reich, sie Sie daß gesagt haben als ihre Tochter", ich habe schweigsam zu der Zeit behalten.

Um eine kleiner Jahre wurde spatter Saigon übergeben, Ich bin aus Viet Nam geflohen und habe Flüchtling in Vereinigten Staaten genommen. Später bin ich zu M. Krankenhaus für Schilddrüse Chirurgie gegangen und ich war durch Blut Prüfung. Sie haben erfahren, daß ich weißer Europäer bin. Ich bin kein asiatisch dann das zweites Mal war Chirurgie genau wie das erstes Mal. Wenn ich von Krankenhaus überprüfe, hat mein Ex-Ehemann mich erzählt: "Sie sind nicht die Tochter ihres Vaters", ich bin es schweigsam behalten und ich wartete auf eines Tages zu sehen meine Mutter wieder daß sie fragt wieder machen.

Dann bin ich Viet Nam in 1988 zurückgekommen und ich habe eine Chance gehabt, ich meine Mutter den Satz gefragt hat zu wiederholen als das erstes Mal. Ich habe ihrer Reaktion zu geschaut zu verstehen. Das war nicht jener Fall dann bin ich hintere Vereinigten Staaten gegangen und den ich könnte verstehen nicht, wie es wäre.

Eines Tages bin ich zu Geschäft gegangen, In daß Geschäft ich eine Frau habe getroffen, die zu ihr mehreren Familien Mitgliedern gepaßt waren (sie sind ihre Kinder und ihre großartigen Kinder kann sein). Zuerst habe ich sie gesehen, sie schaut ähnlich mein Großvater (der Vater meiner Mutter) an. Ich habe mich selbst erzählt, warum Chinese meinem Großvater gewöhnlich ähnlich ist.

Ich habe angefangen, dann sie ist erscheint Front zum Zähler einzukaufen, zu zahlen, sie hat in Vorurtil Position gestanden, Ich habe sie angeschaut und ich habe etwas mir vertraut gesehen. Ich habe gewußt, daß es ihre Nase genau meine Mutter und die Nase meiner Schwester sind. Ihres hohes und Gewicht das gleich meine Schwester ist. Ich wurde überrascht und ich sie habe Anschauen an ihr fortgesetzt bis aus Geschäft gelaufen ist, und ihr Auto ist weg gelaufen, meine Reaktion war stillhalten so ich sie irgendetwas nicht habe gefragt.

Von Tag zu Tag habe ich von winzigem Sand zu einem anderen winzigen Sand gelernt, bis heute ich die Antwort noch nicht gefunden habe. Wie könnte ich meine Mutter in 1988 dass erzählen?

Der Roman, den ich geschrieben habe, die Fiktion Geschichte ich angenommen habe, daß es war, meine Mutter war unfähig meine Bücher zu lesen. Meine Mutter hat eine gute Erinnerung, es war ein glückliches für uns aber meine Mutter hat sie älter jetzt geworden und ich bange ihre Erinnerung verwirrt wurde. Sie die Geschichte zu ihrem Blick immer treiben oder zu ihr gedacht hat, Ich habe nichts Informationen von ihr erhalten. Mein Standpunkt, ich sicher meine Eltern es gut haben gewußt, Ich habe es alles mein Leben beobachtet. Seien Sie an diesem Tag heute, an dieser Chance, ich habe erzählt meiner Mutter, was mein Nachbar mein Leben vorausgesagt hat. Sie hat gesagt:
"Phiem, Sie habe mit Ihres Eltern fördert gelebt haben."
Ich habe das nicht verstanden was das Bedeuten, fördern Elternteil im ich von 13, 14 Alter was. Mein Nachbar hat mir jenes Bedeuten gemein erklärt, dann habe ich meinen Nachbarn erzählt:
"Meine Mutter hat mir erzählt, daß sie schwanger war und ich war geboren an Long Dien, Ba Ria."
Mein Nachbar hat gesagt, "Könnten Phiem wie Sie das wissen?"
Heute hat an dieser Chance, meine Mutter zu mir in diesem Augenblick gesagt.
" Recht, Könnten Sie wie das wissen?"

Meine Schwester mir gesagt hat "Sie sind nicht die Tochter von Vater." wann ich Teenager war, daß Ich habe das Satzes nicht verstanden, Ich habe gedacht, daß mein Vater ist meines Bedeuten Vater, Vater fördert. Ich achte nich meinen Vater und ich liebe meinen Vater vom der Tag meine Schwester daß zu mir hat gesagt bis heute. Es war nicht etwas in meinem Gemüt und es hat nichts geändert.

An meinem Teenager habe ich gedacht, daß ich die Kind angenommen wurde. Ich meine Mutter habe daß erzählt erstes Mal, ich sie gefragt haben, wenn ich mein Großeltern Haus von Vung Tau zurückgekommen was, Diesmal wollte ich meinen Ehemann scheiden und ich habe das verstanden die mein Schweister zu mir gesagt worden wenn ich Teenager was.

Jetzt habe ich gedacht, daß ich nicht neugierig genug was, ich meinen Nachbarn dass fragen hate. Wer sind meine biologischen Eltern, wo sie ist, sind sie lebend oder tot, warum muß ich mit meines Eltern fördert leben?

Meine Leser versuche Sie den Grund warum ich können es verstehen, was immer ich kann zu machen, meine Wurzel, meine Familie, zu finden, und kann ich das Wissenschaft Projekt werde entdecken auch.

XXXX

Januar 1, 2004

Ich bin zu Dinh Co Pagode mit meinem Freund gegangen heuter, der Dinh Co Pagode wurde auf der Oberteil einer Dinh Bergkette an Long Hai Baria gebaut war.

Ich bin zu Dinh Co Pagode gekommen als ich Teenager war, es war das erste Mal. Seien Sie heute dieser westliche Kalender Neues Jahr Tag und es ist das zweite Mal, ich bin zurückgekommen und ich habe gesehen, daß der Pagode mit wiederaufgebautem Bauen geändert wurde weil Bomben im Viet Nam Krieg. Leute hier in meiner Heim Provinz glaubt ist, was unser Vorfahr voraussagt. So habe ich gebetet und ich habe eine Frage gestellt, ich schockierte den xam Behälter bis ein Element, das hinunter fallenlassen worden ist. Dann muß ich für den Keo (wie Sonne und Erde) beten und der Keo hat hinunter wie Sonne und Erde fallenlassen, es soll im Recht sein das bearbeitet, Dann werde ich die xam vorausgesagte Nachricht erhalten. Wenn es hat fallenlassen hinunter Sonne und Sonne oder Erde und Erde mag, die ich muß beten wieder bis ich das richtige Verfahren erhalte, aber ich könnte es ich auf zum vierten Mal nicht machen muß geben. Mein Freund und ich, wir verlassen Pagode mit meiner Vers xam Nachrichten.

Ich habe der versucht nicht erfolg machen wurde ich befriedigt geworden was, einen Voraussage Zähler oder Wahrsager zu suchen. Dann sind wir zu einem Voraussage Zähler gegangen.
Er hat gesagt:
Ich habe sechs Sinne.
Ich habe Gott und Winkel mir immer helfen.
Ich könnte nichts alles machen weil wenn ich plane irgendetwas zu machen, sie (meine Feinde) zuerst gegangen sind und habe daß auf mir gestohlen.
Ich bin eine diehard Person.
Ich war tot und Gott hat mich zu Leben gebracht unterstütze.
Diese 2003 ist das Jahr meine Familie, meine Kinder in aufgeregter Familie Lage waren. Ich habe und verlorenen Geld in diesem Jahr ausgegeben.
Noch wird ein aufgeregtes Ding kommen.

Der Grund, warum ich diesem Ding machte? Ich habe versucht, meine Wurzel, meine Familie zu suchen, oder kann ich das Wissenschaft Projekt sein werde aufdecken. Jetzt suche ich einen

Begabten, der Kraft vorauszusagen daß Zukunft und die Vergangenheit weiß haben machen.

Intelligente Quellen können bedenken, daß der Logik Weg beweist machen, wie kann ich in intelligente Quellen erhalten werden?

Januar 6, 2004

Ich belade meine Dinge vom meiner Mutter Haus zu meinem Bright Star Geschäft in Long Hai und ich habe entschieden mein Geschäft früher zu schließen als ich habe das geplant. Ich habe Geschenk von meinem Geschäft zum meiner Mutter Haus zum meinem Familie Mitgliedern und Verwandte dort gebracht gibt.

Nachdem ich Geschenk zum meiner Mutter Haus gebracht habe, Ich bin zu Vung Tau gegangen und an dieser Chance lese ich T. E-mail am Internet Café. Das umstürze mich hat gemacht und ich war nicht unter Steuerung.

Den nächsten Tag bin ich zu meiner Bright Star Ranch gegangen, Ich habe gifs von meinem Geschäft zu meinen Nachbarn gebracht, für sie Tet (Vietnamese Neues Jahr) zu es genießen habe. Der Rest, den ich zu einem anderen Kaufmann an Long Hai verkauft habe.

XXXX

Januar 8, 2004

Ich lasse einem meinem Familie Nachbarn, der geschlossen zu meiner Ranch lebt, der mein Land für mich zu verwalten, Ich habe daß Januar 7, 2004 Nacht in meinem Bauernhaus bleiben.

Ich bin hinter Saigon gegangen und den ich habe vorgehabt eine Luft Fahrkarte zu kaufen nach Westen zurück zu kehren, auf der Weg Reise zu Behörde unterstützt ich die Seite für Miete Haus dann habe ich es gesehen, gefragt, und es zu prüfen, ich habe das Haus gesehen, schließlich habe ich entschieden, jenes Haus zu mieten.

Januar 10, 2004

Ich habe von Bright Star in Long Hai, Ba Ria zu diesem Ort am 10 Januar 2004 bewegt. Ich habe Dinge die ich gebraucht gekauft wenn ich bewegt habe, Homeowner hier und das eine in Long Hai half mir diese Aufgabe zu machen. Meine Gesundheit wird ernstlich angegangen, Ich bin zu Dr. Büro 3 Mal gegangen weil ich kranken drei Mal fast jede Woche erhalten habe. Das war der Grund den ich Haus wollte mieten, eine Weile zu warten, zu erholen nach Feiertag. Ich war nicht sicher sie Sitz für mich jetzt haben.

XXXX

Januar 11, 2004

Meiner sechs sinne spüren

Wer sind sie die Leute hinter meiner Rückseite?
Warum machten sie daß zu mir, Grund?

Ich habe gedacht, daß sie chinesisch sind. Ich habe gedacht, daß sie Juden, Jude Amerikaner sind.

Chinese übt ihre Invasion auf den anderen Ländern, sie versucht zu beeinflussen, hat Geschäft zu machen, hat Wirtschaft zu kontrollieren usw.

Juden, Jude wollen Amerikaner erobern, Überleben Ziel aufzubauen, ihre Religion zu schützen, Geschäft zu machen, Wirtschaft und politic ebenso zu kontrollieren.

Chinese hat gewußt, daß ich ein patriotisches Mädchen bin. Ich habe niedergeschrieben was den ich habe gedacht an schreckliche Eindringlinge. Ich habe meinem Land Viet Nam Geschichte gelernt, Ich schwöre zu meiner Seele ich diese habgierigen Leute werde aufhalten. Sieht die Welt China ihr Land heute? Sie wollen Viet Nam und den Rest das Asien schlucken, wenn sie können, sie könnten daß gleichzeitig nicht machen, sie Bit ein kleines Stück des Lands, Ich werde es zu Ihnen und der Welt beweisen. Truong Sa, Hoang Sa und Bann Doc Sturz.

Juden, bevor 1975, Amerikaner in Viet Nam gekommen ist, (Juden Weltkreig WW II intelligents jetzt US intelligents geworden sind) und der Chinese hat einen Kolben von US intelligent versorgte Informationen und Material zu schaden, zu humuliate mich in Viet Nam und im Ausland gehabt abgeben.

XXXX

Januar 14, 2004

Dies ist eine Realität

Ich bin zu Internet Café zu lesen und geschickte E-mail gegangen, L ich will Vereinigten Staaten zurückzukommen, und er hat mich weiß gelassen daß er seine Aufgabe aufgegeben hat und zurück gekehrten UNO einen anderen ME zu versuchen zu beenden. Diese Wahl habe die ich vorgeschlagen, daß ihn das nicht macht. T. E-mail geschickt das er nicht planen in diesem Jahr zu heiraten wirde, und T. ich bitten daß Heim kommen hat. K C ich hat E-mail geschicken, ich soll habe zu ihr einer Erklärung geschickt werden.

Januar 15, 2004

Ich K.C. habe E-mail geschickt.

K C,

Nehmen Sie bitte meinen Rat, dies ist das Echte in dieser wirklichen Welt, die Realität ist die Realität. Jetzt müssen Sie denken und müssen Sie zuerst sich pflegen dann die anderen pflegen gebt. Wenn Sie nichts verläßt haben, werden sie ihr wieder Ruckseit Sie einschalten, Ich bin eine dumme Person, Ich bin keine gute und großzügige Person, L ist eine dumme Person, K C wird eine dumme Person sein, T wird eine dumme Person sein. Jetzt, bitten Sie außer Geld zur öffnet Apotheke machen statt dessen von Backen Plätzchen, Ihr Vater kann es verwalten und kann Ihnen dieses Geschäft raten.
Mutti Dank zu Gott und Engel segnen Sie und führen Sie alle von Ihrem Leben.

Dies ist ein verschiedenes Thema. Dies ist keine Kontroverse oder Futter Rückseite. Dies ist eine Erklärung für K C E-mail.

T,

Denken Sie, daß Ihre aufgeregten Nachrichten Leute verrückt zu treiben war? Ich war unter Steuerung, das war der Grund, den Sie versucht haben, zu verstecken. Ist dies das Geheimnis? Warum haben Sie von Beginnen versteckt? Weiß ich nicht, daß es ein Mechanismus und es ist Hypnotik?

Was denken sie am tiefsten in ihren Herzen? Was sind ihre Ziele? Sie wollen humuliate mich, sie wollen meine menschliche und meine Familie berauben Würde, sie haben meinen Erfolg verhindert, sie haben was die ich stolz auf niedergerissen bin, sie haben vorgehabt, meine finanzielle Lage zu verarmen, sie wollen mich und isolieren mich hinunter zu spalten, sie sind der liars und das kalte Blut, sie sind fachmännisch in diesem Feld.
Wenn sie es nichts machen könnten dann sie Chemikalie, Hypnotik, magnetisch benutzt haben, jene Person zu kontrollieren sind und so weiter. Sie ermorden mich und ich werde harte Person gestorben. Dann haben sie versucht, mein Gemüt zu lesen, was ich werde planen zu wissen, zu machen, zu gehen, zu kaufen, zu essen, zu trinken, und zu sagen. Sie es verhindern und drehen zu ihrer Route macht. Könnten T und K C, wie ich machen könnte um Ihren Mädchen Freund und Ihren Jungen Freund vor Ihrer Ehe nicht wissen?

Warum haben Sie das versteckt? Und Grund? Jetzt habe ich nicht gewußt, wer trägt daß name nennt. Ich habe nichts um ihn gewußt, wie Selbstachtung für mich zu lassen daß meine Tochter mit dem Burschen einzieht vor Ehe. Ich habe Ihnen K C als Sie nach Hause gekommen sind und habe mir erzählt, daß Sie einen Freund getroffen haben. Ich freute mich und ich habe ihn eingeladen zu unserem Haus zu kommen, unsere Familie kennenzulernen. Warum ist er nicht gekommen? Was ist recht? Was ist falsch? Um mein Familie Mitglieder will ich wissen, wer der Meister ist, zu leiten, alles zu kontrollieren, mich hinunter zu spalten. Sie sind Netz und sie in Masse sind. Mein Familie Mitglieder und ich einzeln jedes ein von uns isoliert werden. Racist? Sie haben zuerst gespielt, sie mich zuerst das erklärt beseitigt haben. Sie sind kaltes Blut. Sie sind racist.

Phiem

P.S. T ist das Fall Bann Doc Sturz Boxen, das zu meinem Gesicht gestanzt wird.

K. C ist das Fall Deutschland Reise Boxen, das zu meinem Gesicht gestanzt wird.
Phiem ist das Fall Ngo Dinh Diem, Ap Chien Luoc Boxen, dieses zu meinem Gesicht gestanzt werden, wer hat die Hauptrolle gespielt?

Januar 15, 2004

Heutzutage war ich krank wieder und ich bin zu Doktor Büro dann zur Klinik gegangen, meine Verordnung zu haben und sie haben einen litter von Serum in mein eitles eingespritzt. Jetzt muß ich vorsichtig ungefähr Speise sein, die ich esse. Ich solle nicht weit reisen, ich mochte nicht krank werden, ich muß meine Energie sparen fur meine hinteres Heim auf langen Reise mit meines zugeführt auf Seele zu reisen.

XXXX

Januar 18, 2004

Ich habe E-mail zu meinen Kindern' s Vater geschickt

Q,

Ich werde umgestürzt, mein Kinder Ganze Leben ist die wichtige Matter. Das ist kein Spiel und betrügten Schema. Ich bin zu Dinh Co Pagode Tag (westlicher Kalender Neues Jahr) an Neuem Jahr gegangen. Dies war das zweite Mal von ich Teenager war. Leute hier in meiner Heim Provinz glaubt was unser Vorfahr voraussagt haben. Ich habe Vorfahr gebetet und ich habe nach meiner Familie, meiner Kindern Lage ihn gefragt:
Was ist es und wie wird es sein? Dann habe ich den xam Behälter bis ein Element geschüttelt, das hinunter fallenlassen worden ist.

Ich habe die xam Vietnamese Vers Nachrichten erhalten und ich habe es zu Englisch übersetzt.
Diese Übel müssen zerstört werden.
Erschreckende die Ding Decke durch dunkle Wolke,
Könnte es nicht gesehen werden.
Sie wollen ganze Leute Haus wissen.
Schwere Krankheit und sich kümmern um.

Übel ist im Haus.
Alles kann Frieden nicht sein.
Versucht hat, um umzustürzen,
Unruhen argumentiert Unruhe mehr macht Machen.

Nhung loai ma quy phai khu tru
So noi may phun toa toi mu
Muon biet nha nguoi cho ro het
Linh hon da toi nuoc Hoa Lu

Trong nha da co quy ma
Viec gi cung chang the hoa
Da sanh su them gay go
Can benh nang rat dang lo

Wer diese xam Nachricht erhalten hat, weise muß, klug, intelligent sein zu behandeln. Um die gefährliche Lage zu treffen, den Meister muß finden, um für Frieden in Gemüt zu lösen. Wenn es nicht ist, wird es ein gefährliches Ding oder gefährliche Lage werden.

Q, ich werden ab alles stellen weil mein ganzes Leben zu meinen Kindern gewidmet hat. Heute habe meine Feinde die ich gedacht, daß sie über mir leicht gewonnen haben. Das ist nur Geschlecht.
Q, Sie haben jene Erfahrung gehabt, Sie haben das gewußt.
Sie konzentrieren auf Geschlecht sich weil dies ein empfindlicher Fall ist.
Thu han cua chinh ca nhan toi cung du cho trai dat nay nat tan ra.

Ich schwöre, daß ich hinter Hai Nam, Quang Dong, Quang Tay mit eingesclossen Van Nam nehmen werde von China Gebunden.

Sehen Sie? Ich habe in Vereinigten Staaten gelebt, Sie haben gesagt, daß ich ein Viet Cong ist. Ich, jetzt, hat Viet Nam besucht. Sie haben gesagt, daß ich eine Viet Nam Cong Hoa Frau die ihr Land verraten hat, und sie ist ein tinh bao (Agent).
Sehen Sie? Han und So Krieg Verarbeitung Methode mechanisieren hat.

Nehmen Sie Sorge,

Phiem

Januar 20, 2004

Heute Ich habe mein alter Kühlschrank für Zurückkehren den ich nur gestern ausgegeben habe gekauft. Ich bin zu markt dann ich nach Hause bin gegangen und ich habe Fleisch gekocht. Heute morgen habe ich die Frau an meinem Bright Star Geschäft gerufen, sie war nicht Heim. Ich sie will um meine Kamera reden, ich könnte es nicht finden aber jetzt es dort ist. Es ist mysteriös. Nachdem Tet, ich werden gehen zu Vung Tau und der ich zu T B Hotel gehen werde, Mädchen Arbeiten dort zu sehen. Am 10. Januar 2004 habe ich zu diesem Gebiet an Saigon Stadt bewegt und wenige Tage bin später, ich zu Hanh Thong Tay Markt gegangen Einkaufen dann das Mädchen ist gelaufen auf Front von mir sagt Hallo zu mir machen. Ich lächelte und ich sie sagt Hallo haben auch. Ich habe in meinem Gemüt ich sie gewußt habe und getroffen aber ich war nicht sie könnte erinnern, verläßt dann ich nach Hause gekommen bin, habe ich erinnert mich an sie an TB Hotel arbeitete werden. Das erste Mal war mein Verwandter in Ha Tien, diesmal war das zweite Mal, das Mädchen war in Saigon. Nachdem Tet, den ich die Wahrheit erfahren wird.

Januar 21, 2004

Seien Sie heute der Tag 30 vom letzten Monat von Luna Kalender ist, seien Sie morgen der Neue Jahr Tag in Viet Nam. Heute morgen bin ich gegangen auf den Markt zu bringen, Gemüse und Früchte zu kaufen. Ich bin nach Hause gegangen und ich auftischt die Frucht dekoriert als ich gewöhnlich machte habe. Ich habe alle Gemüse gekocht weil ich frisches Gemüse in Viet Nam heutzutage nicht essen könnte. Nachdem ich Kochen dann ich aufgehört habe, habe hingesetzt mich am Tisch. Ich habe meine Kinder verpaßt weil L, er nie irgendetwas für Tet kauft. K C gehen zu speichern einige zu kaufen kann. T seinen Vater in diesem Jahr gehabt wirden, Ich habe gewußt, daß sein Vater nach Texas gekommen ist, ihn zu besuchen, und habe einen Monat dort ausgegeben. Letztes Jahr haben ich zu Houston bewegt auf dem ersten Tag von Luna nicht gewußt habe, daß Tet an jenem Tag ist und ich Ja habe ich im kalten Eis geschwimmen.

Januar 22, 2004

Seien Sie heute Neuer Jahr Tag, den ich dieser Tet in Saigon, Viet Nam ausgegeben habe. Heute abend habe ich das xam Nachricht Papier das ich von Dinh Co erfahren habe erhalten. Jener xam, den ich um meine Familie, meine Kinder gebeten habe. Was ist es, was geschehen ist? Ich habe E-mail diese Nachricht zu meinem Kindern Vater geschickt. Jetzt habe ich das ursprüngliche Nachricht Papier nicht gesehen, sie verlassen die Photokopie im kleinen Papier für mich.
Ich weiß es nicht, wer genommen hat für logisch denkt was. Ich wundere mich sie meine Freunde oder meine Feinde sind.

Januar 23, 2004

Ich weiß nicht warum alles innerhalb meines Hauses sie wollen immer stehlen habe. Sie sind geheime Gesellschaft oder sie sind meine Feinde oder sie sind meine Freunde. Ich kann sehen, daß sie das xam Nachricht Papier auf Computer dann geprüft haben, es hat aus von Computer gedruckt, es war nicht von reprinted Photokopie Maschine. Sie sind in einen group auf leuter das ich habe gewöhnlich meine Dinge aus genommen macht waren und haben es umgetauscht, haben es geändert und unterstützt es haben gestellt, und sie stehlen nie mein Geld haben.

Januar 24, 2004

Seien Sie heute ist Samstag und den letzten Tag gefeierten Tag von Tet in Viet Nam. Ich diese Chance in Viet Nam ausgegeben habe, ich habe Tet hier zu beobachten, das Gefühl habe ich vom Tet vor 1975 und jetzt erhalten. Ich lasse, daß meine Seele Stille an um mich als Viet Kieu denkt. Ich habe an unsere Nation gedacht, daß etwas anschauen muß, zu analysieren, zu verstehen, zu ändern und unserem Nation Ablauf in Harmonie und Moral zu helfen. Es ist weise und sichere Bedingung, die unsere Nation nehmen soll.

Heute abend bin ich aus zu Öffnen das Tor gegangen, Abfall draußen zu werfen. Ich kann nicht Öffnen das Tür Tor weil die Kokosnuß Handfläche hinunter auf dem Tür Tor fallenlassen hat. Ich habe gedacht, daß ich den Wohnung Frau Eigentümer fragen soll: Was ist zu diesen Bäumen geschehen? Ich bewässerte sie aber jetzt warum sie zu jener Bedingung gedreht haben. Sie ist herausgekommen und hat mir daß der versuchte Einbrecher erzählt. Ich habe ihn erzählt daß gestern Abend ich die Geräusche vom Dach gehört habe. Ich habe aufgewacht und habe meine Taschenlampe genommen zu sehen, was weiterging, ich habe das Licht innerhalb und aus Seite Haus eingeschaltet. Ich bin Treppe hinabgegangen und ich habe gesehen daß nichts dann ich Licht ausgeschaltet habe, ich bin zurück mein Zimmer gegangen. Die Geräusche habe auf behaltenem Dach, das für wenig weitergeht, während dann ich es gedacht aufgehalten wurde, daß sie Vögel waren. Sie mir hat erzählt, daß sie nicht Vögel waren, sie Einbrecher und den sie in dieses Haus durch jenen Kokosnuß Baum festklammern. Es wurde wie dies zerlegt.
Ich sie der Tag an Neuem Jahr erzählt war. Ich habe erfahren, daß mein ursprüngliches xam Vers Nachricht Papier gestohlen wurde und sie verlassen das Reproduktion Papier für mich. Sie sind die

fachmännische Gruppe, die es nicht ungeschickt wie dieser war. Meine Dinge behalte lösen, Änderung, umtauscht, und unterstützen stellend haben. Sie stehlen nie mein Geld.

Januar 25, 200

Heute habe ich alle Früchte gekocht, die von meinem Neuen Jahr Gericht wünschen. Ich mußte alle Frucht kochen, damit es ein Frucht Pudding geworden ist. Ich muß vorsichtig rohes Gemüse und Frucht sein zu es essen.

Januar 26, 2004

Seien Sie heute ist Montag aber es ist kein guter Tag für Leute zu Öffnen ihr Laden. Seien Sie morgen der sechste Tag Kalender des ersten Monats Luna, Leuten in Viet Nam öffnen sie gewöhnlich ihren Laden morgen, Ich habe etwas wie gehen zu Internet Café machen zum Beispiel. Heute morgen habe ich Frühstück gegessen, ich habe mich vor meinen Waren hingesetzt, ich habe Honig, Artischocke Tee, und Phu Quoc Fisch Soße von Bright Star Geschäft gesehen. Ich habe an meinen Schmuck von Französisch Viertel Neu Orleans Stand und Sicherheit Produkt von phiem.com und aphiem.com Website gedacht. Ich habe drei Mal Geschäft machen, ich jenen Geld drei Mal habe verloren.

Januar 27, 2004

Ich habe meine Zeit in Viet Nam ausgegeben bis heute aber ich nichts hier außer finden habe, der xam Vers Nachrichten an Dinh Co Pagode und Helfen finden könnte wenn ich gebraucht habe. Der xam Nachrichten raten, daß mich warte bis das richtiges Mal. Ich suche noch einen begabten Prophet, der Fähigkeit hat, die Zukunft vorauszusagen, und habe die Vergangenheit gewußt. Die intelligente Quelle ist die Logik zu suchen und zu vertrauen. Wie kann ich in die intelligente Quelle erhalten? an diesem meinem Alter habe ich noch keine Genehmigung, meine Wurzel zu wissen. Ich muß sogar an meinem Grab warten. Sie schauen zu sich an.

Was sie zu mir das unschuldige Kind machten. Sie beleidigen, humuliate, mißbraucht haben, hat meine menschliche Würde, jetzt, meine Kinder beraubt. Wie moralisch sind sie? Jetzt will ich es an irgendeinem Preis wissen. Geschichte Zeit ist genug, es jetzt zu offenbaren.

In Europa habe ich nichts gefunden auch, ich nach Europa gekommen bin, war ich ein Tourist, damit ich von Ort zu Orten besucht habe. Eines Tages habe auf meiner Reise, ich mich an Tisch außerhalb des Restaurants hingesetzt, nachdem ich Suppe angeordnet habe. Dann ist das alte Paar gekommen und Hallo sagt habe mich dann neben mir gesessen. Das Paar glücklich ist und sie schaut schön und sanft an, Sie hat Lächeln fortgesetzt. Der Herr hat mich in seinen neugierigen Augen irgendwann angeschaut. Dann ist die Frau innerhalb des Restaurants und sie lined gegangen, auf Mahlzeit anzuordnen, ich habe die Stimme gesagt auf Englisch (in Frau Stimme) gehört, "Sie sollen besser sie es erzählen". Ich habe meinen Kopf zur wartenden Linie im Restaurant gedreht und ich habe gesehen, daß die alte Frau ihren Körper gedreht hat, und habe mich in der Weise angeschaut, daß sie war bange ich jenen Satz gehört habe. Nachdem sie Mahlzeit angeordnet hat, sie zurückgekommen und hat sich hingesetzt. Ich habe gesehen, daß zwei Herren innerhalb des Restaurants Gegenteils uns gesessen haben, ders uns geschaut und Lächeln fortgesetzt haben. Wir wurden kein Wort umgetauscht während wir an jenem Tisch gesessen haben. Die Frau, die sie drei Mal war, hat sie ihre Stimme erhoben laut "Braun" zu sprechen.

Ich habe am ersten Mal nicht bemerkt aber das drittes Mal muß ich auf dieses Wort achten, dann hat das Paar zu mir auf Wiedersehen auf deutsch gesagt. Ich bin zurück zu meinem Hotel jenen Abend gegangen und ich habe in meinem Wörterbuch nach gefinden das Bedeuten des Worts "Braun" zu erfahren, es ist die gleiche Bedeutung auf Englisch Brown, ich habe an Eva Braun und Weiner Braun gedacht. Die Frau die sie nicht Aussehen ähnlich Eva Braun ist, sie sieht wie das schöne Mädchen das sie ihr Gesicht in der

Hitler Zeit gemessen haben. Das ist alle, die ich in Europa gefunden habe.

XXXX

Ich bin zu Südlichem Amerika gegangen, Eines Tages hat der Taxi Fahrer die anderen und unseren Reise Wegweiser ab fallenlassen. Taxi Fahrer hat mich zu meinem Hotel getrieben unterstütze. Auf dem Weg zu meinem Hotel hat er gezeigt und hat erklärt, daß die Landschaft die wir an vorbeigegangen sind, als ich das Gebäude gesehen habe, habe ich gesagt, daß es aussieht wie in München. Wir beide behaltene schweigsam bis ich zu meinem Hotel erreicht habe. Ich ihn habe trinkgeld gegeben und sagt vielen Dank, Er mir hat vielen Dank Mam gesagt. Das ist alle, die ich von Südlichem Amerika auf meiner Ausflug Reise erhalten habe.

Seien Sie hier die xam Nachricht zum Fragen meiner Wurzel, meine Familie an Dinh Co Pagode:

Ankündigen, das alles nicht von Gott
Ankündigen ist, das alles nicht von Natur
Ankündigt ist, daß etwas menschlich geschaffen
Ankündigt sein kann, daß etwas gemachten Mann sein kann.

Nehmen Sie meinen Rat, macht nichts für Safe und glücklich,
Wenn Sie wissen, daß für Machen Ihr Geschäft (Ihre Aufgabe)
Sie Gewinn zweimal von Zählen machen werden,
Voll Liefert von Waren und Gewinn zweimal von Zählen.

Muon viec cho hay chang phai troi
Theo loi giu phan moi an vui
Neu tuong le ay ma buon ban
Hang hoa day thuyen mot loi hai

Januar 28, 2004

Gestern lese ich meine Kinder Vater E-mail, er hat gesagt daß er meine E-mail gelesen hat dann er Schock war. Er weiß wie nicht zu sagen. Er hat T vorgeschlagen. Nachdem ich E-mail geschickt habe, ich bin zur Reise Behörde gegangen und Fahrkarte zu kaufen, dann ich nach Hause zu gehen. Ich bin zu Bank gegangen, mein kleines Geld in meinem acc zurückzuziehen. Jenes Geld ist genug für die Fahrkarte jedoch ich habe wenig zusätzlicheres Geld gebraucht, Ich habe es von ATM maschinen nächster Tür erhalten. Ich ging zu Internet café fur E-mail mein Flug Plan zu Heim geschickt machen. Ich was zu meinem Briefkasten gegangen mein Buch für Beweis Lesen. Nachdem daß ich zu Supermarkt in jenem Gebiet gegangen was Lebensmittel geschäft dann Rückseite zu zentralem Postamt zu mehrere Telephone Rufe machen. Ich habe die Frau an TB in Vung Tau gerufen und ich habe sie nach dem Mädchen gefragt und erzahle das Madchen geschichte. Hat sie eine Reise zu Saigon ab an ihrem Tag gemacht? Der TB Eigentümer hat mir daß die Mädchen stille Arbeiten dort erzählt. Der Eigentümer hat daß die Geschichte nicht gedacht die ich ihr erzählt hat, sie mir hat gesagt daß ich falsch sie zu einigen Ein sonst sein kann.
Der Leisten, den ich zu M S telephoniert habe der in Entwicklung Vermessung Land Büro arbeitet. Ich habe ihn erzählt, warten bitte auf mein Gesetz oder diskutieren meinen Fall wie jener Papier Arbeit zu passen.

Januar 31, 2004

Am 30. Januar 2004 bin ich gegangen, eine andere Fahrkarte an T zu kaufen. Reisen Sie Behörde weil das Ding geschehen wurde, meine Reise zurück Heim zu verhindern dann ich bin gegangen innerhalb des Doms, der zu Saigon Zentralem Postamt geschlossen worden ist. Ich Viet Nam am Januar 1989 erste Mal erinnert mich zurück gekommen was, die ich auf der Bank innerhalb dieser Kirche mit meinen Erinnerungen mit meiner Traurigkeit hingesetzt hat. Ich fühle meine Seele damit ungeheuer traurig, damit Seele als mein Land zu der Zeit verlassen hat. Ich habe zu meinem eigenen Leben, meiner Familie, und meinem Land angeschaut, Ich habe es zu Gott gebetet. Heute fühle ich meine Seele als in kleine Stücke zerlegt wurde. Ich habe mein Leben, meine Kinder leben, meine Familie, und mein Land reflektiert, Ich habe zu Gott gebetet.

Februar 1, 2004

Lassen Sie denkt an Deutschland und Amerika, Amerika hat versucht, ihre Leute durch Zeigen von Massenvernichtung Filmen zu vergiften. Geschichte Zeit, ist jetzt, es lang genug, die Wahrheit zu offenbaren.

In Viet Nam bevor 1975 die Zeit Chinesische Domäne alle Wirtschaft von unserer Land war.
In anwesender Zeit habe ich beobachte daß Chinese ihre Linien begonnen hat.

Heute ist Jude In Vereinigten Staaten, Juden Domäne aller Amerika Wirtschaft und die ganze Welt. Die große Wall Street ist in Israel, leider der politic Einfluß sowie Wirtschaft.

Lassen Sie geht zurück nach Deutschland in Hitler Zeit, Hitler war die Fuhrer und Jude war die Zahl zwei, Juden folgte in hohen Positionen. Schauen Sie nach Amerika jetzt an. B ist die Fuhrer und Jude ist die Zahl zwei, Juden folgt in hohen Positionen.

Leute im Teil dieses Planeten wissen, daß Amerika gut ist.
Leute im Teil dieses Planeten haben gewußt, daß Deutschland gut war.
Das war wahr.

Dies ist meine Meinung. Juden muß und danken anmutig zu Deutsch zu sein. Wenn Jude nicht und nicht will erobern und verraten das Land machte, Deutschland ihnen zu helfen erfolgreich in Deutschland war, während heute sie in Amerika sind. Juden denkt an sich.

Unterstützen Sie zu Viet Nam Chinesen denkt an sich.

Unterstützen Sie nach Amerika

Jetzt welcher Jude und Chinese will von Amerika haben?

Geschichte wird sich wiederholen, wir werden das nicht vermeiden.

Seien Sie oben im Feld von politic und Wirtschaft. Hier ist dies in Wissenschaft Feld.

Dr. Mangel

Der Zeuge war zwillings in Dr. Mangel zu der Zeit pflegen, jener Herr hat aus gesprochen, Dr Mangel hat mich jeden Tag gepflegt. Ich habe mein Leben als Sie sehen können, Dr. Mangel hat nichts gemacht zu mir schaden.

Von jener Geschichte Dann meine Geschichte

Wer ganzes mein Leben vergiften versuchen muß? Es ist nicht nur physisch aber es ist auf jedem Feld und auf jedem Element eines Menschen auf diesem Planeten hat existiert. Das ist ein Spiegel, meinem Geschichte und Dr. Mangel zu reflektieren. Wissenschaft, jetzt, hat Dr. Mangel Erfindung aber Wissenschaft Gesellschaften Angst verwendet zu sprechen, zu zuerkennen, sich an zu erinnern, Dr. Mangel Erfindung zu erkennen.

Dr. Mangel ist der Vater von Gen Grundlage.

Herr Weiner Braun ist der Vater von NASA Grundlage.

Februar 4, 2004

Heuter Ich lese meinem E-mail, meine Familie Lage mich von einem Ding zu einem anderem hat gemacht umstürze, es scheint und es weitergehen hat behalten, Ich habe nach Hause ich dann aufgehoben werde gehen, Ich habe nach Hause ich dann aufgehoben werde gehen. Das hat mich verrückt getrieben. Ich bin zu Long Hai und hinter Saigon in eines Tages gegangen, Ich will mein Kinder Vater Ruf FBI, ungefähr daß in meiner E-mail zu reden. Nachdem ich habe geschickt E-mail die ich auf Internet gesucht habe, und ich habe FBI Anschrift gefunden. Ich werde FBI einen Brief zu schicken, eine Untersuchung zu haben oder helfen gevollt.

Februar 5, 2004

Ich bin Postamt heute morgen gegangen und habe meinen Brief zu FBI in Vereinigten Staaten abgeschickt.

Am Tag bin ich zu Dinh Co Pagode gegangen, den ich gefragt habe:
Wer sind sie die Leute hinter meiner Rückseite? Warum machten sie daß, für was logisch denkt? Was muß ich machen?
Dies ist die xam Nachricht zu meiner Frage in Vietnamese den ich zu Englisch übersetzt habe.

Leute haben nicht Ding zu machen, sie wirkliche schlechte Leute sind.
Von dieser Ecke des Ozeans zu entferntem Sonnenuntergang haben sie kein Ziel, befreien Zeit Spielen und Genuß.
Denken Sie und lassen Sie vorbereitet für die Reise Rückseite, wo Sie gesetzlich sind. Wenn nicht die Welle der Natur Ihnen jetzt schadet.
Diese xam Nachricht hat für Deshalb Han Vuong Geschichte vorgeschlagen Zurückblicken. Leute können das sehen. Ich werde mein Land lösen, wenn ich mich nicht befinden die schlechten könnte, und könnte die schlechten Leute bestrafen.

Nhung nguoi nhan ha that nguoi hu
Goc bien chan troi chi nhon nho
Thoi phai lieu ve noi co ly

Khong thi song nuoc hai bay gio

Que xam nay ty nhu So Hang Vuong khong nghe loi Pham Tang, chang chiu chem Hon Bai Cong chang chiu trong dung Han Tin nen phai that co binh thac toi O Giang.

Februar 6, 2004

Meine Kinder, sie die Welt Erzählen was Ich machte ihre Gemüter zu kontrollieren was.
Ich weiß nicht wie zu beginnen, sagen, wie es in meinem Gemüt und ganz mein Körper frustriert wird, sie die welt, jetzt will ich wirklich Kraft haben, üble Hypnotik zu brechen. Ich werde jene Kraft haben, meine Kinder zu kontrollieren, bedenkt, als sie gesagt haben, um zu schützen, zu helfen sie nach rechts Pfad, zum glücklichen Leben, zu normalem Leben zu führen. Leider war es spat, leute um mich zu schützen sogar Leute mir folgen oder Leuten zu schaden deutlich kannt sehen. Ich lasse meinen Kinder Schritt auf meinem Kopf, in Reihenfolge ich sie in meinen Händen, meinem Blick, meine Augen habe zu schützen, zu helfen, sie zu führen, sie nach rechts Pfad zu führen ihre Träume, zu einem glücklichen Leben zu erfüllen. Ich will Harmonie mit meinen Kindern. Haben sie das gesehen? Haben sie das erkannt? Bin ich falsch? Bin ich dumm? Bin ich verrückt?

Februar 7, 2004

T E-mail zu mir geschickt machen, der er eile diesen Februar heiratet zu erhalten. Ich werde Vereinigten Staaten oder nicht zurückkommen.
Ich gehe nach Hause für was, ich nicht arguer nicht könnte kämpfen kann. Gehe ich nach Hause und mache was?

Februar 8, 2004

Heute bin ich zu Binh Trieu Kirche gegangen, Rein Maria dort zu besuchen. Ich wurde benutzt jene Kirche zu besuchen als ich in

Viet Nam gelebt hate. Zwei Mal bin ich Viet Nam zurückgekommen, ich bin dort gekommen zu beten. Diesmal, bevor ich will Viet Nam verlasse ich mochte Mutter Maria kommen zu besuchen. Was auf in meinem Gemüt und meinem ganzen Körper angehäuft hat, Ich könnte kein Wort haben zu ihn zu sprechen. Ich fühle innerhalb mich als eine Stelle der Bomben. Ich könnte keinen Satz haben zu beten, Ich weiß nicht was zu beginnen, Ich weiß nicht wie zu reden. Ich habe dort Eine Weile ich gesessen was dann ich Mutter Maria mich zu reden, zu beten, gefragt hat gelehrt zu beginnen.
Nachdem ich jene Kirche verlasse, die ich zu Karte Leser auf dem Heimweg von An Dong Markt gegangen bin. Ich will um meine Familie, meine Kinder, und meine Wurzel meine Zukunft wissen.
Der Karte Leser haben gesagt:
Daß ich Geld nicht habe, das ist nur die Ausrüstung.
Wenn ich Geld verdient habe, können meine Kinder nicht.
Wenn ich machte, habe ich viel Geld gemacht und nicht hätte wieviel ich gehabt weiß.
Jetzt höre ich auf meine Kinder zu lieben weil sie auf meinem Kopf gesessen haben.
Ich habe sechs Sinne.
Ich habe immer Heilige oder Leute mit mir, mich zu schützen.
Meine Kinder erhalten Vorteil von mir.
Ich bin einsam.
Einige eine gemachten Fehler aber es fällt auf meinem Kopf (ham oan).
Sie sind Frau aber Sie Mann Aufgabe machen. Sie sind fuhrer des Hauses.
Ich kann was den ich und Erfolg in Zukunft haben will.
Ich kann mein Ziel mehrere Monate erreichen zu kommen.
Ich bin an allen gefährlichen Materien, Dingen, und Lage für letztes Jahr vorbeigegangen.
Dieses Neue Jahr wird kommen und ich werde darüber an diesem Monat springen.
Seien Sie heute 18 vom ersten Monat Luna Kalender. Das eine an Dinh Co hat gesagt, daß 16 von diesem Monat alles enttäuscht hat, daß für mein ganzes Leben beendet werden sollte, beraubt worden war.

Februar 9, 2004

Ich habe an Unordnung Körper und Gehirn gedacht.

Februar 10, 2004

Ich bete zu Gott für Menschliche Würde. Ich bin gegangen zu speichern, Speise zu kaufen dann bin ich zu Schmuck Geschäft bewässert gegangen. Ich habe gefragt, daß Leute dort anschauen meinen imitierten Schmuck T. hat gegeben mich auf Weihnachtstag Geschenk zu erzählen hate. Ich habe auch meinem Kubischen Zirkoniumdioxid ich es vor mehr als 20 Jahren gebracht habe gekauft. Nachdem ich verkauft habe, und ich habe meine Diamanten gegeben, meinen Verwandten, ich nie Verkauf mein jewelries für mich oder meinen Ehemann oder meine nötigen Kinder zu helfen. Ich trage gern Diamanten damit ich es gekauft haben. Der Mann in Schmuck Geschäft hat es wider gespiegelt und er hat gesagt, daß mein kubisch Zirkoniumdioxid der Span Stein ist, ist es nicht Diamant und der imitiert Schmuck, es wie Frau barrettes ist. Ich habe es durch jene Schleife auch gesehen, diese Schleife hat irgendeinen Stein gleich angesehen aussieht. Es sieht aus, wie wir den Code des Diamanten in der Rückseite lesen müssen. Ich behalte gern den imitierten jewelries weil das mein Andenken am Tag ich war, sie habe empfangen. Ich freute mich sie zu haben, sie zu tragen. Ich trage gern Schmuck und ich habe viel Schmuck Geschäfte in Viet Nam jetzt gesehen.

Februar 14, 2004

Ich bin zu Bangkok von Saigon auf V N Luftverkehrsgesellschaft gereist und ich habe Hotel in Bangkok, Thailand am 12. Februar 2004 an gemeldet.
Ich habe E-mail L. mein Sohn geschickt und dann hat ich L. E-mail lese er gesagt hat daß er versucht mich vielmals zu rufen aber es war durch erhält nicht.

Ich bin zu großem C Geschäft gegangen. In Thailand Religion treten Sie als die nationale Kultur hervor. Der Reise Wegweiser hat mich gefragt. Was wird mich in Thailand beeindruckt? Ich habe ihnen Religion erzählt.

Februar 15, 2004

Gestern bin ich zu großartigem Palast und König Rama Familie Tempel gegangen, Ich habe Bilder genommen aber meine Kamera war unfähig, es für mich gefangen zunehmen. Ich habe gekauft und geänderte Batterie aber es arbeiten nicht, Ich habe es geöffnet und habe den Film repariert aber es war nicht jene Ursache. Heute habe ich digitale Kamera mit mir genommen, lassen Sie sieht das Ergebnis, Ich muß hier aufhalten und ich bin unten gegangen, meine Reise zu Tempel Stadt anzuschließen. Als ich zum Pagode erreicht habe, und ich habe gefragt, daß mein Reise Wegweiser Bild für mich genommen hat, meine digitale Kamera war nicht Arbeit zur Zeit, kraft wird noch angezündet abgewiesen hat aber Knopf gedrückt wird ihm Aufgabe zu machen, so habe ich diese Chance hier auch verloren.

Februar 17, 2004

Ich bin zu Pataya Strand gegangen. Ich bin zur Reise und mit anderen Touristen von Indien gepaßt Sie sind zwei Familien. Der Reise Wegweiser und der Fahrer sind chinesisch. Sie hat uns an Schmuck Geschäft aufgehalten. Es regte auf zu sehen, Ich habe zwei faux Diamanten Ringe für mich gekauft. Amerika Diamant, Umsatz Mann und Frauen haben uns erzählt, daß sie uns eingeladen haben, Schmuck zu kaufen. Es ist nicht wertvoller Keim aber ich trage gern es mit Freude, Ich habe zwei China Jade westlicherer Stil bangles für meine Familie Mitglieder gekauft.

Februar 18, 2004

Ich habe genug Geld auszugeben aber ich habe zwei imitierte Ringe und bangles gestern gekauft und ich es Bargeld gezahlt machen, Ich bin zu Bank gegangen, BarGeld oder geld Fortschritt von Kredit Karte einzulösen, aber ich könnte das machen nicht, Ich muß mein Geld verwalten.

Februar 19, 2004

Ich einer Luft Fahrkarte gekauft hat, gestern von Reise Behörde, sie meine Fahrkarte zu meinem Hotel liefern werden, mein Plan werde den ich Bangkok am der 24 Februar 2004 verlassen.

Februar 20, 2004

Ich meine Fahrkarte wieder und wieder aufheben machte, ich könnte es nicht, so setze ich meine Reise zu Los Angeles.

Februar 21, 2004

In Amerika habe ich Individualismus gelernt aber ich bin dort von Viet Nam, unserer Kultur, unsere Lehre verschieden von Amerika gegangen war.

Februar 22, 2004

Ich habe nur einen Stern erfahren von meinen kubischen Zirkoniumdioxid Ring hat verloren, Ich habe daß verloren Stern am Ausguß, Ich habe es wahlen auf, ich es habe gewaschen, und ich habe es im Nylon Sack als ich es gekauft habe. Ich bin so glücklich!

Ich werde BangKok verlassen, Vielmals wünschte ich, daß die Informationen um meine Wurzel von intelligenten Quellen ausgegeben würde. Ich habe keine Hoffnung gehabt, damit ich zu psychisch gedreht habe, Ich suchte das wirkliche begabte, das die Zukunft und die Vergangenheit voraussagen kann, Ich könnte keine Lösung finden. Wenn ich Floh Markt Geschäft in Neuem Orleans machte, habe ich viel fortunetellers und Zähler in mehreren Studien Voraussage gesehen. Ich habe nur eine harte Zeit und Schwierigkeit Zeit gehabt aber was habe ich um gebeten. Ich habe mich selbst erzählt, was je welcher auch immer geschehen ist, ich meine Kinder mußte gewöhnt erheben bis sie promoviert haben. Was ich wissen mußte, was ich fragen mußte. Jetzt habe ich Voraussage Zähler gebraucht, meine Frage zu beantworten aber sie sind entfernt. An Ein von Vermögen-Zählern, er gesagt hate Ich habe mich es erinnert, daß er voraussagen kann was 25 Jahre voraus geschehen wird als ich an seinem Ort vorbeigegangen bin.

Februar 23, 2004

Heute habe ich meinen Flug plant geprüft dann bin ich zu Internet Café zu lesen gegangen, Ich E-mail Heim zu aufgehoben meinen card für mich zu schicken weil ich will jenen karte wieder nicht benutzen.

Februar 24, 2004

Heute bin ich von Bangkok zu Los Angeles geflogen, Ich habe Thai Luftverkehrsgesellschaft receptionist erzählt, ich zu Los Angeles gehen wollte. Meine Fahrkarte, die ich von Bangkok zu Dallas FWT gekauft habe. Ich lasse daß sie fortsetzen weiter als meinen Fahrkarte Plan zu machen.

Ungefähr habe Geld das ich nicht erfolgreich Geld von Bank gehabt hat aber ich habe noch Geld, mit meiner Verwaltung auszugeben, genug Speise, Taxi, Wasche, Trinkgeld, Flughafen Steuer zu haben und dann von Los Angeles zu in die Stadtmitte Los Angeles zu gehen, Hotel zu suchen, ich habe $55.00 für Taxi gezahlt. Ich habe das Gasthaus an CA 90004, Vereinigten Staaten angemeldet. Nachdem lange Reise, die ich schlafen mußte, Ich habe geschlafen und ich habe aufgewacht, Wasser zu kaufen, und Speise. Jetzt 9:55 P.M. Pazifische Zeit ist.

Februar 25, 2004

Ich habe keine zeitliche Verzögerung diesmal aber ich war woken auf zwei Mal die fur Geräusch von Maschine. Der Schreibtisch

Protokollführer gerufen mich auf an 11:00 hat geweckt. Ich habe Taxi genommen, zu wohnhaftem Hotel zu gehen, $159.00/woche zu mieten, Ich habe Bargeld gebraucht für dieses Hotel zu zahlen. Ich habe Bargeld von Credit Card brauchen.

Februar 26, 2004

Heute habe ich von Gasthaus zu wohnhaftem Hotel an Post zip code 90057 bewegt. Nachdem ich meine Koffer in mein Zimmer stele, Taxi Fahrer hat mich zur Anschrift die ich vom Telephonbuch an meinem Zimmer gestern Abend getrieben habe gesucht, meine Anwendung einzureichen. Ich bin zu mehreren Orten gegangen als ich es von Beginnen machte. Ich bin hinteres Hotel gegangen und ich habe Mittagessen dann ich bin zu klein einzelhandel gegangen, Lebensmittelgeschäft zu machen, und dann Wäscherei zu machen.

Februar 27, 2004

Heute bin ich Postamt gegangen, meinen Kindern 3 Pakete zu schicken, Ich habe Geschenke, mein Album, mein Computer, und mein elektronisches Gerät heim geschickt. Feuchtigkeit in Viet Nam hat meine Bilder leicht beschädigt, mein Computer war in Ausfall Bedingung, Ich könnte es nicht benutzen. Dann bin ich gegangen Behörde reisen, Fahrkarte zu kaufen zu Saigon zu gehen, Ich bin zu ATM gegangen, Geld einzulösen aber ich war nicht Erfolg, Ich werde zu Viet Nam ohne Bargeld gehen. Ich bin zu Internet gegangen, und ich E-mail meine Kinder zu schicken.

Februar 28, 2004

Gestern Abend habe ich normal geschlafen. Ich habe spät heute morgen aufgewacht, es war fröstelnd in meinem Zimmer, damit ich mein Zimmer Fenster erfahren habe, es öffnen war. Ich habe es nicht geprüft als ich in dieses Zimmer bewegt habe. Ich war nicht sicher es gestern Abend öffnen war, bevor ich im hotel melde an, Ich habe nichts in meinem Zimmer gefunden wurde gestört. Ich bin hinabgegangen zu bitten, daß vorderer Schreibtisch jenes Fenster

für mich schließt. Dieses Bauen, das ich erraten habe, wurde Cameron Ave. Bauen das gleiches Mal gebaut haben, Ich könnte sehen, daß die Türklinke und der Fenster Rahmen das gleiche Modell sind.
Ich habe L. heute morgen gerufen aber ich verlasse nur Nachricht, er nicht Heim war.

Ich bin gegangen zu speichern, Batterie zu suchen, aber ich könnte Batterie finden nicht, die ich gebraucht habe. Ich bin ins Geschäft gegangen, wo ich Kuchen gekauft habe. Ich habe um den Preis es 99cents gebeten ist. Gestern habe ich einen anderen Kuchen gekauft, es war 99 Cents auch, meine Mahlzeit war 99 Cents. Ich bin nach Hause gegangen ich meine Batterie durch Glück versuchen habe, ich habe zwei Batterie gefunden, Ich danke Gott, Ich erzähle die Wahrheit, jedesmal habe ich wirklich etwas gebraucht, es erscheint immer rechts zu der Zeit. Es war am Tag ich habeTaxi von LAX Flughafen genommen fur Hotel oder Motel zu suchen. Als ich den Zeit Meter reichen zu $50 Dollar (wir haben aufgehört gesehen daß Zimmer im Hotel dann wir fortsetzen, weiter Hotel oder Motel zu suchen.) Ich wurde erschrocken, daß ich genug Geld nicht habe, für Taxi zu zahlen, wenn ich Hotel jetzt nicht finden könnte. Dann habe ich Gasthaus Recht zu der Zeit gesehen, Ich verwalte mein Geld von Thailand und ich habe noch $119.00 Dollar für die Reise nach Vereinigten Staaten. Den Tag kann ich nicht Erfolg zurückzuziehen meinen Bargeld Fortschritt von Kredit Karte einzulösen. Ich wurde wirklich erschrocken in jenem teuren hotel für $100.00/night muß bleiben, Zu der Zeit habe ich mich an ich eine andere Karte erinnert habe, die ich es einlösen kann. Es ist glücklich für mich. Ich habe jenes Geld gehabt, dieses wirtschaftliche Hotel anzumelden, und ich habe Geld gehabt, diesen folgenden Abenteuer Tage auszugeben.
Ach! habe ich Glückliche Frau gesagt!
Heute abend habe ich mich an einen Wahrsager in Viet Nam erinnert. Er hat mich erzählt. "Sie müssen Gott fragen was Sie brauchen. Wenn Sie nicht fragen, weiß Gott nicht was Sie wollen." Ich hatte zu Gott gebetet: Gott ich gibt und Gott weiß was ich will und was it brauche. Jetzt habe ich meine Gewohnheit geändert, Ich

Gott gebeten daß ich will daß Milliarde Dollar haben und ich will eine Welt Reichtümer Frau werden und ich will ein normales Leben lebt haben. Ich will meinen Verein, Organisation betriebt mit mir meinen Reichtum und unsere Ziele zu verwalten. Ich will nicht nur mich selbst oder nicht meine Kinder entscheiden was zu machen aber der ganze Verein und die Organisation mit mir entscheiden zusammen und geben ihre Meinungen. So jetzt ist es nicht nur Gott, die ganze Welt wissen was ich will für und bete kann.
Ich habe telephoniert und habe mit L gesprochen, es freute sich mit ihm zu sprechen, Ich ihn habe erzählt, daß ich Viet Nam nächsten Dienstag zurückkomme.

Marsch 1, 2004

Wenn K.C hat mich umstürze gemacht, ich die Flamme des Reisens ausgelöscht wurde. Jetzt T.das Ding mich umstürzt machen, ich wollte reise.

Marsch 2, 2004

Ich werde hinter Viet Nam heute abend fliegen und ich bin gegangen aus fur Schuhe zu kaufen und Medizin für mich. Heute morgen habe ich aufgewacht und ich habe mich was ich gestern Nacht erinnert habe geträumt an. Ein der Weg bin ich zu den Geschäften vorbeigegangen die ich habe am Geschäft gesehen wo daß eine weiße Statue Rein Maria anschaut ähnlich ich gestern Nacht geträumt habe, Ich habe gedacht, daß ich sie auf dem Rückweg zu meinem Hotel sehen würde, leider für mich ich jenes Geschäft wieder nicht finden könnte, es kann zu der Zeit geschlossen werden.

Dieser Umstand hat mich an stattgefunden hat gemacht Ich habe erinnert, daß ich von mehreren Religionen gelernt habe. Wir beten bis wir daß Gott träumen, zu der Zeit wir wissen daß unsere Seelen und Gott am Geist Punkt treffen. Das ist die Antwort.

Heute abend bin ich zu LAX gegangen und ich könnte anmelden nicht, weil ich Visum nicht gehabt habe zu Viet Nam zu gehen. Ich habe Luft Fahrkarte gekauft, zu Saigon zu gehen als ich habe gewußt daß Visum Bedingung Viet Nam zu besuchen. Ich habe noch meine Fahrkarte von Los Angeles zu Saigon mit mir, Ich will es schicken zu Behörde reisen aber die Frau an C Büro mir vorgeschlagen, daß ich es über Post nicht schicke machen, es wird verloren werden. Das ist meine Luft C Fahrkarte. Ich könnte Luft C nicht anmelden, damit ich habe gekauft Lüft A Fahkarte zu gehen zu Bangkok, ich hoffe daß Bangkok wird geschlossen zu Viet Nam und der ich zu Viet Nam leichter gehen kann, als überall.
Ich bin Bangkok, der nach langen Stunden Übertragung wartet auf Seoul angekommen zeigen.

Marsch 5, 2004

Heute habe ich Fahrkarte gekauft zu Saigon ohne Visum zu gehen, nachdem ich von VN Luftverkehrsgesellschaft Hilfe suche werden, Ich bin Tan Son Nhat, Saigon ausgeschöpfte Reise angekommen haben und ich nicht genug Geld für Hotel, Taxi zu zahlen, und sogar Speise 3 Tagen leben gehabt, wenn ich in Los Angles oder Bangkok für VN Visum Erhalten haben. Ich bin zum Schreibtisch gegangen zu Visum zu beantragen, ich habe zwei Autoritäten Sorge getroffen und meine Papier arbeit haben genommen dann ein Bericht wurde gemacht, Ich habe gesehen daß viel Leute dort mir helfen will. Ich bin Bangkok zurückgekommen und ich habe Hotel unter 600 B/nacht mit eingeschlossene Steuer angemeldet, Ich habe nächsten Morgen übergeprüft und ich habe Taxi genommen zum Flughafen zu gehen. Ich habe Fahrkarte gekauft nach San Francisco am Flughafen Fahrkarte Büro.
Ich eine Frau von Viet Nam getroffen habe im Bangkok Flughafen, wir haben geredet und wir haben mehre ausgesetzts verstanden an. Ich habe gesagt, daß gutes Glück zu ihr auf ihrer Reise zu Europa dann ich zum Tor gegangen bin, auf meinen Flug zu warten, zu San Francisco zu gehen.

Marsch 7, 2004

Ich bin in San Francisco Internationalem Flughafen dann ich habe Fahrkarte gekauft zu Vancouver, Kanada zu angekommen. Ich wartete am Flughafen jene Nacht und ich werde zu Kanada nächsten Morgen fliegen. Die Welt hat geändert worden bin ich in diesem Augenblick gewußt haben, Ich habe Zeitung nie gelesen und habe Fernsehen dem August 30, 2003 zu geschaut. Ich bin Los Angeles zurück gekommen und ich setzte meine Reise zurück Neuen Orleans fort. Ich Viet Nam Visum verwenden einzutragen wird.

Marsch 8, 2004

Ich komme New Orleans an, ich habe gehabt $ 40.00 fur Taxi und einige Münzen die ich haben gezählt nicht, ich schulde noch Taxi Fahrer $5.00, das Verkehr Klemmen hat uns auf dem Weg zu New Orleans Osten aufgehalten.
Ich habe erzählt daß Taxi Fahrer das ich nicht erwartet hat, Ich habe nicht genug Geld gehabt, für diesen Überfüllung Verkehr zu zahlen. Ich bin zur Tür gegangen zu es Öffnen und mein Sohn hat die Tür geöffnet und den er wurde überrascht weil ich ihn telephonisch nicht berühren könnte. Ich er habe gefragt daß $5.00 für Taxi zahlen, Ich habe den Fahrer erzählt. Es ist so glücklich! Es ist glücklich für mich nicht ihm $5.00 zu schulden. Es ist glücklich für ihn $5.00 zu haben.

Marsch 9, 2004

Ich habe geschlafen von Mittag gestern bis heute morgen. Ich habe aufgewacht und habe gewußt daß es Morgen ist, Ich habe Visum beantragt zu Viet Nam zu gehen.

Marsch 10, 2004

T. Kräuter von seinem Vater zu Neuem Orleans Anschrift schickte.

Marsch 11, 2004

Ich habe meine Rolle die ich für meines ganzes lebens ganz meine Energie beendet habe gezahlt. Jetzt ist es Zeit für mich zu reflektieren und ich wurde überrascht, daß ich zu jenem Alter erreicht habe.
Wie habe ich für jenes Alter vorbereite? Nichts!
Jetzt meine Kinders auf wuchsen waren und sie habe ihre eigenen Leben werden, Ich fühle zu frieden. Gewidmete Zeit hat vorbei dann ich habe mich selbst die Lage gehabt haben gedacht und ich habe gedacht lebens.
Ich habe an beleidigte Fälle gedacht. Wir sind gemeinsam. Wir sind Flüchtlinge. Wir sind aus unserem Land mit nichts in unseren Händen. Wir unsere neuen Leben an neuem Land ohne irgendeine erwartete Vorbereitung dann geflohen haben angefangen. Unsere Kultur teilen uns zusammen in Gesellschaften in unserer kleinen Gemeinschaft wie unsere jede Familie, wir dann hat gebracht und das Kämpfen helfen zu erleichtern, in den Hauptbach in Vereinigten Staaten oder einem anderen neuen Land zu erhalten. Ich habe Individualismus gelernt und ich habe gedacht daß es kein Problem und es sich freuen zu unserer nächsten Generation kann. Denken Sie an das, wir müssen es machen nichts, es wird sein in natürlich schmilzt fliessen. Sie sehen macht, daß Jude 2000 Jahr später stiller Jude ist.

Marsch 12, 2004

Ich bin zu Dr. Büro gegangen auf zu prüfen, Ich bin nach Hause gegangen dann ich Lachs Fisch habe gekocht, mein Sohn und sein Freund lieben mein Kochen, Ich habe Meeresfrüchte gegessen und ich bin O K jetzt mit Meeresfrüchte hier in Vereinigten Staaten.

Marsch 13, 2004

Ich habe Fahrkarte gekauft zu Saigon zu gehen. Ich bin zu Französisch Viertel gegangen und ich fortunetellers zu suchen, Ich habe Frage, Ich könnte diese Antwort nicht finden. Ich habe eine Chance gehabt fur Französisch Viertelen Renovierung zu sehen, es ist lieblich zu sehen und zu behalten, Ich habe mehre Mals verloren Jackson Quadrat und Französisch Markt zu finden. Ich könnte den Ort nicht besuchen, den ich Floh Markt auf 1989 machte. Ich habe Bus genommen nach Hause zu kommen, die Bus Linie an Canal wurde geändert aber unser Gebiet Busse sind gleicher Plan und um leiten als ich gefangen hatte wenn ich Geschäft an Französisch Viertel machte.

Marsch 15, 2004

Am der 13 Marsch 2004 bin ich zu Französisch Viertel gegangen. Ich habe zum Dom erreicht und ich habe die Linie von fortunetellers vor der Kirche gesehen. Ich bin fortunetellers gelaufen dann ich am kleinen Tisch aufgehalten das ich gedacht habe, daß er Mitte-Osten und Uraltes Europa Üben hat. Ich habe ihn gefragt: Wenn er Fähigkeit hat vorauszusagen, daß Zukunft mehrere Jahre voraus und Rückweg in der Vergangenheit ebenso weiß hat. Er hat gesagt, daß er das nicht machen könnte. Er kann nur ein Jahr voraussagen. Ich habe keine Hoffnung für meine Wurzel gehabt, so wollte ich für mich selbst zur Zeit wissen. Ich habe mich am Stuhl hingesetzt anzufangen, dem Bild Karten zu mischen dann gewählt Ich habe aus der Karte hat gebildet genommen er mehrere Karten in Quadrat gestalten, Ich habe gesehen, daß die Karten mit der Bedeutung erschienen war dann Ich habe gehört, daß der Karte Leser die Ereignisse zu meinem zukünftigen Jahr interpretiert hat. Ich habe ihn Geld ich einen anderen Wahrsager dann gespendet habe gefragt, wenn er meinem Thema helfen könnte das ich zu wünschen zu wissen. Ich könnte die Lösung auf jener Chance nicht finden. Ich habe gedacht, daß dies der letzte Halt für Psychisch Lösung ist. Ich habe entschieden, die Antwort von Dinh Co Pagode an Ba Ria zu wählen.
Mein lieber Leser daß Sie denken werden, was ich eine gläubisch Person als daß meine Kinder mich erzählt hat, Ich weiß es. Lassen Sie bitte, daß ich eine Chance habe, es Ihnen zu erklären. Ich habe gedacht, daß es nicht abergläubisch Thema ist. Es ist eine Wissenschaft wird, wir könnten das eine studiert nicht finden hat und diese Wissenschaft ordentlich geübt haben. Drehen Sie zu

meinem Leben, Ich habe mich das berühmte Astrologer und das anonyme getroffen, sie wurden ganz mein ganzes Leben und meine Ereignisse geschehen haben vorausgesagt als sie vorausgesagt haben, Ich versuche es zu vermeiden, leider kann ich nicht, meine Leser können sehen und können es verstehen.

Astrologie und Hypnotik sind im Wissenschaft Feld. Es dürfte mißbraucht worden oder wurde durch beschimpfen Leute in unserer uralten Zeit, damit es ihm verboten wurde dann es vergessen.
Wir können dieser Wissenschaft von unserer uralten Asche nach spüren:
Zuerst die Form und die Struktur unserer Sprachen dann die Literatur Zivilisation und Folgendes zu erforschen, die es die Theorie unser Universum der Entdeckung war. Diese Epoche, die unsere Vorfahren haben beschrieben das Ganze und das winzige Element und neugierig Frage vom Beginnen unseres Universums und dann es angeblich wurde bestimmt waren. Folgendes dieser Theorie zur Analyse haben unsere Vorfahren das Verhältnis im Ganze erfahren, den Kreis und das zu definieren, verwerten wieder.
An dieser Zivilisation Epoche Astrologie und Hypnotik war geboren.
Heute haben Technologie Epoche die wir gerufen und wir haben es genannt. Wir haben diese Technologie Zivilisation benutzt, unser Universum wieder zu entdecken als wir erfahren haben, und haben gelernt.

Marsch 18, 2004

R. schickte mir eine E-mail und gesagten Glückwunsch mich als Autor Herausgegeben hat mein Buch das vertretend heraus gibt, Zwei von meinen Büchern jetzt bereit zu Öffentlichkeit zu überreichen. Ich T. mein Sohn E-mail habe geschickt, ich läßt ihn Dinge für mich daß macht und empfängt Bücher für mich auch nehmen. Ich möchte vielen Dank deshalb R viel sagen. Wie lang wir zusammen arbeiteten, und wir erforscht Internet benutzten, mein Projekt zu schaffen, und löst meine Projekt probleme zum endgültigen Ziel heute zu erreichen.

Marsch 20, 2004

Mein Sohn und ich trimmen Baume den vorderen Hof gereinigt haben, Ich wünsche, daß ich Geld gehabt habe, dieses Haus für unsere Familie Andenken zu renovieren, Ich will meine Familie Mitglieder nach Hause kommen wenn sie wollen, und leben in wenn sie wollen. Dieses Haus ist unser Heim.

Marsch 21, 2004

Ich habe gesucht und ich habe irgendeiner Firma Anschriften gefunden und ich werde Briefe schicken, ihre Türen zu klopfen fur Viet Nam Produkte vorzustellen, und ich werde sie einladen Viet Nam Produkte zu kaufen.

Marsch 22, 2004

Ich muß ungefähr Individualismus lernen und jetzt muß ich es üben obwohl ich in Vereinigten Staaten seit 1975 gelebt habe.

Ich bin gegangen meinen Verwandten zu besuchen und durch diese Chance habe ich mehrere Geschichten gelernt, Ich habe mich das, das Scherzen war an und jenes Bedeuten die ich für lange Zeit erinnert war habe gehört bis jetzt ich verstehen kann, welche Leute sagten hate.
Ich habe gedacht, daß es nur ein Scherzen war, es war unsere Leben nicht beeinflußt. Es war unsere Gesellschaften nicht beeinflußt. Ich weiß das nicht, wenn das korrigiert werden sollte, Geschichte zu machen.

XXXX

Marsch 23, 2004

Ich habe mein Dokument zu L Computer getippt, Ich war beschäftigt den ganzen Tag und Nacht auch.

Marsch 24, 2004

Mein Sohn hat Geburt Tag Kuchen gekauft, mich zu überraschen, meine Verwandten haben meinen Geburtstag gefeiert, Ich habe eine Chance zu wünschen gehabt und habe ab Kerze auf meinem Geburtstag Kuchen geblasen. Ich hoffe daß mein wünschen wird wahr kommen wenigstens zur die Zeit ist.

XXXX

VIET NAM REISE 2004

Marsch 29, 2004

Mein Sohn hat mich zu New Orleans Flughafen getrieben, Ich bin zu Los Angeles und von Los Angeles zu Saigon geflogen. Ich habe eine Frau in LAX getroffen den wir redeten ungefähr Ankunft Visum, sie hat jene Erfahrung gehabt.

Marsch 31, 2004

Ich bin angekommen Tan Son Nhat Flughafen dann ich habe genommen Taxi zu in die Stadtmitte Saigon zu gehen und habe Hotel gesucht, Ich habe Hotel angemeldet, Ich wurde so ermüdet. Ich bin Hauptmahlzeit in Hotel Zimmer dann ich eingeschlafen habe gehabt.

April 1, 2004

Ich E-mail L. dann ich zu Huyen Si Kirche bin gelaufen. Es war völlig fremder Ort zu mir. Ich habe gesehen, daß Viet Nam schnell Entwicklung ist.

April 2, 2004

Ich bin zu Long Xuyen und Rückseite Saigon in Bus durch eines Tages gegangen.

April 3, 2004

Ich bin zu mehreren Häusern für Miete gegangen zu suchen, in Saigon zu leben, und ich habe Geld für die sparenden verloren.

April 5, 2004

Ich bin zu Bright Star Ranch gegangen, Ich habe dort um 3 PM erreicht, Ich habe meinen Nachbarn Geschenke und meine Ranch Verwaltung Familie auch gebracht, Ich bin gekommen dann it regnet hier. Es ist kalt in der Nacht.

April 6, 2004

Honda Taxi Fahrer eine Flasche des Wassers zu meiner Ranch für mich gebracht hat. Ich bin gekommen meine Nachbarn zu besuchen und sie sind gekommen mich zu sehen. Ich habe meinen Nachbarn erzählt, daß ich Verkauf mein Land will und ich werde wirklichen Besitz in Saigon Verkauf es für mich lassen. Aber werde ich Verkauf mein Land bei der Verminderung Preises für Leute in diesem Gebiet, das Landwirtschaft machen will.

April 7, 2004

Heute habe ich Reis gekocht und den ich habe mit getrocknetem Schweinefleisch gegessen das ich von Saigon gekauft habe, Ich habe ein Dampf Brötchen von Fahrrad Dampf Brötchen Kaufmann zu meinem Bauernhof gekauft fahren, Ich hat irgendeine Zeit Eis Kreme für meine Arbeiters und meine Nachbarn Kinders auch gekauft.

April 8, 2004

Ich bin aus gegangen und machte die Hof Arbeit. Es ist zu heiß hier.

April 9, 2004

Heute it regnet Ich danke Gott zum Bewässern meines Bauernhofs, mein Teich war Grabung für den Sommer und es kann benutzen Fische auch zu erheben.
Heute morgen is einen Mann gekommen war daß meine Ranch zu sehen und er vorgehabt hat zu kaufen.

April 10, 2004

Ich bin gegangen aus schwarze Pfeffer zu wählen, Ach! Die grünen Pfeffer riechen so gut, Ich verpasse grüne frische Pfeffer Ente gebratene. Seien Sie morgen Ostern, Ich habe um diesen Feiertag vergessen. Gott ist innerhalb mich und in diesem Universum. Ich befriedige mit dieser Devise und die ich fühle reinigt und zündet innerhalb meiner Seele an. Mein Nachbar ist gekommen und sie hat mich gefragt, wenn ich Masse besuchen will, diese Masse war für nur diesen Feiertag, es hat 15 km von meinem Bauernhof gefunden. Leute haben Zelt Dach für Dienst Masse gemacht, Ihre Familie hat nur ein Honda aber sie sind mehr als vier Familien Mitglieder in ihrer Familie. Sie hat mir erzählt daß jeden Sonntag villagers zu Madagui oder Bao Loc Masse zu besuchen gegangen sind. Es ist 50 km von meiner Ranch, Ich habe jene Lage von diesem Tag gewußt.

April 11, 2004

Heute mehrere katholische Mitglieder sind gekommen mich zu sehen weil mein Honda Taxi das eine in der Gruppe war. Meine Nachbarn sind gekommen mich zu besuchen, und ich habe sie erzählt daß ich Verkauf mein Land will. Ein von meinen Nachbarn hat mich eingeladen ihre Tochter einen Monat alte Geburt Tag Partei anzuschließen, dann andere Frau gekommen und sie hat mir ein Bündel des Waldgemüses gegeben war.

April 12, 2004

Heute ich bin zu Saigon durch Bus reisen, Ich kauft zwei Körbe mangoes von merchant auf der Weg haben, Ich melde Hotel an, Ich bin gegangen das apt. oder hause für Miete auf klassifizierter Zeitung zu sehen und das Minihotel hat Küche. Dann bin ich zu Grund Besitz gegangen ihnen Verkauf mein Land für mich zu lassen. Hier habe ich um das Haus geredet das ich mieten will. Sie haben mich vorgestellt, das apt.oder hause zu mieten. Ich werde zu jenem Ort am der 1 Mai 2004 bewegen, auf dem Rückweg zu meinem Hotel habe ich Kräuter für meine Nachbarn gekauft.

April 13, 2004

Ich bin zu Ben Thanh Markt gegangen, ich habe ein Kleidung Geschenk für Geburtstag Partei gekauft, Ich habe stocked mein getrocknete Speise machen. Ich bin hinteres Hotel ich habe E-mail geschickt L. zu lassen, daß ihn weiß, daß ich auf meine Bright Star Ranch zurückgehen werde, Ich prüfe Hotel dann ich bin zu Bus Station gegangen über, Fahrkarte zu kaufen zu Bao Loc zu gehen. Als ich zu Bao Loc erreicht habe, habe ich Honda Taxi genommen, zu meiner Ranch zu gehen. Meine größere Beförderung in Viet Nam war Bus, Honda Taxi, cyclo, und ich irgendeine Zeit regelmäßiges Taxi hat genommen.

April 14, 2004

Ich habe gesehen daß mein imitiertes Jade Armband gebrochen wurde, Ich habe die Ursache nicht gewußt, es kann von Übung

Klirren geschehen, es war nicht wahr gemme aber es war in schön färbend Bestrahlung Behandlung.

April 15, 2004

Gestern it regnete so harter und starker Wind, damit mein ganzes Bauernhaus nass geworden hat weil die Wände Decke nicht vollendet werden. In dieser Jahreszeit freue ich mich der regnet. Es ist zu heiß hier. Heute habe ich Zeit meine Zeitung zu lesen, die ich von Saigon gekauft habe.

April 16, 2004

Heute wähle ich Ananas und Vietnamese Pflaume (Man) in meinem Bauernhof dann ich mein Gericht vorbereite, es ist Amish Leben. Ich habe geplant, Haus an der Kreuzung zu bauen, wo das Beginnen meines Lands, Ich habe das gedacht, daß es über dann ich es aufgehalten habe.
Heute der Mann zu meiner Ranch gekommen ist fur der Land Preis zu handeln. Ich Verkauf das Land am Preis ich es nicht will habe das Preis gekauft machen, Ich habe Geld verloren.

April 17, 2004

Ich hatte Ananas gekocht für Gemüse hier zu ersetzen, Irgendeine Zeit habe ich die gekocht und irgendwann habe ich es mit getrockneter Speise gekocht. Ich kann erzählen, daß wirklich Amish Leben ist. Ich habe nicht Honda Motorrad auf den Markt gehen all täglich zu bringen, fast villagers hier es könnte machen, daß kein Problem für sie war. In dieser Jahreszeit Wasser in meinem Land mangel ist, hier Ich übe diese Aufgabe gut alltäglich. Jedesmal regnet es ich so glücklich für meinen Bauernhof und ich kann sehen, daß Kaffee Blumen erblühen, Es färbt weiß ist und es riecht sehr und sehr gut, daß ich niemal es in meinem Leben weiß. Es erblühte eine Zeit nach Kaffee Ernte Jahreszeit, wenn ich hier meiner Ranch verlasse haben und zu Öffnung meiner Bright Star Verkauft an Long Hai machen.

April 19, 2004

Ich bin zu Stadt heute gegangen als Honda Taxi meiner Ranch Wasser gebracht hat, Ich bin auf den Markt gegangen fur Gemüse, Lebensmittelgeschäft, und nachfüllen Gas zu kaufen.
Die Einzelhandeleigentümer dort hat mich gefragt. "Mussen Sie einige Ein Sorge Ihr Land nehmen?" Ich habe ihr erzählt, daß ich Verkauf mein Land will, sie wollte kommen, mein Land zu sehen.

April 20, 2004

Ich geschehen etwas war, daß gewußt was, es weiterging worden ist, so ich zu Saigon kommen will der zu wissen. Heute kommt mein villagers zu meinem Ort haben und sie haben ihrem Moskito Netze gebracht, mit Einweichen behandelt zu werden, das es in gemessener Chemikalie nässt, mosquitoes von heath Posten hier zu verhindern, dieses Programm hilft Leute von gelbem Fieber zu schützen. Dies war die zweiten Mal, da ich dieses Land gekauft habe.

April 21, 2004

Gestern Abend habe ich zu Termite Armee durch traditionelle Methode gekämpft, ein Ding war fremd zu mir. Die Termite ist vom Dach herausgekommen und das sie waren nicht vom Untergrund, Ich habe gedacht it regnet heute will, lassen Sie sieht das Ergebnis.

April 22, 2004

Seien Sie heute Donnerstag den ich zähle es jeden Morgen, Gestern und Heute ist es schöner Tag, es regnet nicht.
Der mann Land Käufer ist zurück gekommen, er noch eine Zeit und ist gehandelt die Preis.

April 23, 2004

Schließlich regnet Heuter, es regnet jetzt, es ist zu heiß hier. Saigon ist heiß auch. Ich bin Viet Nam zurück gekommen, Ich könnte frisches Gemüse und Frucht nicht essen, diese Lage wird zu meiner Gesundheit frustriert, Ich lebe entfernt von Krankenhaus, Apotheke, und Beförderung bin.

April 24, 2004

Ich bin gegangen mehrere Nachbarn hier zu besuchen bevor ich meine Ranch verlassen werde, Ich verlasse meinen Nachbarne meine Dinge, sie hat mir erzählt, daß sie etwas von mir zu Andenken sie haben will, sie will an schauen daß und sie sich mich erinnert an. Ich verlasse meine Dinge an Long Hai und Saigon auch.

April 25, 2004

Seien Sie heute Sonntag ist und heute ist die Wahl Tag hier. Leute gehen und auszuwählen werden, für Kandidaten die für Bürositze von Dorf zu Provinz suchen. Gestern Ein von meinen Nachbarn gekommen ist, mich zu besuchen, und sie mir hat erzählt, daß jene Dollar Umtausch Rate fallen lassen wurde. Ein anderer ist gekommen und hat mir erzählt, daß SARS China zurückgekommen ist und Bauernhof Virus Verunreinigung Rindfleisch.

April 26, 2004

Ich habe shrimps, Fische, und Fisch Soße gegessen aber ich muß vorsichtig sein, Ich bin bange krank hier in meiner Ranch zu werden. Es war zu weit von Stadt und Beförderung ist ein Problem hier für mich. Heute bin ich aus Speise gelaufen, damit ich frischen Fisch von Kaufmann Frau gekauft habe, die Honda zu mein Bauernhof alltäglich fährt. Ich habe Fische mit Ananas, roten Pfeffer und schwarze Pfeffer vorbereitet, alle von diesen Gemüsen werden in meinem Bauernhof gewachsen, Ich habe es Mittagessen dann ich habe das Ergebnis gehabt warten.

April 27, 2004

Ich war gut mit Fischen das ich gestern habe gekocht, Heute kaufe ich einen anderen kleinen Fisch, Phen Fisch wurde genannt, Ich habe es mit Zitrone Gräsern und roten Pfeffer gekocht, die würzig in meinem Bauernhof auch gewachsen wurde.

April 28, 2004

Heute gehe ich aus zum Einzelhandelgestell auf die Route befunden mich um 4 oder 5 km von meinem Bauernhof, Flasche des Wassers zu kaufen, Ich bin gelaufen und ich teile eine Fahrt mit meinem Dorfbewohner, Ich könnte Wasser nicht finden, damit ich Pepsi gekauft habe.

April 29, 2004

Ich habe Bright Star Gedicht, Bright Star Geschichte, Reise, Umwelt, und Wünschen Ich es zu beschreiben, Ich habe dieses Gedicht an 2 A.M geschrieben am der April 29, 2004

BRIGHT STAR

Rauchige Bergkette bildet milchig Wolke,
Mich Anzieht aufzuhalten.
Hier, in der Nacht unten zu beseitigen ich schaue,
Dem Himmel Helle Sterne von jener Chance wurden genannt.
Paradies scheint kurz entfernt,
Als ich auf dem hohen Land gestanden habe.
Stellt Vor daß Mir die Kirche Glocke Leicht klingelt,
Leute in dieser heiligen Umwelt werden segnen.

Phiem
April 29, 2004
Thon 2, Xa Doan Ket

Huyen Da Hoai, Lam Dong, Viet Nam

April 30, 2004

Was vor heute 29 Jahre geschehen wurde? An diesem Tag war ich in Orote, Philippin, Ich war schrecklich traurig.
Heute der Mann Land kaufen kommen ist und er hat gezögert mein Land am fragenden Preis zu kaufen.

Mai 1, 2004

Heute gehe ich zu Saigon von Bright Star Ranch, Ich bin zu Grund Besitz zuerst gekommen das Büro geschlossen wurde, ich zum Schönheit Salon nächste Tür gegangen bin, Sold Telephon Ruf den Frau Eigentümer zu benutzen, Sie hat zu mir telephonisch gesagt, der apt. nicht bereit für mich ist. Der Mieter ist ein Paar Taiwanese still dort lebt. Sie mir hat erzählt, daß ich komme ihren ganzen zweiten Stock zu teilen das wir diskutieren am Tag ich bin ihr Haus gekommen zu sehen. Ich will eine getrennte Wand und privaten Eintretendern, Ich habe eine Küche auch gebraucht. Ruhe ist das erste Ding. Der Frau Eigentümer hat erzählt daß mich ich zum geeigneten bewege, wenn daß Mieter aus bewegen. Ich habe jenen zweiten Stock gemietet, nach dem ich meine Koffer in den zweiten Stock stelle, bin ich gegangen aus fur Flasche Wasser zu kaufen, E-mail zu meinem ältesten Sohn an Internet Café geschickt und addresse prüfen.

Mai 2, 2004

Ich bin gegangen auf den Markt zu bringen Fisch, Gemüse, und durian zu kaufen.

Mai 3, 2004

Ich höre den Nachrichten von Radio zu das US Dollar Umtausch Rate stille 15720dong VN, Ich bin mich nicht um US Wirtschaft kümmern, Ich werde mein Geld nicht lösen. Ich bin zu Bank gegangen, Geld zurückzuziehen für Miete, die ich nicht wurde erwartet zu zahlen.

Mai 4, 2004

Es war hart Speise vorzubereiten ohne Küche, Ich muß alle von meiner Speise beenden werde die ich habe gekauft, die Schwierigkeit ich habe gehabt vor wenigen Tagen zu beseitigen. Ich will einen anderen Ort zu leben oder Hotel suchen.
Seien Sie heute fast 9 bis 10 Monaten vom Tag ich habe beendet meine Büche. Diesmal habe ich eine Chance zu Öffnung meinem deutschen Sprache Buch wo ich zu überprüfen und verlasse fortzusetzen.

Mai 5, 2004

Ich bin zu Bank dann ich bin zu Markt hat geschlossen Postamt dann ich zum Artischocke Laden gegangen bin.

Mai 6, 2004

Mein Land klassifiziert wurden zum verkauf an der Zeitung.

Mai 8, 2004

Der Mann hat mich gerufen und hat meine Land Informationen gefragt. Er wollte mein Land sehen, Ich habe ihm erzählt, daß ich die Reise arrangieren würde, zu meiner Bright Star Ranch nächsten Samstag zu gehen.

Mai 9, 2004

Ich habe Kräuter gekocht und ich habe ein wenig trunken dann ich zu morgen trinken warte haben will, das Ergebnis für Fortsetzen zu sehen. Ich habe besonders durian gekauft und ich habe es hier gegessen, Ich war bange, krank werden als ich an Bright Star Ranch war.

Mai 10, 2004

Ich bin zu Internet Café E-mail zu prüfen gegangen, Ich habe zwei Nachrichten von meinem ältesten Sohn gesehen, Ich habe das neue gewählt zu erwidern. Ich freute mich zu wissen, daß mein ältester Sohn Aufgabe E.Forschung erhalten hat, Ich habe E-mail zu ihm zu Glückwunsch geschickt und habe ihm gutes Glück mit meiner Freude gesagt. Ich habe gedacht, daß er Arbeit-Studium Aufgabe erhalten hat. Dann Ich habe die alte Nachrichterfahren habe geöffnet, daß meine Tochter schwanger war. Ich freute mich das zu wissen. Ich verlasse Internet Café, zum anderen Zeitung Büro zu gehen, Ich sollte meine Land Anzeige zu Verkauf zu stellen.

Mai 11, 2004

Ich bin zu Binh Trieu Kirche gegangen, Ich bete für meine Familie Mitglieder und für mich. Dann ich habe Reinem Maria Statue ähnlich anschaut die Statue in der Kirche gekauft. Ich will meiner Tochter jene Reine Maria Statue schicken. Sie ersetzt mich als ihre Mutter zu führen, zu helfen, und meine Tochter zu schützen. Rein Maria wird segnen und wird meinen Tochter Familie Safe und glücklich behalten.

Mai 12, 2004

Heute Ich Post amt gehe, meiner Tochter Anschrift mein Paket zu schicken habe, Ich bete für sie und ihr Kind, jetzt will sie für siesich, ihr Kind, und ihre Familie beten macht auch.

Mai 13, 2004

Ich bin gegangen aus einige geeignet zu sehen, Ich will es nur sehen, Ich habe es nie gemacht.

Mai 14, 2004

Ich bin zu Internet Café gegangen E-mail meine Kinder zu schicken habe.

Mai 15, 2004

Heuter Ich Heim bleibe weil Ich habe einigen Ein zu meiner Hellen Stern Ranch diesen Samstag nicht gebracht.

Mai 16, 2004

Ich will die mein Plan heute den Weg und die Routine ändern, so neugierige Leute nicht erwarte könnten, was statt finden wird, sie eilten meine Füße laufte zu fangen, sie mir bemerke haben gemacht, daß sie hier waren.
Ich habe durians an Go Vap Markt gekauft, Ich gehe dort, der Kauffrau hat mir erzählen daß diese Gia Kiem durians waren.

Mai 17, 2004

Ich bleibe Heim heute, Ich habe meine German Sprache Lektions überprüfen, Ich habe außeren den durian Samen gegessen in meinem Land es zu wachsen.

Mai 18, 2004

Die Zeitung hat mein Land zum Verkauf heute klassifizieren. Eine Frau gerufen von Mekong Delta entfernt nach meinem Land zu fragen und sie will mein Land sehen. Mehrere Telephone Ruft sie sind interessieren mein Land kauft haben.

Mai 19, 2004

Während der Zeit ich die Frau warte haben, die meiner Ranch kommt zu sehen, einer anderen Frau mir gerufenen und sie hat mir erzählt daß sie will mein Land am Preis kaufen, die Preis 1/3 Gewinn habe erhalten wird, Ich habe ihr erzählt daß sie geht

müssen das Land zuerst zu sehen. Sie mir hat gesagt, daß sie den Preis zuerst diskutieren will.
Ich bin hin abgegangen, die Frau zu treffen die mein Land heute kommt wirden zu sehen. Als ich sie gesehen habe, sie ist alt und mein Land ist zu groß für sie, sie dem Problem gegenüberstehen wirde, das ich war. Ich ihn habe vorgeschlagen, Ich sie erzählt daß ihre Familie und ihr Sohn oder ihre junge Familie Mitglieder kommen und habe mein Land gesehen, dann sie es anschließen entscheidet werden. Es wird eine rauhe Ausflug Reise sein, Ich wurde gezögert sie meinem Land zu bringen und sie gestoßen wurde mein Land zu kaufen. Ich habe sie mich Frühstück eingeladen dann ich habe eskortiert sie zum Honda Taxi anzuschließen und habe sie zurück ihr Sohn Heim getrieben.

Mai 20, 2004

Ein Mann, der mein Land will kommen allein zu sehen, Er hat eine Fahrt mit seinem Freund geteilt gehen, Ich habe ihn telephonisch wie geleitet zu meinem Land zu gehen. Ein anderer Mann mir gerufen hat und er mein Land interessiert kauft.

Mai 21, 2004

Ich habe versucht meinen ältesten Sohn gestern und heute rufen, aber ich könnte durch es erhalten nicht, nachdem ich Informationen von E. Büro erhalte haben, freute ich mich, mit meinem Sohn zu sprechen. Ich habe gewußt, daß er eine regelmäßige Aufgabe erhalten hat und meine Tochter Fehlgeburt war. Wir haben aufgehalten an, der Zeitmessung Karte limit. Ich habe gedacht, daß mein Sohn eine Aufgabe hat erhalten damit es nicht erbärmlich für mich sein wird, meine Ranch zu Kirche zu spenden, Ich danke Gott mein Beten von meiner Bright Star Ranch hat angenommen. Ich bin zu Internet Café gegangen, E-mail meine Kinder zuerst dann ich werde gehen einige Orte Zu Schicken Ich verlasse Internet Café ich zu Bank dann zu Bus Station gegangen, dann bin Ich habe Bus genommen, zu Binh Duong Provinz zu gehen, Ich versuchte Vater zu finden, der ich ihn gewußt habe, Ich habe gedacht, daß ich ihn

bettle zu mir helfen und villagers in jenem Gebiet zu helfen. Ich könnte Vater nicht finden, Ich bin Saigon zurückgekommen. Ich bin zu crucified Kirche gegangen. Ich Personal Mitglied in der Kirche Büro getroffen und Rede was ich habe wünsche für vorhabe und was ich habe es machen.
Er hat erzählt, daß meinen Plan zum Vater Büro überträgt, der Vorsitzender dieser Kirche ist. Vater wird eine Versammlung dann rufen wird haben und wird mich einladen zu kommen mit ihm zu sprechen. Vater wird entscheiden was zu machen und er mir wird lassen daß weiß, Ich bin nach Hause gegangen und ich habe kleberig Reis Kuchen für Mittagessen gekauft.

Mai 22, 2004

Ich bin gegangen, auf den Markt und ich habe gekauft getrocknete Speise zu bringen als ich stocked für meine Ranch.

Mai 23, 2004

Ich bin zu Supermarkt an Östlicher Bus Station gegangen. An meinem zweiten Stock muß ich die Treppenhäuser und den Eintretendern mit dem Familie Eigentümer teilen. Es war nicht günstig für mich, Ich bin auf und ab, aus und in vielmals gegangen. Ich habe gewußt, daß das erstes Mal sie mich dem Ort vorgestellt haben, diesen mag aber es war nicht günstig und Ruhe angegangen zu werden, Ich wollte nicht mieten.
Dies ist das dritte Mal, das ich Reis cooker gekauft hat, Ich verlasse es an meinem aufhaltenden Ort ist wenn ich meine reisende Route fortsetze.

Mai 24, 2004

Ich bin aus Selbst-Dienst Wäscherei gegangen suchte, Ich wartet mein Tuch an der Wäscherei verlasse als ich es machte wenn ich nach Mexiko und bleiben dort für einen Monat reiste.
Heute nachmittag hat der Mann mir von My Tho entfernt gerufen, er wollte mein Land sehen und wollte es kaufen fur Landwirtschaft zu

machen, Ich ihn habe erzählt daß mein Land zur Kirche spende, aber ich meinem Nachbarn Länder zu ihm vorstellen.

Mai 25, 2004

Heute hat einige Ein mich gerufen, der nach meinem Land gefragt worden. Ich ihn habe erzählt, daß ich meine Ranch zur Kirche spende aber in meinem Gebiet hat viel Länder zum Verkauf. Ich will meinem Nachbarn Länder zu ihm vorstellen. Ich habe gebeten, daß er zu meiner Ranch geht es zu sehen. Er gehen und der Mann von My Tho wird mit mir an diesem Samstag passen.

Mai 26, 2004

Ich bleibe Heim heute, Kirche hat nicht Ruf mich noch haben.

Mai 27, 2004

Leute hier fragten mich Reise zu Hue und Ha Noi haben, letztes Jahr habe ich geplant es zu gehen aber ich war bange zu weit zum nehmen von Bussen damit ich gezögert habe jene Reise zu machen.

Heuter ein Ding ist geschehen, nachdem ich gelesen wurde, ich bin müd und schläfrig fühle. Auf den ersten von wenigen Minuten als ich im Staat war, der aus conciousmind beginnt, habe ich eine Fremden Person gesehen, dann war ich in awoken Bedingung. Ich versuche Reinen Maria eine Weile schaue an, dann ich habe geschlossen meine Augen zu erinnern, die ich die Leerstelle gesehen hat, Ich versuche noch eine Zeit und es war auch leer, Ich mag fünf Mal habe behalten suchend, daß ich annehme, Rein Maria zu sehen aber es war nicht. Diesmal habe ich den Rißzer Mann gesehen, Ich habe nicht gewußt, daß der Rißzer Mann in meinem subconciousmind oder der von outcom subconciousmind Eingabe war. Weil zu der Zeit ich nie zurückrufe sein Bild in meinem Gemüt das ich nie an jenen Mann in meinem Gemüt zu der Zeit denke haben.

Dies ist die Antwort, Ich war nicht falscher Spruch das einige Ein, der mir folgte, sie jenen Rißzer Mann können sehen. Konjunktion, verleibt ein oder ein gibt.

Heute abend bin ich aus der Vorhalle gegangen, Gerichte zu machen, Ich habe die Stimmen meiner Nachbarn hinunter die Straße gehört. Sie haben nur gebrochene Wörter gesprochen aber es war wirklich, Ich habe gedacht aber ich habe gewußt, daß sie ihm nachbarn nahmen. Zuerst hate ein ich in einem anderen Ort war, meine Nachbarn habe meinen Namen gerufen den sie lachten das ich es gehört haben, dann ich bin hin abgegangen zu sehen. Ich habe niemanden dort gesehen. Ich habe gedacht, wenn meine Nachbarn zu Saigon reisen, sie haben mich gerufen und sie mußten dort warten bis ich bin heraus gekommen zu Tor öffnet.

Die Dinge oben erinnern mich ein Sprichwort oder moralische Geschichte. Es gab einen hohen Rang Offizier oder Gouverneur an einer Provinz. Leute haben zu ihm ein Gefangener gebracht, der ein Räuber war, der Gouverneur wollte ihn nicht bestrafen, er wollte ihn von schlechter Person zu guter Person ändern. Er hat seine Familie angeordnet gute Speise und Alkohol vorzubereiten, seiner beste Freund zu schmausen. Nachdem jener Hauptmahlzeit Gouverneur schlief weil er getrunken hat. Der Gefangene hat sein Tuch zum Gouverneur umgetauscht und er hat Gouverneur Haare rasiert wie ihm auszusehen. Der Gefangene hat Gouverneur Tuch getragen, dann entgangen worden ist. Als der Gouverneur aufgewacht hat, er wundern sich, er sich selbst wundern dann er sich selbst widergespiegelt wurde gefragt "wer ist er jetzt?"
Die Geschichte wurde rechts hier beendet.

Mai 28, 2004

Ich will Speise für meine Nachbarn kaufen als ich es gemacht hatte aber jetzt bin ich bange von Speise Vergiften, Ich bin ein spontanes geworden, Lassen Sie sieht, daß ich das Ding machte kaufen werde.

Ich bin zu Kirche gegangen an Personal Kirche Mitglied treffe in seinem Büro haben. Er mir hat erzählt, daß die Kirche meine Land spende angenommen hat, Mission widmet dort. Er wird Verabredung aufstellen und er mich rufen wird, ich kommem will und Vater Direktor zu treffen.

Mai 29, 2004

Heute bin ich zu meiner Ranch mit dem Mann gegangen, der mir vor wenigen Tagen gerufen hat, Informationen nach meinem Land zu fragen. Ich habe ihn und die anderen eingeladen, die Reise zu meiner Ranch zu machen, Land dort zu sehen. Als ich zu Damm Ri erreicht habe, habe ich Speise dort für meinen Nachbarn Geschenke gekauft. Ich habe meine Nachbarn dort, ich ihnen getroffen habe erzählt, daß ich entschieden habe, mein Land zu Kirche spendet und ich wartete, von Kirche zu hören, Gestern habe ich gewußt, daß jene Kirche meine Spende angenommen hat. Ich war so glücklich, das zu hören. Ich kann sehen, daß das schwierige für sie, ihre Mission hier ausführen. Ich frage, daß meine Nachbarn Hilfe und Stütze Vater und seine Mission Katholischen Anhängern hier hilft haben.

Mai 30, 2004

Ich bin so ermüdet werden, Ich Heim bleibe haben. Heute nachmittag hat das Personal Mitglied von Kirche Büro mich gerufen, Er hat mich informiert eine Verabredung morgen arrangiert. Ich werde Vater Direktor und Vater Vice Direktor der Kirche treffen um mein Land und die Mission zu diskutieren.

Mai 31, 2004

Ich bin zu Kirche gekommen und habe Vater Direktor und Vater Vice Direktor dort getroffen. Wir haben redeten und sowohl Direktor als auch Vice Direktor mich erzählt. Die Kirche will sofort gebaut werden nicht. Es ist hart für die Kirche jetzt zu vollenden, deshalb wird die Familie der Kirche, die nicht der Priester ist, dort den

Anfang leben, das Land zu pflegen, später wird Kirche bauen. Wenn wir die Kirche dort jetzt haben, es wäre besser Hilfe Leute in jenem Gebiet. Einschränkung Gesetz in Viet Nam kann verwenden.

Ich habe gehört, daß einige Ein hat einen Architekten Papier einzureichen um zu haben Erlaubnis, den 10 Stufen große Kirche an Dong Nai bauen will für Beten zur Nation und den Leuten. Jene Kirche hat herum die Welt unterstützt. Sie sind von Lutheran, Baptisten, Methodist und so weiter.
Machen Sie das zu sehen, heuter Wissenschaft bewies daß habe gehabt Ein Kind und wir sind noch rein kann. Stimmen Sie Über ein? Wir werden zusammen und eine Harmonie Welt sein.

Juni 1, 2004

Heute ich Hotel ammmelde an. Ich habe von meinem mietenden zweiten Stock address bewegt.

Juni 2, 2004

Ich bleibe in meinem Hotel Zimmer, Ich schaue Fernsehen und zu rest.

Juni 4, 2004

Ich habe L.die Hotel Anschrift und das Telephon auch weiß angemeldet lassen. Gestern ich L. E-mail und meine Kinder habe geschickt, das ich mein Land zu Kirche gespendet und jetzt warte ich auf Papier arbeit.

Warum mache ich dies. Ich bete Gott und ich will Kirche gebaut in diesem Dorf Thon 2, Xa Doan Ket, Huyen Da Huoai, LamDong Viet Nam wird.

Während meiner Reise Südlich Viet Nam zu beobachten, ich was zu Bung Rien, Lang Gang und Xuyen Moc in Baria Provinz gegangen. Ich wollte an Bung Rien Kirche aufhalten und habe Bilder genommen. Ich habe Honda Fahrer erzählt:

- Wissen Sie warum ich mich freute, daß diese Kirche zu sehen und wollte ich Bilder nehmen? Ich habe gewußt, daß jene Bung Rien Kirche war klein mit Stroh decken Dach mich und auf Natur Boden basiert, jetzt habe ich ein großes und schönes modernes Gebäude gesehen. Es überraschte mich.

Ich habe nur ihm das erzählt. Er hat nicht gewußt, daß ich in jener armen winzigen Kirche war. Ich bin dort gegangen und habe in jener Kirche mit seinen großartigen Eltern gesungen und seine Eltern können während der Masse sein.

Honda Fahrer mich gefragt hat.

- Sind Sie ein Reporter?
- Nein
- Wo leben Sie?
- Saigon
- In welchem Bezirk
- Tan Binh
- Tan Binh ist zu groß aber welches Teil Bezirks Sie sind in?
- Binh Thanh

Er den wissen kann, daß es nicht wahr war.

Als ich ein kleines Mädchen war, ich war zu Xuyen Moc gegangen mit einer Gruppe durch meinen Gemeinde Priester hate geführt. Ich habe mich erinnert das wir an der Route vorbeigegangen ware zu Xuyen Moc. Das entfernte ist 20 km aber wir haben auf Bus nur ungefähr Hälfte vom entfernten getrieben. Wir mußten an auf Luft Stütze Schweben Brücke, Rute Hängen Brücken dann Schlamm der schwere und tiefe war dann wir es vorbei gegangen, dies war schrecklich, wir mußten einen Fuß hochziehen dann Schritt dann einen anderen Fuß hochziehen dann Schritt, nach dem Schlamm wir vorbei weiter zu Xuyen Moc zu gehen. Wir haben viel winzigen Zelte dort gesehen. Der Viet Minh Truppen lagerten dort setzen sie fort bevor Nördlich Viet Nam (1954) übertragen waren.

Wir sind zu Xuyen Moc Kirche angekommen, diese Kirche wurden mit Waldbäumen, Bambus, Wald Blatte und auf der Natur Boden Basis gebaut, wir haben gesehen, daß einige toten Bomben hängten, es ersetzte die Kirche Glocken.

Wir blieben an Xuyen Moc wenige Tage dann wir zu Bung Rien gelaufen ware, Ich habe Bung Rien Kirche oben beschrieben. Wir blieben an Bung Rien wenige Tage dann wir zu Lang Gang gelaufen ware, wir mußte durch Wald vorbeigegangen zu Lang Gang zu gehen. Wir blieben in Lang Gang eine Nacht hate, wir ware hinter Bung Rien gegangen dann zu Xuyen Moc dann Rückseite zu unserer Gemeinde gelaufen ware. Wir waren in abwechselnden Gruppen, unsere Mission dort bis unseren Priester übertragen auf eine andere Gemeinde zu machen und Ich bin zu Saigon gegangen, Sekundärschule zu besuchen. Long Dien und Long Tan wir unserem Priester gegangen hatte, Mass gepaßt dort zu warten.
Leute haben mir erzählt, daß unser Priester an reeducation Lager in Nördlich Viet Nam nach 1975 gestorben ware. Jetzt ich habe die Bung Rien Kirche gesehen, es überraschte gewachsene Gemeinschaft. Wenn unser Priester diese Bung Rien Kirche sehen könnte, wie glücklich er wäre.

Juni 5, 2004

Vögel ist zu meinem Ort pecked an Fenster Glas geflogen. Ich habe bemerkt als der Vogel hat Geräusch dann gemacht singen.

Juni 6, 2004

Ich bin zu Notre Dame de Saigon Dom gegangen, Ich bin zu dieser Kirche weil meine Sehnsucht gegangen. Seien Sie heute der Sonntag ist, Ich habe vorgehabt anzuschließen Masse zu feiern. Heute ich habe gesehen Leute hier überfüllte wirden.
Auf 1989 bin ich gekommen, diese Kirche und die Masse zu besuchenungefähr war, so ich habe gesessen zu beginnen, und warteten auf jene Masse. Ich betete für Viet Nam, für mich, für

meine Kinder. Zu der Zeit habe ich gesehen, daß eine kleine Zahl Vietnamese katholische Anhänger jene Masse und wenige Ausländer besucht hat, jene Masse feiert durch drei Väter, Ein von ihnen ein Bischof von Washington D.C. war. Er hat einen Vortrag in jener Masse gehalten.

Ich bin Viet Nam, ich bin zu Kirche regelmäßig gegangen weil meine wehmütige Umwelt zurück gekommen ist. Ich habe mich auf der Bank innerer Kirche hin gesetzt, Ich lasse meine Seele Stille. Ich könnte deutlich mich selbst sehen, wenn ich sin gemacht habe, verwechseln sie ich habe versucht, ich es zu korrigieren, wenn ich das nicht machte, Ich weiß den Grund, jetzt es ist für mich, das Bedeuten des Worts zu definieren habe, vergibt, korrigiert, und rettet.

Juni 7, 2004

In meinem Herzen Wunsch Vereinigten Staaten schließen Sie Europa an. Ich bin bange die Realität. Wahrheitsgemäß kann ich sagen, daß die Meister voll kommen ihr Schach kontrolliert, Ich habe irgendwann gedacht, daß wir sind nicht um kümmern.

Juni 8, 2004

Ich bin zu Zahnarzt Büro in Saigon heute morgen gegangen, Ich mußte Zahnarzt sehen weil mein Zahn gebrochen wurde als ich in Vung Tau war. Ich Bit eine schwarze Pfeffer als ich französisches Brot mit deli Fleisch und Gemüse gegessen habe. Der Zahnarzt an Vung Tau hat vorgeschlagen daß ich zu Saigon gehe es zu bedecken. Er hat es aufgefüllt für Notfall während der Zeit die ich in Vung Tau war.

Ich habe dies in meinem SCHWEIGSAMEN KRIEG (Silent War) geschrieben.

Juni 9, 2004

Ich bleibe an Hotel und ich kümmere mich um meine Zähne. Ich habe dies in SCHWEIGSAMEM KRIEG (Silent War) beschrieben.

Juni 10, 2004

Ich bin das Büro von Zahnarzt zurückgekommen, Heuter er hat moderne Methode gleichen die ich Erfahrung in Vereinigten Staaten gehabt habe. Ich habe dies in SCHWEIGSAMEM KRIEG (Silent War) geschrieben.

Juni 11, 2004

Es regnet draußen so ich bin faul gehen aus.

Juni 12, 2004

Ich mochte mein Schweigsames Krieg (Silent War) Buch anfangen schcribe aber ich habe Papiere oder Notizbuch nicht haben.

Juni 13, 2004

Ich bin zu Kirche heute morgen gegangen, seien Sie heute Sonntag ist. Leute hier haben mir erzählt, daß ich bin zurückgekommen Viet Nam und ich zu Kirche oft gehe, Ich habe ihn gesagt. "Ja, das wahr ist weil es meine Sehnsucht ist."

Juni 14, 2004

Ich habe vergessen Notizbuch oder Papiere heuter zu kaufen, Ich muß eine andere Chance warten.

Juni 15, 2004

Ich Vater an der Kirche gerufen macht, Ich warte auf das Übertragung Papier. Die Kirche steht gegenüber während ich es gegenüberstehe auch. Ich habe gedacht, daß mein Land diese Idee nehmen soll oder habe meine Meinung bedacht: Moral Hilfen Leute haben ein glückliches Leben. Moral hilft Gesellschaft mehr Safes als Gesetz und mehr Harmonien als Gesetz.

Juni 17, 2004

Gestern bin ich zu Bao Loc gegangen Vater zu treffen, der Gemeinschaft in jenem Gebiet hilft. Wenn ich zu jenem Gebiet erreiche, es von 10km entfernt von Saigon-Da Lat Landstraße ist. Ich habe die Stelle von Konstruktion Bauen gesehen. Diese Konstruktion hat baut, die ich bin hinter gegangen dan ich bin gesehen, daß die große arme Kirche und ich viel Bänke innere Kirche gesehen habe. Es hat mich an Xuyen Moc Kirche gemacht erinnere. Ich verlasse Vater M meine Nachricht an das Haus von Bruder Familie dann Ich bin zurück meine Ranch gegangen. Ich habe meine Nachbarn getroffen, Ich habe den Ort auf mein Land gewählt fur mein Gedicht Bright Star Schild zu stellen. Ich wünsche, daß ich ein Steinschnitzer war, damit ich mein Gedicht auf dem Stein an meiner
Ranch zu Andenken schnitzen könnte.
Ich Hotel an Saigon Abend gestern zurückgekommen war, Ich wurde ausgeschöpft. Vater Direktor hat mich gerufen, er hat mich informieren das jener Vater M. ihn hat gerufen und Vater M. meine Nachricht erhalten.
Heuter morgen ich Vater M gerufen habe, während der Unterhaltung hat Vater M. mir heute morgen erzählt, daß er zu jenem Gebiet gegangen war seine Mission zu machen. Damit ich bin nicht Rede um das Reisen das ich bange vom gefährlichen Bao Loc Tal bin. Vater wird das diese Woche halten treffen und er mich berühren wired, Ich ihn habe erzählt, daß ich hintere Vereinigten Staaten diesen Juli 1, 2004 gehen werde.

Juni 18, 2004

Ich bin die Behörde reisen gegangen zu Fahrkarte zu kaufen, die hat Sitz auf dem Plan für mich nicht haben so ich meinen Plan muß verschieben wurde, das es besser für mich befriedigt plant ware etwas um mein Land Papier zu wissen dann Ich bin Einkaufen

Bezirk gegangen Geschenke zu kaufen, dann ich bin hinteres Hotel gegangen.

Juni 19, 2004

Heute gehe ich zu Bien Hoa und ich habe eine Chance Bien Hoa Base zu beobachten, Ich habe die Sicherheit bau gesehen, die wir dort für unseren Sicherheitspapierdienst war gegangen, es wurde verlassen. Ich habe der alte Gebäude gesehen, daß die Küche von der Offizier Cafeteria bau sein dürfte, Ich könnte nicht sehen daß Offizier Cafeteria Bauen und ich das Offizier Familie Gebäude auch nicht sehen könnte, Ich glaube, daß war nicht existiert hier nach 1988 haben.

Ich habe der alte Gebäude gesehen, das Huynh Huu Bac Bauen kann sein aber es war nicht in bewohnbar. Ich habe viel neue Gehäuse Baustelle dort gesehen, wo der Fallschirm Armee Familie Unterbringen Abschnitt war. Ich könnte nicht sehen daß, mein Bauen dort so ich nicht wollte fortsetzen. Auf dem Ausweg habe ich gesehen, ein Militärpaar hat Honda in jener Richtung fahren, Ich wollte bitten sie machen, sie ich hift haben dem wehmütigen Ort zu bringen. Ich will meine Wohnung bauen, mein Garten und Frucht Bäume sehen.
Auf 1988 bin ich zu Bien Hoa gegangen. Es war das gleiche. Ich war so glücklich, in meine wehmütigen Orte mit meiner hungrigen Seele zu untertauchen. Ich habe am Luft Grundtur aufgehalten und so lang daß anzuschauen und ich hineingehe erhalten wollte. Ich habe außerhalb der Basis, der Stadt und überall von Saigon zu meinem Dorf gesehen, daß war das gleiche, nur änderte Natur wie die Bäume nicht dort waren und die Bäume zu hoh verglichen zur Zeit ich verlasse waren.
Viet Nam entwickelt unsere Land zu schnell machen werden und ich wurde in meinem Heimatstadt jetzt verloren war.

Juni 20, 2004

Ich könnte nicht zu Kirche diesen Sonntag gehen weil meine Rückseite ausgeschöpft wird, Ich habe medicine genommen.

Bevor ich Viet Nam verlasse, habe ich etwas als meine Meinung in dieser Viet Nam Ausgabe:
Seien Sie zuerst die Staatssicherheit und verteidigen Sie.
Bevor Einschränkung Bewegen Gesetz abschafft, es ist notwendig alle Bürger Informationen zu haben.
Stärken Sie die Arm Kraft und Quelle von verteidigt.
Seien Sie zweitens ist Verwaltung. Erfrischen Sie Verwaltung System zu sichern und unser Land zu verteidigen und unsere ehrlichen Bürger zu erleichtern.
Seien Sie drittens Religion Ausgabe. Stütze Religion in unserem Land zu üben, wir werden sichere Ernte Früchte von ihren Bäumen, wir lösen nichts.
Zusätzlich ist Harmonie Bürger in Viet Nam und im Ausland.
Viert ist die Saigon Karte, die Stadt Karte. Saigon Anschrift jetzt erschwert wird mit der Anschrift haben wir jetzt in den meisten Orten, Ich könnte es nicht finden. Ich mußte es fragen dann Leute daß mich gezeigt hat. Wenn Leute hat gezeigt mir den falschen Ort

oder die Leute es nicht gewußt hat, könnte ich die Anschrift nicht finden, die ich in meinen Händen gehabt habe. Dies ist nicht sicher für Autoritäten, die Stadt und die hoffnungslose Bedingung für Bürger.

Juni 21, 2004

Ich bleibe an meinem Hotel Zimmer weil mein Rückenschmerz.

Juni 22, 2004

Meine Rückseite ist besser jetzt mit Tylenol, Salonpas, und Bengay. Heute morgen bin ich aus gegangen für Hemden meinen zwei Söhnen Kauf machen. Ich habe es gesehen, daß schöne Hemden in jenem Geschäft am Tag ich ein Hemd für meinen Land Verwalter gekauft habe. Ich bin zurück zu meinem Hotel durch

Huyen Si Kirche gelaufen, die Straße bin ich gelaufen einzuschulen ist. Ich habe die Ecke von Bus Halt dort gesehen. Ich werde zu meiner Schule laufen wenn meine Rückseite viel besser fühlt als heute haben. Ich habe E-mail geprüft, mein ältester Sohn hat versucht mich auf am Flughafen zu wählen, Ich habe ihn erwidert "Kümmern Sie sich nicht um das, Ich kann Taxi nehmen." weil er hat noch nicht Tag verlassen.

Juni 23, 2004

Mein Körper ist nicht Kraft genug fortsetzen weiter Tylenol zu nehmen, jedoch meine Rückseite ist O K jetzt.

Ich bleibe an meinem Hotel Zimmer und ich habe eine Chance gehabt Fernsehen zuzuschauen. Ich erkenne, daß wir unseren Feiertag und unsere Erinnerung feiern haben aber wir wollen den losers nicht reizen. Wir müssen daß nicht erzählen, daß die ganze Welt weiß, was wir zu unserem Land machte haben. Leute achte unsere Vorfahren unser Großeltern, unsere Eltern und Vietnamese patriotische Bürger während wir sind auch haben. Seien Sie weise wiedervereinigt, Harmonie reiche, gewachsen stärker und dann Viet Nam beibehalten wird erheben Kraft. In meinem Herzen ich war danken bis jetzt, die Meister gute Herzen hat, meinem Land zu helfen, die frustrierte schwierige Zeit zu überwinden. Es war das gefährliche zu unserem Land und unseren Leuten, die es nicht gefährlich zu Viet Nam kürzlich Regime oder Regierung macht.

Juni 24, 2004

Ich bin zu Bien Thanh Markt der ich an jenem Markt für einen Sack kaufen dann ich zu Le Loi Straße gegangen bin (ich weiß nicht die neue Namenstraße ist) Ich bin einkaufe gelaufen. Ich bin zu Rex Bürgersteig gewesen erreiche dann ich habe der Zahnarzt gesehen, daß hat er der Zahnarzt im Militärprozeß und heute der Donnerstag morgen ist, Ich habe diese Tätigkeit in Schweigsamem Krieg (Silent War) geschrieben. Ich habe geschenke gekauft, der

Frau Eigentümer hat mir erzählt, daß sie viel ihre Waren gekauft hat am Tag ich verkauft Geschenke an ihrem Geschäft habe.

Juni 25, 2004

Ich rufe Vater M. heute, er hat noch keine Chance mein Land kommen zu sehen.

Juni 26, 2004

Ich habe gedacht daß der Reisende wie mich eine Uhr haben, muß es habe ihm Tag Datum, AM, PM zugeschaut und selbstverständlich Stunde und Minute. Ich erinnere mich an eine Zeit ich Hotel anmelde, das kein Fenster hat, damit ich den vorderen Schreibtisch rufen muß und fragt sie ist daß für PM oder AM zu der Zeit wenn it is 9 AM Ich muß aufwachen sein. Mein Zelle Telephon wurde in Viet Nam nicht benutzt, damit ich stocked es in meinem valise und ich völlig mein Zelle Telephon vergessen habe.

Juni 27, 2004

Seien Sie heute Sonntag ist, Ich bin zu Notre Dame de Saigon Dom gegangen, auf Wiedersehen ihr zu sagen. Ich habe gedacht, daß dies letzte Mal ist. Dies ist das vierte Mal das ich Viet Nam bin zurückgekommen und den ich habe lang genug ausgegeben meine Sehnsucht zu befriedigen. Heute morgen habe ich übrige Zeit zwischen Massen damit ich eine Chance habe, ich habe von Maria Statue zu Theresa zu Anton beten. Heiliger Anton, Ich hatte gebetet wenn ich meine Dinge verloren habe, heute morgen habe ich zu ihm gebetet und ich ihn daß findet, Ich habe alles verloren Ich habe alles Ding verloren. Ich habe zu viel Dings heute morgen gebetet und ich wunche daß Gott hat angenommen.

Nachdem Masse ich bin Tan Dinh Markt gegangen. Moderne Theater wo mehrere Läden ersetzte durch. Ich kaufe dort ein dann ich gehe auf mein Hotel zurück.

Juni 28, 2004

Ich bin aus Wasser und Milch kaufen dann ich umgetauschtem Geld gegangen mache.

Ich habe gedacht, daß ich durch mein Abenteuer gegangen bin. An meiner Bright Star Ranch bin ich gegangen auf den Markt eine Zeit pro Monat zu bringen. Es hat Kühlschrank, Fernsehen, Radio, und Zeitung nicht. Es hat Elektrizität nicht. Der Sonnen untergang ist an 6 PM. Ich muß Gerichte waschen bevor jener Zeit machen. Ich bin ins Bett an 7 PM gegangen. Ich habe es dunkel so hinterer Schlaf andererseits und andererseits aufgewacht war gegangen, Ich bin vor Morgendämmerung aufgestanden. Mein villagers hat Honda damit es nicht schreckliche Beförderung und Speise Problem für sie war. Ich hore das Regierungen die Straße bauen werden und die Elektrizität wird bald kommen.

Vor wenigen Tagen habe ich die Nachrichten im Fernsehen Herr Präsident C. Entlassung sein Buch gesehen. Ich habe mich erinnert an meinen Sohn mich habe erzählt.

- Sie haben ein Buch geschrieben wenn Sie Leute wollen Ihr Buch liest haben, Sie ein Berühmt müssen sein.
- Wenn ich auffallend sein will, muß ich ein Buch schreiben.
- Niemand will Ihr Buch lesen.
- Wie wird ein Schreiber gewußt kommen? Müssen er oder sie ein berühmtes sein um zu schreiben ein Buch? Ich will erzählen daß die Wahrheit und ich berühmt nicht sein will das zu erzählen, daß der truth I gedacht hat, daß die Wahrheit die Wahrheit ist. Die Wahrheit ist wahr von zu Tag und es letzten ewig.

Juni 29, 2004

Heute gehe ich zum Postkasten Büro fur meine Briefkasten schlussel Rückseite zu geben.

Juni 30, 2004

Ich bliebe in meinem Hotel Zimmer und die Madchene sind gekommen, Ich schreite außer halb des Zimmers zu warten, dann die Madchen mich gespräch hat, ich habe Telephon gerufen dann Ich Vater M. Telephongespräch, ich so glücklicher das Vater M. gestern meine Bright Star Ranch gekommen war und das Gebiet zu beobachten. Er hat mein Land gesehen. Er hat gesagt, daß mein Bauernhaus in Ruine Bedingung ist. Ich ihn habe gesagt ja aber ich ihn habe erzählt nicht, daß zwei Bambusse Wände ersetzten und Toilette, Badezimmer zum Vorläufig von Gebrauch gebaut wurden. Ich habe Vater M. das wenigstens 10 Katholische Familien dort erzählt gibt und es gibt viel Katholischen Familien entfernt von meinem Bauernhof ungefähr 4km zu 5km leben. Sie müssen eine Reise 50km machen zu Madagui oder Bao Loc zu gehen, Sonntag Masse zu besuchen. Vater M mir hat erzählt, daß er crucified Kirche in Saigon morgen zurückkommen wird. Ich werde zu Kirche kommen, ihn zu treffen.

Juli 1, 2004

Ich bin zu Ben Thanh Markt Gewesen dann zu Le Loi Straße gegangen, Ich lief und schaute die Waren an zu kaufen. Es war mich durch das Schlagen oder die Lochstanze zu meiner Backe an meinem Kiefer erschrickt, Ich habe gedacht, daß mein Kiefer zu der Zeit gebrochen wurde, Ich habe und gehalten dichte jene Mann Hand gefangen, Ich wartete seine naturlich Reaktion. Er war größer als mich und hoch größer als mich, er ist Asiatisch. Er hat still als Mannequin, sein Gesicht gestanden hat nie gedreht jene Frau anzuschauen, die jene Person ist der Mann oder die Frau oder der ist alt oder die jung oder ein Stein, Ich böse war dann ich daß ihn geht.
Ich habe mich erinnert an auf 1988 habe gelernt das Viet Nam nicht Beziehung mit China war. Ich wünsche, daß Viet Nam ihre Außenpolitik verbessert, und mache Freundschaft zu äußerer Welt. Jedoch dies ist nicht Viet Nam Eindringlinge zurückbringt oder nimmt Kolonie an.
Ich will den losers nicht reizen.

Juli 2, 2004

Ich habe Vater M gerufen, Ich habe eine Verabredung gemacht, ihn an der Kirche zu Tag zu treffen. Ich bin zu Kirche heute nachmittag gegangen und ich habe Vater M. am receptionist Zimmer getroffen, Ich muß ihm dem Nachbarn Gebiet mein Land vorstellen.

Ich habe Vater M. seine Mission meinem Land nicht erwartet annehmen will. Ich war so glücklich als Vater mich das erzählt hat. "Wir die Kirche Leuten helfen wird, dies Gesellschaft hinter lassen sind, Ich bete zu Gott und Sie beten Gott auch." Vater will das Gebiet das er von Anfang zu 17 Jahre bis heuter hat gewidmet zu es verlassen, Ich habe die große Gebäude stelle daß nivelliert gesehen als ich beschrieben habe. Vater mir hat erzählt daß er vergangene Erfahrung hat als er zu jener Gemeinde gekommen war. Autorität hat ihn zu ihrem Büro einen Monat eingeladengekommen war, dann schauen sie ihm zu, sie haben gesehen daß Vater Leute die falschen Dinge nicht gelehrt hat, damit sie lassen daß ihn die Religion predigt. Sie ihn sind gekommen und haben gebeten, daß ihn lehrt daß Kinder die sie nicht machen könnten; wir ernten Früchte von ihren Bäumen.

Vater M hat mich erzählt:

- Ich Leute erzähle daß ich dort lebe und Sorge Ihr Land zu nehmen. Stimmen Sie Überein?
- Ja
- Sie bleiben besser hier. Was werden Sie für Leben machen?
- Ich muß nach Hause gehen.
- Wann kommen Sie Viet Nam zurück?
- Ich verlasse für gut.
- Wenn die Kirche gebaut wurde, kommen Sie zurück die Kirche zu sehen.
- Kein Vater.
- Haben Sie an jenem Bauernhaus eine Nacht ausgegeben?

- Ja, ich habe in jenem Bauernhaus drei Monate gelebt, da ich jenes Land gekauft habe, jene Hütte in Ruine Bedingung war.
- Warum Sie nicht fortsetzen wollen.
- Ich habe schweigsam behalten
- Es war zu schwierige Lage.
- Ich wurde schweigsamen.

Vater überrascht habe behalten.

Ich fühle schuldig nach dem ich die Wahrheit ausdrücke. Nachdem ich ihm die Papiere und meine Bauernhaus schlussel gegeben habe dann habe ich Auf Wiedersehen Vater gesagt. Ich bete daß Gott Geld gibt für Hause Vater zu bauen dann wird die Kirche gebaut werden. Vater braucht einen Ort zu leben, seine Vater Mission auf meinem Land widmet zu erweichen.
Ich habe gedacht, daß Leben so lang ist, und Energie wurde Streben erreicht, das Höhe zu entleeren, Ich will jenes Opfer nicht mißbrauchen.

Die Geschichte ich Ihnen erzähle daß ich wurde geschehen am Tag ich in Receptionist zimmer war, ich habe eine Verabredung gehabt habe zu Dir. und Vice Dir. zu treffen. Ich bin früh gekommen dann warte ich am receptionist Warten Zimmer. Eine Frau gekommen war und neben mir hat gesessen dann wir habe redeten, ich gewuße daß sie hier gekommen von dieser Kirche hilft zu suchen. Sie hat mir erzählt daß sie Geld braucht fur Medizin zu kaufen und Bus Fahrgeld nach Hause zu ihr Heim an Mekong Delta zu gehen. Ich habe gesehen daß jenes Erbarmen so ich habe ihr Betrag das sie erzählt gegeben, daß sie gebraucht hat, Ich habe erzählt, daß sie bessere eile sind, Bus zu fangen nach Hause zu gehen, es wird spät sein. Sie hat noch dort gesessen und sie will mehr Gelder von mir und von Kirche, eine Weile, dann ein Mann gekommen war und geschreien worden, der wie diese Kirche Leuten nicht gekommen hilft und so weiter. Er hat erzählt, daß die Frau nach Hause geht. Ich habe ihn erzählt, diese Kirche hat Geld von Leuten die Kirche gegeben haben, den Kirche bedürftigen Leuten wollen helft, Wir brauchen Hilfe dann wir hier kommen. Was macht diese Kirche Geld zu haben? Dann Dir. und Vice Dir. sind gekommen, Ich mit ihm im offenen Salon gerade am wartenden Zimmer zu sprechen. Das Paar war noch dort und sie uns hate gesehen, daß sie uns hören, was wir redeten. Nachdem ich es verlasse, sie noch dort war.

Wir erwarten Mönche und Nonnen nicht von Himmel fallen lassen werden, sie die hinunter war und sie sind menschlich, fragen wir unsere eigenen Selbst Herzen zuerst.

Wenn ich mein Land zu Kirche spenden will, haben Leute in Saigon mir gesagt, Verkauf das Land zu Leuten die mein Land kaufen wolle dann Geld zu Kirche spenden. Ich sie habe erzählt, daß ich Geld zu Kirche nicht spenden will. Ich habe das Bedürfnis der Leute an meiner Bright Star Ranch gesehen. Ich bettle die Kirche ihr gewidmete Mission dort trägt hat.
Im allgemeinen haben Leute gedacht und gesagt haben, dass ich mein Land zu Kirche das gute von Gott werde empfangen segnt. Tief denke in meinem Herzen ich nie oder will Wohltätigkeit in Segnen von Gott von diesen Schmiergeldern oder Umtauschen. Aber versteht Gott welche Leute Bedürfnis, Gott segnt uns als wir gesehen haben.

Juli 3, 2004

Ich will zu meiner Ranch heute gehen aber ich bin bange meine Rückseite und ich werde müde werden. Ich hoffe Regierung und Autoritäten dort Stütze Kirche und Väter, die ihre Mission dort widmen ausfhurt.

Heute morgen bin ich zu meiner Schule gegangen. Ich bin in die Halle dann ich gebete herein gelaufen, daß der receptionist läßt mich in die Schule gehen, Ich bin durch schoolyard gelaufen den ich zu unseren Klassenzimmern, unserem Labor-Zimmer angeschaut habe. Ich habe den gelben Blume Bäume gesehen, sie sind zu groß jetzt. Ich
bin gegangen mich auf der Bank hinzusetzen. Die Schule wurde renoviert und es hat noch einen Boden zum Gebäude, das neue

Gebäude an der Fahrrad Garage und dem erfrischenden Ort an der Fahrrad Garage auch wurde hinzugefügt habe gesehen dann bin ich aus gegangen. Ich fragte den receptionist.

- Die schult habe irgendeine alten Mitglieder hier behält? Habe ich dem Personal Mitglieder oder Lehrer vor 1975 bedeutet?
- Wo von kommen Sie sind?
- Vereinigten Staaten
- Nur ein Mann M. L, Er ist noch hier.
- Ich will ihn sehen.

Er hat mir seinen Ort gezeigt. Er und seine Familie haben am Zimmer gelebt wo der Schule Direktor und seine Familie dort gelebt hatten als ich Schule begleite habe.
Ich bin dort gekommen, Ich habe ihn gerufen und ich habe ihm mein Selbst vorgestellt, Ich habe ihn nicht erkannt. Selbstverständlich hat er sich an mich nicht erinnert. Ich habe mit ihm und ihr Frau gesprochen und ich habe gewußt, daß fast meine Lehrer gestorben sind. Ein von meinem Vietnamese Literatur Lehrer, der still in Viet Nam ist, und er ist noch lebend und Ein von meinem Mathe Lehrer auch, der Rest wurde gestorben und einige von unseren Lehrern wurden in ausländischen Ländern und einigen von ihnen äußer Viet Nam gewandert wurden gestorben. Er fahren mich zu meinem Lehrer Haus. Mein Lehrer ist alt jetzt. Er hat mich nicht erkannt und ich war das gleiche. Nachdem ich mein Lehrer Haus verlasse, will ich Vuon Chuoi Markt besuchen. Ich habe Reis Garnele Kuchen und Tapioka Garnele Kuchen dort gekauft, dann habe ich Vietnamese köstliche süße Kuchen auf dem Rückweg Hotel gekauft auch.

Heute abend habe ich den Laden Eigentümer telephoniert zu machen wo ich mein Gedicht Schild angeordnet habe. Ich will es auf meinem Land zu Andenken die Bright Star Ranch verlassen. Er war nicht dort aber seine Tochter hat gesagt, daß ihr Vater schon daß jemand zu Lieferung es zu meinem Land läßt, und es wurde auf dem Boden gestanden wo ich dem Honda Fahrer gezeigt habe und wo es gestanden werden wird.

Juli 4, 2004

Ich bin zu Kirche heute morgen gegangen, Ich habe geplant zu Huyen Si Kirche oder Tan Dinh Kirche zu gehen aber die endgültige Wahl ist Binh Trieu Kirche. Es war spät.

Juli 5, 2004

Ich bin zu Super Markt gegangen, Brot zu kaufen und Kracker falls ich die Speise auf Luft Plan nicht essen könnte.

Juli 9, 2004

Ich bin von Saigon zu Taipei zu Los Angeles dann zu Houston dann zu New Orleans geflogen. Ich bin zu New Orleans am 7. Juli, 2004 gekommen. Ich habe Taxi genommen, nach Hause zu kommen, Ich wurde so ermüdet so ich habe die schmutzige Handlung ignoriert.

Juli 15, 2004

Jetlag belästigte mich, Ich habe mich erinnert das meiner Reise Rückseite Viet Nam auf 2002 fast einen Monat hat gedauert für mich, Ich erweckte an Nachtzeit und ich schlief an Tageszeit.

Juli 17, 2004

Heute ich meine Tochter Diplom einwickle, ich es ihr mit Geschenk schickt das ich in Viet Nam gekauft habe, zu der Zeit habe ich Empfänger Anschrift geschrieben die ich gewußt habe daß mein jüngster Sohn sein Heim an Dallas verkaufe und er zu N.J bewegte haben, Ich habe seiner neuen Anschrift sein Geschenk geschickt. Ich habe wie nicht gewußt zu sagen!

Juli 19, 2004

Gestern Meine Schwester, mein Sohn und ich sind zu der See Pontchartrain gegangen, Ich habe frische Luft gebraucht. Ach! Ich danke zur Sonne und die Umwelt heilt meinen jetlag.

Mein Leser:

Ich war Heim, meine Reisen Tagbuch rechts hier sollte aufgehalten werden. Ich habe das gelernt, Ich habe das Erfahrung gehabt, wir sind Harmonie, wir freuen uns. Unsere Gesundheit, unsere Traurigkeit, unsere Deformation, unser Tod, und sogar bezieht unser Schlafen, sich auf dieses Universum. Alle Elemente in diesem Universum berichten im Ganze, Senden Sie im Ganze.

Phiem

August 26, 2004
Neu Orleans, LA 70127
USA

Printed in the United States
By Bookmasters